高等职业教育"十三五"规划教材

互联网+思政教育立体化辅导用书

形势与政策辅助读本

主编 杨中兵 杨建华 汪琦佳

电子科技大学出版社

图书在版编目（CIP）数据

形势与政策辅助读本 / 杨中兵，杨建华，汪琦佳主
编. -- 成都：电子科技大学出版社，2018.2
ISBN 978-7-5647-5822-6

Ⅰ．①形… Ⅱ．①杨… ②杨… ③汪… Ⅲ．①时事政
策教育－高等职业教育－教学参考资料 Ⅳ．①G641.41

中国版本图书馆 CIP 数据核字（2018）第 038490 号

形势与政策辅助读本

杨中兵　　杨建华　　汪琦佳　主编

策划编辑　　万晓桐
责任编辑　　万晓桐

出版发行　电子科技大学出版社
　　　　　成都市一环路东一段 159 号电子信息产业大厦九楼　邮编 610051
主　　页　www.uestcp.com.cn
服务电话　028-83203399
邮购电话　028-83201495

印　　刷　北京谊兴印刷有限公司
成品尺寸　185 mm×260 mm
印　　张　14.75
字　　数　332 千字
版　　次　2018 年 2 月第 1 版
印　　次　2018 年 2 月第 1 次印刷
书　　号　ISBN 978-7-5647-5822-6
定　　价　46.00 元

编者的话

"形势与政策"这门课程是高校思想政治理论课的重要组成部分，是对大学生进行形势与政策教育的主渠道、主阵地，是每个大学生的必修课程，在大学生思想政治教育中担负着重要使命，具有不可替代的作用。以马克思列宁主义、毛泽东思想、邓小平理论重要思想为指导，深入落实科学发展观，全面贯彻"四个全面"战略布局，帮助学生认清国内外形势，切实把思想和行动统一到中央精神上来，坚定中国特色社会主义道路自信、理论自信、制度自信和文化自信，为全面建成小康社会和实现中华民族伟大复兴的"中国梦"增添青春正能量，是"形势与政策"课教学的基本任务。

本教材以全面贯彻党的十八大，十八届三中、四中、五中、六中全会，以及十九大精神为主要目标，以教育部社会科学司下发的"形势与政策"教育教学要点为依据，结合"形势与政策"课程的教学特点编写而成。

2017年是实施"十三五"规划承上启下的重要一年，并在10月胜利召开党的十九大。我们根据2017年国内国际形势的变化，选择了大学生普遍关注的重大问题和社会热点问题作为教材内容。教材由学习贯彻习近平总书记治国理政新理念新思想新战略、党的十八届六中全会精神与全面从严治党、中国特色社会主义进入新时代、认识我国经济新方位、加快农业现代化、共创两岸关系未来、国际形势与我国外交、国际热点与周边安全、世界经济调整变化，以及"一带一路"倡议进展10个专题组成，从不同角度分析当前最新形势和政策，既便于教师在教学中突出重点和难点，也便于学生课堂学习和课外阅读。

我们诚挚地希望大学生通过"形势与政策"课程的学习，能够把握时代主题和时代脉搏，进而了解党和国家根据国内国际形势变化所制定的重大战略决策和基本方针政策，把思想和行动统一到中央决策部署上来，更加自觉地投身于中国特色社会主义建设的宏伟事业中，为实现中华民族的伟大复兴贡献自己的聪明才干。

在教材编写过程中，为把最新发生的重大事件，把党的最新方针政策及时、全面、准确地体现在教材中，我们引用了一些专家、学者的研究成果，借鉴了相关的教材、论著等资料，未能一一标注，谨此一并致谢！

由于作者水平有限，加之编写时间仓促，疏漏之处在所难免，敬请批评指正。

编　者

2018 年 1 月

本书编委会

主　编　杨中兵　杨建华　汪琦佳
副主编　曹于亚　王　燕
参　编　李钱华　杨　倪

目 录

专题一 深入学习贯彻习近平新时代中国特色社会主义思想

在治国理政新的实践中，习近平总书记以非凡的理论勇气、高超的政治智慧、坚韧不拔的历史担当精神，把握时代大趋势，回答实践新要求，顺应人民新期待，围绕改革发展稳定、内政外交国防、治党治国治军发表了一系列重要讲话，形成了一系列治国理政的新理念、新思想和新战略，进一步丰富和发展了党的科学理论，为我们在新的历史起点上实现新的奋斗目标提供了基本遵循。

习近平总书记系列重要讲话，内涵丰富、思想深邃、博大精深，是一个系统完整的科学理论体系。在这个科学理论体系中，实现中华民族伟大复兴是居于引领地位的宏伟奋斗目标，凝结着 13 亿多中国人民的共同梦想，体现了我们党在理论和实践上的伟大创造。党的十八大以来，我们党的所有理论和实践，都紧紧围绕着实现这个崇高奋斗目标精进展开。

一、实现中华民族伟大复兴的"中国梦"

2012 年 11 月 29 日，习近平总书记率中央政治局常委和中央书记处的同志来到国家博物馆，参观《复兴之路》展览。习近平总书记深情指出："现在，大家都在讨论'中国梦'，我以为，实现中华民族伟大复兴，就是中华民族近代以来最伟大的梦想。"此后，他又在国内外很多重要场合，对"中国梦"进行了深刻阐述。

（一）"中国梦"凝聚了几代中国人的夙愿

习近平总书记引用三句诗对近代 100 多年来中国人民寻梦、追梦、圆梦的历史进行了生动叙说。

中华民族的昨天，可以说是"雄关漫道真如铁"。中华民族在中国共产党的正确领导下，掌握了自己的命运，建立了中华人民共和国，确立了社会主义制度，开始了建设自己国家的伟大进程。

中华民族的今天，可以说是"人间正道是沧桑"。在中国特色社会主义道路上，中国经济实力、综合国力大大增强，人民生活显著改善，实现了从温饱到总体小康再向全面小康迈进的跨越。国际地位和国际影响力空前提升。

中华民族的明天，可以说是"长风破浪会有时"。深藏于中国人民心中的民族复兴梦想，就要梦想成真。正如习近平总书记指出的："现在，我们比历史上任何时期都更接近中华民族伟大复兴的目标，比历史上任何时期都更有信心、有能力实现这个目标。"

（二）"中国梦"归根到底是人民的梦

十三亿人的复兴梦

"中国梦"视野宽广、内涵丰富、意蕴深远。习近平总书记指出："'中国梦'的本质是国家富强、民族振兴、人民幸福。"这个梦想，把国家的追求、民族的向往、人民的期盼融为一体，体现了中华民族和中国人民的整体利益，表达了每一个中华儿女的共同愿景。

"中国梦"归根到底是人民的梦。人民是"中国梦"的主体，是"中国梦"的创造者和享有者。"中国梦"是国家的梦、民族的梦，也是每一个中国人的梦。"得其大者可以兼其小。""宏大叙事"的国家梦，也是"具体而微"的个人梦。只要每个人都把人生理想融入国家和民族的伟大梦想之中，敢于有梦、勇于追梦、勤于圆梦，就会汇聚成实现"中国梦"的强大力量。

（三）坚持中国道路、弘扬中国精神、凝聚中国力量

习近平总书记指出："实现'中国梦'必须走中国道路、弘扬中国精神、凝聚中国力量。"这为我们党团结带领人民继续把中国特色社会主义事业推向前进，为实现中华民族伟大复兴的"中国梦"而努力奋斗指明了方向。

实现"中国梦"必须走中国道路，这就是中国特色社会主义道路。历史和现实充分证明，只有中国特色社会主义道路才能发展中国、稳定中国，这是一条通往复兴梦想的康庄大道、人间正道。

实现"中国梦"必须弘扬中国精神，这就是以爱国主义为核心的民族精神和以改革创新为核心的时代精神。伟大的梦想，需要伟大的精神作支撑。以爱国主义为核心的民族精神和以改革创新为核心的时代精神，是凝心聚力的兴国之魂、强国之魂。

实现"中国梦"必须凝聚中国力量，这就是全国各民族人民大团结的力量。各民族人民大团结的力量，是克服各种困难、战胜风险挑战的决定性因素。生活在我们伟大祖国和伟大时代的中国人民，共同享有人生出彩的机会，共同享有梦想成真的机会，共同享有同祖国和时代一起成长与进步的机会。

（四）实干才能梦想成真

实现中华民族伟大复兴，是一项光荣而艰巨的事业，需要每一个人付出艰苦努力，用

实干托起"中国梦"。习近平总书记强调："面向未来，全面建成小康社会要靠实干，基本实现现代化要靠实干，实现中华民族伟大复兴要靠实干。"

实现"中国梦"，最终要靠全体人民辛勤劳动。"功崇惟志，业广惟勤。"劳动是财富的源泉，也是幸福的源泉。劳动创造了中华民族，造就了中华民族的辉煌历史，也必将创造出中华民族的光明未来。实现"中国梦"任重而道远，需要锲而不舍、驰而不息的艰苦努力。距离实现中华民族伟大复兴的目标越近，我们越不能懈怠，越要加倍努力。只要一代又一代中国人勠力同心、不懈追求、接力奋斗，我们就一定能够到达中华民族伟大复兴的光辉彼岸。

（五）"中国梦"与世界各国人民的美好梦想息息相通

"中国梦"将给世界带来什么？对此，习近平总书记多次宣示："中国梦"是和平、发展、合作、共赢的梦，与世界各国人民的美好梦想息息相通，中国人民愿意同各国人民在实现各自梦想的过程中相互支持、相互帮助。中国将始终做全球发展的贡献者，坚持走共同发展道路，继续奉行互利共赢的开放战略，将自身发展经验和机遇同世界各国分享，欢迎各国搭乘中国发展的"快车""便车""顺风车"，实现共同发展，让大家一起过上好日子。

"中国梦"是追求和平的梦。"中国梦"需要和平，只有和平才能实现梦想。我们将坚定不移走和平发展道路，既努力争取和平的国际环境发展自己，又以自身的发展促进世界和平。习近平总书记指出："中国这头狮子已经醒了，但这是一只和平的、可亲的、文明的狮子。"

"中国梦"不仅造福中国人民，而且造福世界各国人民。中国的发展，是世界和平力量的壮大，是传递友谊的正能量。随着国力不断增强，中国将进一步发挥负责任大国的作用，在力所能及的范围内承担更多国际责任和义务，为人类和平与发展的崇高事业做出更大贡献。

二、坚持和发展中国特色社会主义

中国特色社会主义，是中国共产党和中国人民团结的旗帜、奋进的旗帜、胜利的旗帜，是当代中国发展进步的根本方向。习近平总书记指出："党的十八大精神，说一千道一万，归结为一点，就是坚持和发展中国特色社会主义。"坚持和发展中国特色社会主义，是实现中华民族伟大复兴的必由之路。

（一）中国特色社会主义是历史的结论、人民的选择

习近平总书记指出："道路决定命运，找到一条正确道路是多么不容易。中国特色社会主义不是从天上掉下来的，是党和人民历尽千辛万苦、付出各种代价取得的根本成就。"中国特色社会主义开创于改革开放新时期，而社会主义思想从提出到现在，已有500年时间，社会主义500年，经过了从空想到科学、从理论到实践、从一国实践到多国发展的过程。

2013年1月，习近平总书记在新进中央委员会的委员、候补委员学习贯彻党的十八大精神研讨班上的讲话中，从六个时间段分析了社会主义思想从提出到现在的历史过程，展现了中国特色社会主义的历史渊源和发展进程。第一个时间段是空想社会主义产生和发展；第二个时间段是马克思、恩格斯创立科学社会主义理论体系；第三个时间段是列宁领导十月革命胜利并实践社会主义；第四个时间段是苏联模式逐步形成；第五个时间段是中华人民共和国成立后我们党对社会主义的探索和实践；第六个时间段是我们党做出进行改革开放的历史性决策、开创和发展中国特色社会主义。

历史和现实都告诉我们，只有社会主义才能救中国，只有中国特色社会主义才能发展中国。这是历史的结论、人民的选择。

（二）中国特色社会主义是社会主义而不是其他什么主义

习近平总书记指出："我们党始终强调，中国特色社会主义，既坚持了科学社会主义基本原则，又根据时代条件赋予其鲜明的中国特色。这就是说，中国特色社会主义是社会主义，不是别的什么主义。"一个国家实行什么样的主义，关键要看这个主义能否解决这个国家面临的历史性课题。在中华民族积贫积弱、任人宰割的时期，是马克思列宁主义、毛泽东思想引导中国人民走出了漫漫长夜、建立了中华人民共和国，是中国特色社会主义使中国快速发展起来。

中华人民共和国成立70多年特别是改革开放40多年来，中国经济实力、综合国力大幅提升，人民生活显著改善，国际地位空前提高，经济总量跃居世界第二，成功实现从低收入国家向中等收入国家的跨越。这样的发展、这样的巨变，在人类发展史上都是罕见的。实践证明：中国特色社会主义这条路，走得通、走得对、走得好。

习近平总书记指出："近些年来，国内外有些舆论提出中国现在搞的究竟还是不是社会主义的疑问，有人说是'资本社会主义'，还有人干脆说是'国家资本主义''新官僚资本主义'。这些都是完全错误的。"我们说中国特色社会主义是社会主义，那就是不论怎么改革、怎么开放，都始终要坚持中国特色社会主义道路、中国特色社会主义理论体系、中国特色社会主义制度，坚持党的十八大提出的夺取中国特色社会主义新胜利的基本要求。这就包括在中国共产党领导下，立足基本国情，以经济建设为中心，坚持四项基本原则，

坚持改革开放，解放和发展社会生产力，建设社会主义市场经济、社会主义民主政治、社会主义先进文化、社会主义和谐社会、社会主义生态文明，促进人的全面发展，逐步实现全体人民共同富裕，建设富强、民主、文明、和谐的社会主义现代化国家；包括坚持人民代表大会制度的根本政治制度，中国共产党领导的多党合作和政治协商制度、民族区域自治制度以及基层群众自治制度等基本政治制度，中国特色社会主义法律体系，公有制为主体、多种所有制经济共同发展的基本经济制度。习近平总书记指出："这些都是在新的历史条件下体现科学社会主义基本原则的内容，如果丢掉了这些，那就不成其为社会主义了。"

（三）正确认识改革开放前后两个历史时期

2013年12月，习近平总书记在纪念毛泽东同志诞辰120周年座谈会上的讲话中指出："一切向前走，都不能忘记走过的路；走得再远、走到再光辉的未来，也不能忘记走过的过去。"

以党的十一届三中全会为标志，我们党领导人民进行社会主义建设，主要分为改革开放前和改革开放后两个历史时期。这是两个相互联系又有重大区别的时期，但本质上都是我们党领导人民进行社会主义建设的实践探索。中国特色社会主义是在改革开放历史新时期开创的，但也是在中华人民共和国已经建立起社会主义基本制度并进行了20多年建设的基础上开创的。

要牢固树立正确历史观，既不能割断历史，也不能虚无历史，坚持做到新民主主义革命的胜利成果绝不能丢失，社会主义革命和建设的成就绝不能否定，改革开放和社会主义现代化建设的方向绝不能动摇。

（四）继续把中国特色社会主义这篇大文章写下去

中国特色社会主义是不断发展、不断前进的，需要一代又一代中国共产党人带领人民接续奋斗。习近平总书记指出："坚持和发展中国特色社会主义是一篇大文章，邓小平同志为它确定了基本思路和基本原则，以江泽民同志为核心的党的第三代中央领导集体、以胡锦涛同志为总书记的党中央在这篇大文章上都写下了精彩的篇章。现在，我们这一代共产党人的任务，就是继续把这篇大文章写下去。"这是以习近平同志为总书记的党中央做出的庄严宣示。

经过几十年的理论和实践探索，我们对社会主义的认识，对中国特色社会主义规律的把握，已经达到了一个前所未有的新的高度，这一点不容置疑。同时要看到，中国社会主义还处在初级阶段，我们还面临很多没有弄清楚的问题和待解的难题，对许多重大问题的认识和处理都还处在不断深化的过程之中，这一点也不容置疑。事业越前进、越发展，新情况新问题就会越多，面临的风险和挑战就会越多，面对的不可预料的事情就会越多。这一切都需要我们在实践中大胆探索、深化发展，不断丰富中国特色社会主义的实践特色、理论特色、民族特色、时代特色，在新的历史条件下把党和国家各项事业继续推向前进。

为此，我们要做到几个"必须"：必须坚持走自己的路；必须顺应世界大势；必须代表最广大人民根本利益；必须加强党的自身建设；必须坚定中国特色社会主义自信。

三、全面深化改革

党的十八大以来，以习近平同志为总书记的党中央高举改革开放旗帜，以更大的政治勇气和政治智慧推进改革，用全局观念和系统思维谋划改革，推动新一轮改革大潮涌起。党的十八届三中全会对全面深化改革进行总体部署，吹响了改革开放新的进军号。各领域改革不断提速，改革举措出台的数量之多、力度之大前所未有，呈现全面发力、多点突破、蹄疾步稳、纵深推进的良好态势。

（一）改革是一场深刻革命

改革是一个国家、一个民族的生存发展之道。习近平总书记强调："改革开放只有进行时，没有完成时。"现在推进改革的复杂程度、敏感程度、艰巨程度，一点都不亚于 30 多年前。在整个社会主义现代化进程中，我们都要高举改革开放的旗帜，绝不能有丝毫动摇。

全面深化改革，是顺应当今世界发展大势的必然选择。纵观世界，变革是大势所趋、人心所向。现在世界各国正在加快推进变革，新一轮科技革命和产业变革正在孕育兴起。在这样的形势下，要如期全面建成小康社会，实现中华民族伟大复兴，必须认清形势、居安思危、奋起直追。停顿和倒退没有出路，思想僵化、故步自封，必将被时代所淘汰。我们要顺应浩浩荡荡的历史潮流，承担起自己的历史责任，以更大的政治勇气和智慧、更有力的措施和办法推进改革。

全面深化改革，是解决中国现实问题的根本途径。改革是由问题倒逼而产生，又在不断解决问题中得以深化。同时，旧的问题解决了，新的问题又会产生，因而改革既不可能一蹴而就、也不可能一劳永逸。当前中国发展还面临一系列突出矛盾和挑战，前进道路上还有不少困难和问题。比如，发展中不平衡、不协调、不可持续问题依然突出，科技创新能力不强，产业结构不合理，发展方式依然粗放，城乡区域发展差距和居民收入差距依然较大，社会矛盾明显增多，教育、就业、社会保障、医疗、住房、生态环境、食品药品安全、安全生产、社会治安、执法司法等关系群众切身利益的问题较多，部分群众生活困难，形式主义、官僚主义、享乐主义和奢靡之风问题树倒根存，反腐败斗争形势依然严峻，等等。破解发展中面临的难题，化解来自各方面的风险挑战，推动经济社会持续健康发展，必须依靠全面深化改革。

全面深化改革，是抓住和用好历史性机遇，抢占未来发展制高点的必然选择。中国发展走到今天，发展和改革高度融合，发展前进一步就需要改革前进一步，改革不断前进，也能为发展提供强劲动力。当前，国内外环境和主客观条件都对我们全面深化改革有利。这个历史性机遇千载难逢，抓住就能赢得战略主动，否则就有可能陷于被动。必须增强机遇意识，通过全面深化改革，充分发挥我们的独特优势，激发党和国家生机活力。

（二）把握全面深化改革总要求

全面深化改革，需要有总的目标。党的十八届三中全会对全面深化改革做出总部署、总动员，勾画了到 2020 年全面深化改革的时间表、路线图，形成了改革理论和政策的一系列新的重大突破。这是改革进程向前拓展的客观要求，体现了我们党对改革认识的深化和系统化，对于干部群众准确把握中央精神，统一思想、统一意志，凝聚起推进改革的强大合力，具有重大意义。

坚持把完善和发展中国特色社会主义制度、推进国家治理体系和治理能力现代化作为全面深化改革的总目标。这个总目标回答了推进各领域改革最终是为了什么、要取得什么样的整体效果这个问题。总目标是两句话组成的一个整体：前一句，规定了根本方向，这个方向就是中国特色社会主义道路，而不是其他什么道路；后一句，规定了在根本方向指引下完善和发展中国特色社会主义制度的鲜明指向。两句话都讲，才是完整的。

我们的改革是有方向、有立场、有原则的，是在中国特色社会主义道路上不断前进的改革，而不是对社会主义制度改弦易张。在这个问题上头脑必须十分清醒。习近平总书记强调："问题的实质是改什么、不改什么，有些不能改的，再过多长时间也是不改的。"要增强政治定力，坚守政治原则和底线，绝不能在根本性问题上出现颠覆性错误。

（三）推进国家治理体系和治理能力现代化

国家治理体系和治理能力是一个国家的制度和制度执行能力的集中体现。推进国家治理体系和治理能力现代化，是完善和发展中国特色社会主义制度的必然要求，是实现社会主义现代化的题中应有之义。

国家治理体系是在党领导下管理国家的制度体系，是一整套紧密相连、相互协调的国家制度；国家治理能力则是运用国家制度管理社会各方面事务的能力。国家治理体系和治理能力是一个有机整体，相辅相成。有了好的国家治理体系才能提高治理能力，提高国家治理能力才能充分发挥国家治理体系的效能。推进国家治理体系和治理能力现代化，就是要使各方面制度更加科学、更加完善，实现党、国家、社会各项事务治理制度化、规范化、程序化，善于运用制度和法律治理国家，提高党科学执政、民主执政、依法执政水平。

（四）让人民群众有更多获得感

我们党推进全面深化改革的根本目的，就是要促进社会公平正义，让改革发展成果更多更公平惠及全体人民。习近平总书记强调，要科学统筹各项改革任务，推出一批能叫得响、立得住、群众认可的硬招实招，处理好改革"最先一公里"和"最后一公里"的关系，突破"中梗阻"，防止不作为，把改革方案的含金量充分展示出来，让人民群众有更多获得感。

改革开放以来，中国经济社会发展取得巨大成就，为促进社会公平正义提供了坚实物质基础和有利条件。同时，在中国现有发展水平上，社会上还存在大量有违公平正义的现象。特别是随着中国经济社会发展水平和人民生活水平不断提高，人民群众的公平意识、民主意识、权利意识不断增强，对社会不公问题反映越来越强烈。全面深化改革必须以促进社会公平正义、增进人民福祉为出发点和落脚点。这是坚持我们党全心全意为人民服务根本宗旨的必然要求。如果不能抓紧解决这个问题，不能给老百姓带来实实在在的利益，不能创造更加公平的社会环境，甚至导致更多不公平，改革就失去意义，也不可能持续。

四、建设法治中国

党的十八大以来，以习近平同志为总书记的党中央从坚持和发展中国特色社会主义全局出发，从实现国家治理体系和治理能力现代化的高度提出了全面依法治国这一重大战略部署。党的十八届四中全会专题研究依法治国问题，并做出我们党历史上第一个关于加强法治建设的专门决定，开启了中国法治新时代。

（一）建设中国特色社会主义法治体系

全面依法治国，总目标是建设中国特色社会主义法治体系，建设社会主义法治国家。习近平总书记强调，这个总目标"既明确了全面推进依法治国的性质和方向，又突出了全面推进依法治国的工作重点和总抓手，对全面推进依法治国具有纲举目张的意义"。法治体系作为法治建设的"纲"，是国家治理体系的骨干工程。全面依法治国，就要加快形成完备的法律规范体系、高效的法治实施体系、严密的法治监督体系、有力的法治保障体系，形成完善的党内法规体系。

建设中国特色社会主义法治体系，首要的是完善以宪法为核心的中国特色社会主义法律体系。要维护宪法尊严、权威，健全宪法实施和监督制度。坚持立法先行，坚持立改废释并举，加快完善法律、行政法规、地方性法规体系，完善包括市民公约、乡规民约、行业规章、团体章程在内的社会规范体系，为全面依法治国提供基本遵循。要完善立法体制，深入推进科学立法、民主立法，抓住提高立法质量这个关键。要优化立法职权配置，健全有立法权的人大主导立法工作的体制机制，发挥人大及其常委会在立法工作中的主导作用，健全立法起草、论证、协调、审议机制，完善法律草案表决程序，增强法律法规的及时性、系统性、针对性、有效性，提高法律法规的可执行性、可操作性。要明确立法权力边界，从体制机制和工作程序上有效防止部门利益和地方保护主义法律化。要加强重点领域立法，及时反映党和国家事业发展要求、人民群众关切期待，对涉及全面深化改革、推动经济发展、完善社会治理、保障人民生活、维护国家安全的法律抓紧制定、及时修改。

法律的生命力在于实施，法律的权威也在于实施。法律的有效实施，是全面依法治国的重点和难点。宪法是国家的根本大法。坚持依法治国首要要坚持依宪治国，坚持依法执政首先要坚持依宪执政。坚持依宪治国、依宪执政，就是要坚持宪法确定的中国共产党领导地位不动摇，坚持宪法确定的人民民主专政的国体和人民代表大会制度的政体不动摇。必须明确，我们坚持的依宪治国、依宪执政，与西方所谓的"宪政"在本质上是不同的，不能用所谓"宪政"架空中国共产党的领导。要依据宪法治国理政，坚决纠正一切违反宪法的行为。要按照有法必依、执法必严、违法必究的要求，加快建设执法、司法、守法等方面的体制机制，坚持依法行政和公正司法，增强全民法治观念，确保法律的全面有效实施。

全面依法治国，要建立严密的法治监督体系。权力不论大小，只要不受制约和监督，都可能被滥用。习近平总书记指出："没有监督的权力必然导致腐败，这是一条铁律。"要以规范和约束公权力为重点，加大监督力度，加强党内监督、人大监督、民主监督、行政监督、司法监督、审计监督、社会监督、舆论监督，努力形成科学有效的权力运行制约和监督体系，增强监督合力和实效，做到有权必有责、用权受监督、违法必追究。

建设中国特色社会主义法治体系，必须进一步健全法制保障体系。要切实加强和改进党对全面依法治国的领导，提高依法执政能力和水平，为全面依法治国提供有力的政治和组织保障。加强法治专门队伍和法律服务队伍建设，加强机构建设和经费保障，为全面依法治国提供坚实的人才保障和物质条件。改革和完善不符合法治规律、不利于依法治国的体制机制，为全面依法治国提供完备的制度保障。弘扬社会主义法治精神，增强全民法治观念，完善守法诚信褒奖机制和违法失信行为惩戒机制，使尊法守法成为全体人民的共同追求和自觉行动。

建设中国特色社会主义法治体系，必须加强党内法规制度建设。党内法规既是管党治党的重要依据，也是建设社会主义法治国家的有力保障。要完善党内法规制定体制机制，注重党内法规同国家法律的衔接和协调，构建以党章为根本、若干配套党内法规为支撑的党内法规制度体系，提高党内法规执行力。

（二）维护社会公平正义、司法公正

全面依法治国，必须紧紧围绕保障和促进社会公平正义来进行。公平正义是中国特色社会主义的内在要求，是我们党追求的一个十分崇高的价值目标。全心全意为人民服务的宗旨决定了我们必须追求公平正义，保护人民权益、伸张正义。

公正是法治的生命线。司法公正对社会公正具有重要引领作用，司法不公对社会公正具有致命破坏作用。这就要求我们在实践中推进公正司法。如果人民群众通过司法程序不能保证自己的合法权利，那司法就没有公信力，人民群众也不会相信司法。人民群众每一次经历求告无门、每一次经历冤假错案，损害的都不仅仅是他们的合法权益，更是法律的尊严和权威，是他们对社会公平正义的信心。法律本来应该具有定分止争的功能，司法审判本来应该具有终局性的作用，如果司法不公、人心不服，这些功能就难以实现。习近平总书记强调，要"努力让人民群众在每一个司法案件中都能感受到公平正义，绝不能让不公正的审判伤害人民群众感情、损害人民群众权益"。

推进公正司法，要重点解决影响司法公正和制约司法能力的深层次问题。中国执法司法中存在的突出问题，很多与司法体制和工作机制不合理有关，必须进一步深化司法体制改革。要从确保依法独立公正行使审判权和检察权、健全司法权力运行机制、完善人权司法保障制度三个方面，着力破解体制性、机制性、保障性障碍，不断提高司法公信力，发挥公正司法对维护社会公平正义最后一道防线的作用。

推进公正司法，要坚持司法为民，改进司法工作作风。法律不应该是冷冰冰的，司法工作也是做群众工作。一纸判决，或许能够给当事人正义，却不一定能解开当事人的"心结"。"心结"没有解开，案件也就没有真正了结。要通过热情服务，切实解决好老百姓打官司难问题。特别是要加大对困难群众维护合法权益的法律援助，加快解决有些地方没有律师和欠发达地区律师资源不足的问题。司法工作者要密切联系群众，如果不懂群众语言、不了解群众疾苦、不熟知群众诉求，就难以掌握正确的工作方法，难以发挥应有的作用。

推进公正司法，要坚持以公开促公正、树公信。阳光是最好的防腐剂。权力运行不见阳光，或有选择地见阳光，公信力就无法树立。执法、司法越公开，就越有权威和公信力。涉及老百姓利益的案件，除法律规定的情形外，一般都要公开。要增强主动公开、主动接受监督的意识，完善机制、创新方式、畅通渠道，依法及时公开执法司法依据、程序、流程、结果和裁判文书。对公众关注的案件，要提高透明度，让暗箱操作没有空间，让司法腐败无法藏身。

（三）在党的领导下依法治国、厉行法治

全面依法治国这件大事能不能办好，最关键的问题是方向是不是正确、政治保证是不是坚强有力。这其中最重要的，就是要正确认识把握党和法的关系。习近平总书记指出："党和法的关系是一个根本问题，处理得好，则法治兴、党兴、国家兴；处理得不好，则法治衰、党衰、国家衰。"

社会主义法治必须坚持党的领导。离开了党的领导，中国特色社会主义法治体系、社

会主义法治国家就建立不起来。同时也要看到，党的领导必须依靠社会主义法治。在中国，法是党的主张和人民意愿的统一体现，党领导人民制定宪法法律，党领导人民实施宪法法律，党自身必须在宪法法律范围内活动，这就是党的领导力量的体现。党的领导和依法治国是高度统一的。把党的领导贯彻到依法治国全过程和各方面，是中国社会主义法治建设的一条基本经验。

各级党政组织、各级领导干部手中的权力是党和人民赋予的，是上下左右有界受控的，不是可以为所欲为、随心所欲的。要把厉行法治作为治本之策，把权力运行的规矩立起来、讲起来、守起来，真正做到谁把法律当儿戏，谁就必然要受到法律的惩罚。

全面依法治国是一个系统工程，是国家治理领域一场广泛而深刻的革命。要始终坚持党的领导、人民当家做主、依法治国有机统一，加强党对全面依法治国的统一领导、统一部署、统筹协调，不断提高党领导依法治国的能力和水平，努力实现国家各项工作法治化，向着建设法治中国不断前进。

五、树立创新、协调、绿色、开放、共享的发展理念

党的十八届五中全会坚持以人民为中心的发展思想，鲜明提出了创新、协调、绿色、开放、共享的发展理念。新发展理念符合中国国情，顺应时代要求，在理论和实践上有新的突破，对破解发展难题、增强发展动力、厚植发展优势具有重大指导意义。

（一）坚持以人民为中心的发展思想

党的十八届五中全会首次提出以人民为中心的发展思想，反映了坚持人民主体地位的内在要求，彰显了人民至上的价值取向，确立了新发展理念必须始终坚持的基本原则。

以人民为中心的发展思想，体现了我们党全心全意为人民服务的根本宗旨。"治国有常，而利民为本。"以人民为中心的发展思想，体现了人民是推动发展的根本力量的唯物史观。习近平总书记指出："人民是创造历史的动力，我们共产党人任何时候都不要忘记这个历史唯物主义最基本的道理。"只有坚持这一基本原理，才能把握历史前进的基本规律；只有按历史规律办事，才能无往而不胜。以人民为中心的发展思想，体现了逐步实现共同富裕的目标要求。共同富裕，是马克思主义的一个基本目标，也是自古以来中国人民的一个基本理想。

（二）准确把握新发展理念的科学内涵

创新、协调、绿色、开放、共享的发展理念，是管全局、管根本、管长远的导向，具有战略性、纲领性、引领性。新发展理念，指明了"十三五"乃至更长时期中国的发展思

路、发展方向和发展着力点，要深入理解、准确把握其科学内涵和实践要求。

创新是引领发展的第一动力。发展动力决定发展速度、效能、可持续性。协调是持续健康发展的内在要求。绿色是永续发展的必要条件和人民对美好生活追求的重要体现。开放是国家繁荣发展的必由之路。共享是中国特色社会主义的本质要求。创新、协调、绿色、开放、共享的发展理念，相互贯通、相互促进，是具有内在联系的集合体，要统一贯彻，不能顾此失彼，也不能相互替代。

六、促进经济持续健康发展

中国经济发展进入新常态，是党的十八大以来党中央综合分析世界经济增长周期和中国发展阶段性特征及其相互作用做出的重大战略判断。习近平总书记从国家战略的高度，对新常态的基本特点、科学内涵作了精辟阐释，对新常态怎么看、新常态下怎么干提出了明确要求。要主动适应、把握、引领新常态，与时俱进抓好经济工作，推动经济持续健康发展，为如期全面建成小康社会，进而实现第二个百年奋斗目标、实现中华民族伟大复兴奠定坚实的物质基础。

新常态 新经济

（一）准确把握中国经济发展的大逻辑

经济发展进入新常态，是中国经济发展阶段性特征的必然反映，是不以人的意志为转移的必然趋势。习近平总书记指出，"'十三五'时期，中国经济发展的显著特征就是进入新常态"，"要把适应新常态、把握新常态、引领新常态作为贯穿发展全局和全过程的大逻辑。"这是做好经济工作的出发点。

全面认识和把握新常态，需要从时间和空间的大角度审视中国发展。这是因为，中国经济发展历程中新状态、新格局、新阶段总在不断形成，经济发展新常态是这个长过程的一个阶段，这完全符合事物发展螺旋式上升的运动规律。

经济发展新常态下，尽管经济面临较大下行压力，但中国仍处于发展的重要战略机遇期。经济发展长期向好的基本面没有变，经济韧性好、潜力足、回旋余地大的基本特质没有变，经济持续增长的良好支撑基础和条件没有变，经济结构调整优化的前进态势没有变。要把握这些大势，坚持以经济建设为中心，变中求新、新中求进、进中突破，推动中国发展不断迈上新台阶。

（二）坚持以提高发展质量和效益为中心

坚持以提高发展质量和效益为中心，是针对加快转变经济发展方式、调整经济结构提出来的。把经济发展仅仅理解为数量增减、简单重复，是形而上学的发展观。

发展必须保持一定的速度，但并不是单纯追求增长速度，而是追求有效益、有质量、可持续的发展。习近平总书记指出，"不能简单以国内生产总值增长率论英雄。"衡量经济发展好坏，不是速度高一点，形势就"好得很"，也不是速度下来一点，形势就"糟得很"，而是要看有没有质量和效益，就是投资有回报、产品有市场、企业有利润、员工有收入、政府有税收、环境有改善，这才是我们要的发展。

（三）加快实施创新驱动发展战略

纵观人类发展历史，创新始终是推动一个国家、一个民族向前发展的重要力量，也是推动整个人类社会向前发展的重要力量。习近平总书记指出："实施创新驱动发展战略，是加快转变经济发展方式、提高中国综合国力和国际竞争力的必然要求和战略举措。"把创新驱动发展作为面向未来的一项重大战略实施好，就能够推动以科技创新为核心的全面创新，形成新的增长动力源泉，推动经济持续健康发展，加快从经济大国走向经济强国。

实施创新驱动发展战略，要树立强烈的创新自信，敢于走前人没走过的路。习近平总书记强调："我们是一个大国，在科技创新上要有自己的东西。"

实施创新驱动发展战略，要把握好基本要求。要紧扣发展大势，跟踪全球科技发展方向，坚持问题导向，明确中国科技创新主攻方向和突破口，着力攻克一批关键核心技术，加速赶超甚至引领步伐。

实施创新驱动发展战略，要把重要领域的科技创新摆在更加突出的地位。抓紧出台实施创新驱动发展的政策和部署，抓紧实施国家重大科技专项，再选择一批体现国家战略意图的重大科技项目，发挥市场经济条件下新型举国体制优势，集中力量、协同攻关。

（四）推进供给侧结构性改革

推进供给侧结构性改革，是适应和引领经济发展新常态的重大创新，是适应国际金融危机发生后综合国力竞争新形势的主动选择。要解决中国经济深层次问题，必须下决心在推进经济结构性改革方面作更大努力，使供给体系更适应需求结构的变化。

供给侧结构性改革的重点，是解放和发展社会生产力，用改革的办法推进结构调整，减少无效和低端供给，扩大有效和中高端供给，增强供给结构对需求变化的适应性和灵活性，提高全要素生产率。

（五）始终把"三农"工作牢牢抓在手上

中国是一个农业大国，没有农业现代化，没有农村繁荣富强，没有农民安居乐业，国家现代化是不完整、不全面、不牢固的。习近平总书记指出："一定要看到，农业还是'四化同步'的短腿，农村还是全面建成小康社会的短板。中国要强，农业必须强；中国要美，农村必须美；中国要富，农民必须富。"

要坚持把解决好"三农"问题作为全党工作重中之重，坚持工业反哺农业、城市支持农村和多予少取放活方针，坚持土地公有制性质不改变、耕地红线不突破、农民利益不受损三条底线，不断加大强农惠农富农政策力度。深入推进农村各项改革，破解"三农"难题、增强创新动力、厚植发展优势，积极推进农业现代化，提高社会主义新农村建设水平，让农业农村成为可以大有作为的广阔天地。

推进城乡发展一体化是国家现代化的重要标志。要把工业和农业、城市和乡村作为一个整体统筹谋划，促进城乡在规划布局、要素配置、产业发展、公共服务、生态保护等方面相互融合和共同发展。通过建立城乡融合的体制机制，形成以工促农、以城带乡、工农互惠、城乡一体的新型工农城乡关系，逐步实现城乡居民基本权益平等化、城乡公共服务均等化、城乡居民收入均衡化、城乡要素配置合理化，以及城乡产业发展融合化。

（六）推进以人为核心的新型城镇化

城镇化是现代化的必由之路，既是经济发展的结果，又是经济发展的动力。推进城镇化是解决农业、农村、农民问题的重要途径，是推动区域协调发展的有力支撑，是扩大内需和促进产业升级的重要抓手，对全面建成小康社会、加快推进社会主义现代化具有重大意义。

推进以人为核心的新型城镇化，要推进农业转移人口市民化，促进有能力在城镇稳定就业和生活的农业转移人口举家进城落户，与城镇居民有同等权利和义务，同时维护进城落户农民土地承包权、宅基地使用权、集体收益分配权，支持引导其依法自愿有偿转让等权益。建立多元可持续的资金保障机制，健全财政转移支付同农业转移人口市民化挂钩机制，加快改革和创新投融资体制机制，解决好城镇化的资金保障问题。

推进以人为核心的新型城镇化，要提高城镇建设用地利用效率，按照促进生产空间集约高效、生活空间宜居适度、生态空间山清水秀的总体要求，形成生产、生活、生态空间的合理结构。加强对城镇化的管理，加快培养一批懂城市、会管理的干部，着力打造智慧城市，加强城市公共管理，全面提升市民素质，建设和谐宜居、富有活力、各具特色的现代化城市，提高新型城镇化水平。

七、建设社会主义文化强国

文化是民族生存和发展的重要力量。没有文明的继承和发展，没有文化的弘扬和繁荣，就没有中华民族伟大复兴的"中国梦"的实现。习近平总书记指出："中华民族创造了源远流长的中华文化，也一定能够创造出中华文化新的辉煌。"要坚持社会主义先进文化前进方向，坚定文化自信，增强文化自觉，加快文化改革发展，加强社会主义精神文明建设，培育和践行社会主义核心价值观，增强国家文化软实力，建设社会主义文化强国。

（一）推动物质文明和精神文明协调发展

一个国家要实现奋斗目标，既要不断地丰富物质财富，也要不断地丰富精神财富。一个民族要实现复兴，既需要强大的物质力量，也需要强大的精神力量。习近平总书记形象地指出："当高楼大厦在中国大地上遍地林立时，中华民族精神的大厦也应该巍然耸立。"

推动物质文明和精神文明协调发展，要以辩证的、全面的、平衡的观点正确处理两者之间的关系。一方面，"仓廪实而知礼节，衣食足而知荣辱"，这是物质文明对精神文明的决定性作用，但另一方面，精神文明反过来也会促进物质文明，这两者是相辅相成的。

（二）培育和践行社会主义核心价值观

核心价值观在一定社会的文化中是起中轴作用的，是决定文化性质和方向的最深层次要素，是一个国家的重要稳定器。习近平总书记指出："人类社会发展的历史表明，对一个民族、一个国家来说，最持久、最深层的力量是全社会共同认可的核心价值观。"如果没有共同的核心价值观，一个民族、一个国家就会魂无定所、行无依归。

在当代中国，我们的民族、我们的国家应该坚守的社会主义核心价值观，就是党的十八大倡导的富强、民主、文明、和谐，自由、平等、公正、法治，爱国、敬业、诚信、友善。社会主义核心价值观把涉及国家、社会、公民三个层面的价值要求融为一体，深入回答了我们要建设什么样的国家、建设什么样的社会、培育什么样的公民的重大问题。习近平总书记指出，要"用社会主义核心价值观凝魂聚力，更好构筑中国精神、中国价值、中国力量，为中国特色社会主义事业提供源源不断的精神动力和道德滋养"，必须通过教育引导、舆论宣传、文化熏陶、行为实践、制度保障等，使社会主义核心价值观内化于心、外化于行。

（三）传承和弘扬中华优秀传统文化

中华优秀传统文化是中华民族的"根"和"魂"。习近平总书记高度重视中华优秀传统文化，并将其作为治国理政的重要思想文化资源。他反复强调，中华优秀传统文化是中华民族的突出优势，中华民族伟大复兴需要以中华文化发展繁荣为条件，必须结合新的时代条件传承和弘扬好中华优秀传统文化。

传统文化，如何穿越
千年与你相爱

传承和弘扬中华优秀传统文化，并不意味着故步自封，闭上眼睛不看世界。文明因交流而多彩，文明因互鉴而丰富，对各国人民创造的优秀文明成果，都应该采取学习借鉴的态度，都应该积极吸纳其中的有益成分。要坚持从本国本民族实际出发，坚持取长补短、择善而从，讲求兼收并蓄，在不断汲取各种文明养分中丰富和发展中华文化。

（四）提高国家文化软实力

文化软实力集中体现了一个国家基于文化而具有的凝聚力和生命力，以及由此产生的吸引力和影响力。习近平总书记指出，提高国家文化软实力，关系中国在世界文化格局中的定位，关系中国国际地位和国际影响力，关系"两个一百年"奋斗目标和中华民族伟大复兴的"中国梦"的实现。

中华优秀传统文化是我们最深厚的文化软实力。要把中华民族最基本的文化基因，以人们喜闻乐见、具有广泛参与性的方式推广开来，把跨越时空、超越国度、富有永恒魅力、具有当代价值的文化精神弘扬起来，把继承优秀传统文化又弘扬时代精神、立足本国又面向世界的当代中国文化创新成果传播出去。

八、改善民生和创新社会治理

"我们的人民热爱生活，期盼有更好的教育、更稳定的工作、更满意的收入、更可靠的社会保障、更高水平的医疗卫生服务、更舒适的居住条件、更优美的环境，期盼孩子们能成长得更好、工作得更好、生活得更好。人民对美好生活的向往，就是我们的奋斗目标。"2012年11月15日，习近平总书记在十八届中央政

小厕所　大民生

治局常委同中外记者见面时的这段讲话，朴实亲切、饱含深情，温暖了亿万人的心。党的十八大以来，党中央坚持以民为本、以人为本执政理念，把民生工作和社会治理工作作为社会建设的两大根本任务，高度重视、大力推进，改革发展成果正更多更公平惠及全体人民。

（一）实现经济发展和民生改善良性循环

民生是人民幸福之基、社会和谐之本。增进民生福祉是我们党坚持立党为公、执政为民的本质要求。习近平总书记指出："让老百姓过上好日子是我们一切工作的出发点和落脚点。"检验一切工作的成效，最终都要看人民是否真正得到了实惠，人民生活是否真正得到了改善，人民权益是否真正得到了保障。

改善民生是推动发展的根本目的。我们的发展是以人民为中心的发展，全面建成小康社会、进行改革开放和社会主义现代化建设，就是要通过发展社会生产力，满足人民日益增长的物质文化需要，促进人的全面发展。

改善民生要做到尽力而为、量力而行。改革愈是深化，愈要重视平衡社会利益；发展愈是向前，愈要体现到人民生活改善上。习近平总书记指出，民生工作直接同老百姓见面、对账，承诺了的就一定要兑现，要做到件件有着落、事事有回音，让群众看到变化、得到实惠。同时还要意识到，群众对生活的期待是不断提升的，需求是多样化、多层次的，而中国仍处于并将长期处于社会主义初级阶段，改善民生不能脱离这个最大的实际提出过高目标，只能根据经济发展和财力状况逐步提高人民生活水平，做那些现实条件下可以做到的事情。

（二）抓住人民最关心、最直接、最现实的利益问题

保障和改善民生是一项长期工作，没有终点站，只有连续不断的新起点。习近平总书记指出，抓民生要抓住人民最关心、最直接、最现实的利益问题，抓住最需要关心的人群，一件事情接着一件事情办、一年接着一年干，锲而不舍地向前走。

民生无小事，枝叶总关情。在保障和改善民生过程中，要格外关注困难群众，时刻把他们的安危冷暖放在心上，关心他们的疾苦，千方百计帮助他们排忧解难。要多做一些雪中送炭、急人之困的工作，少做一些锦上添花、花上垒花的虚功。要引导广大群众树立勤劳致富理念，倡导辛勤劳动、诚实劳动、创造性劳动，通过劳动创造更加美好的生活，让每个人通过努力都有成功的机会。

（三）维护社会和谐稳定

社会和谐是中国特色社会主义的本质属性，是我们党不懈追求的社会理想。社会稳定是改革发展的前提。必须保持清醒头脑，始终牢记和谐稳定是根本大局的道理，着力提升维护社会和谐稳定的能力和水平，为经济社会持续健康发展创造良好环境。

维护社会和谐稳定，必须创新维稳理念。要正确理解和处理好维稳和维权的关系。维护社会和谐稳定，重在妥善处理社会矛盾。要增强发展的全面性、协调性、可持续性，积

极推动解决人民群众的基本民生问题，不断打牢和巩固社会和谐稳定的物质基础，从源头上预防和减少社会矛盾的产生。

维护社会和谐稳定，要着力推进平安中国建设。习近平总书记指出："平安是老百姓解决温饱后的第一需求，是极重要的民生，也是最基本的发展环境。"建设平安中国，要紧紧抓住人民群众反映强烈、影响社会和谐稳定、制约平安建设深入开展的突出问题和薄弱环节，把专项打击与整体防控更好地结合起来，始终保持对严重犯罪活动的严打高压态势，保障人民生命财产安全，确保人民群众安全感稳步提升。

九、大力推进生态文明建设

建设生态文明是关系人民福祉、关乎民族未来的大计，是实现中华民族伟大复兴的"中国梦"的重要内容。习近平总书记指出："我们既要绿水青山，也要金山银山。宁要绿水青山，不要金山银山，而且绿水青山就是金山银山。"要按照绿色发展理念，树立大局观、长远观、整体观，坚持保护优先，坚持节约资源和保护环境的基本国策，把生态文明建设融入经济建设、政治建设、文化建设、社会建设各方面和全过程，建设美丽中国，努力开创社会主义生态文明新时代。

（一）像对待生命一样对待生态环境

生态文明是人类社会进步的重大成果，是实现人与自然和谐发展的必然要求。建设生态文明，要以资源环境承载能力为基础，以自然规律为准则，以可持续发展、人与自然和谐为目标，建设生产发展、生活富裕、生态良好的文明社会。

保护生态环境关系人民的根本利益和民族发展的长远利益。习近平总书记指出："环境就是民生，青山就是美丽，蓝天也是幸福。要像保护眼睛一样保护生态环境，像对待生命一样对待生态环境，把不损害生态环境作为发展的底线。"生态环境没有替代品，用之不觉，失之难存。保护生态环境，功在当代、利在千秋。

（二）保护生态环境就是保护生产力

习近平总书记指出："生态文明建设事关中华民族永续发展和'两个一百年'奋斗目标的实现，保护生态环境就是保护生产力，改善生态环境就是发展生产力。"生态环境问题归根到底是经济发展方式问题。要正确处理好经济发展同生态环境保护的关系，切实把绿色发展理念融入经济社会发展各方面，推进形成绿色发展方式和生活方式，协同推进人民富裕、国家富强、中国美丽。

（三）实行最严格的生态环境保护制度

建设生态文明，是一场涉及生产方式、生活方式、思维方式和价值观念的革命性变革。实现这样的变革，必须依靠制度和法治。习近平总书记指出："只有实行最严格的制度、最严密的法治，才能为生态文明建设提供可靠保障。"当前，中国生态环境保护中存在的突出问题，大都与体制不完善、机制不健全、法治不完备有关。深化生态文明体制改革，必须构建产权清晰、多元参与、激励约束并重、系统完整的生态文明制度体系，把生态文明建设纳入法治化、制度化轨道。

十、全面推进国防和军队建设

党的十八大以来，习近平总书记着眼实现"中国梦"和"强军梦"，立足国家安全和发展战略全局，提出一系列重大战略思想，做出一系列重大决策部署，指挥一系列重大军事行动，开辟了党的军事指导理论新境界，在中国特色强军之路上迈出了一大步，为强军兴军打下了坚实的政治基础、思想基础、实践基础。

（一）牢牢把握党在新形势下的强军目标

党的十八大以来，习近平总书记鲜明提出党在新形势下的强军目标，就是建设一支听党指挥、能打胜仗、作风优良的人民军队，强调"全军要准确把握这一强军目标，用以统领军队建设、改革和军事斗争准备，努力把国防和军队建设提高到一个新水平"。

军队要像军队的样子。习近平总书记指出："'军队的样子'就是要坚决听党指挥，要能打仗、打胜仗，要保持光荣传统和优良作风。"听党指挥是灵魂，决定军队建设的政治方向，必须铸牢强军之魂，确保部队绝对忠诚、绝对纯洁、绝对可靠；能打胜仗是核心，反映军队的根本职能和军队建设的根本指向，必须扭住强军之要，确保部队招之即来、来之能战、战之必胜；作风优良是保证，关系军队的性质、宗旨、本色，必须夯实强军之基，永葆我军政治本色。这三条明确了加强军队建设的聚焦点和着力点，建军治军抓住这三条，就抓住了要害，就能起到纲举目张的作用。

习近平总书记指出："要紧密结合军队面临的形势任务和工作实际，深入贯彻新发展理念，努力实现更高质量、更高效益、更可持续的发展。"要更加注重聚焦实战，坚持战斗力这个唯一的根本的标准，强化作战需求牵引，提高军队建设实战水平，确保部队建设发展经得起实战检验；更加注重创新驱动，把创新摆在军队建设发展全局的核心位置，下大力气抓理论创新、抓科技创新、抓科学管理、抓人才集聚、抓实践创新，以重点突破带动和推进全面创新；更加注重体系建设，牢固确立信息主导、体系建设的思想，以对作战体系的贡献率为标准推进各项建设，统筹机械化、信息化建设，统筹各战区、各军兵种建设，统筹作战力量、支援保障力量建设，全面提高我军体系作战能力；更加注重集约高效，加快推进以效能为核心的军事管理革命，健全以精准为导向的管理体系，提高国防和军队发展精准度；更加注重军民融合，军地双方都要深化认识，打破利益壁垒，做到应融则融、能融尽融，加快把军队建设融入经济社会发展体系，把经济布局调整与国防布局完善有机结合起来。

（二）坚持以新形势下军事战略方针为统揽

强国强军，战略先行。军事战略是筹划和指导军事力量建设和运用的总方略，服从服务于国家战略目标。现在，党和国家的战略目标是实现"两个一百年"奋斗目标、实现中华民族伟大复兴的"中国梦"。要把战争问题放在这个大目标下来认识和筹划，从政治高度思考和处理军事问题，着眼国家利益全局筹划和指导军事行动，探索形成与时代发展同步伐、与国家安全需求相适应的军事战略指导。

习近平总书记指出："军事战略方针是统揽军事力量建设和运用的总纲，全军各项工作和建设都必须贯彻和体现新形势下军事战略方针的要求。"适应战争准备基点转变，拓展和深化军事斗争准备，加大军事创新力度，使全军各项建设和工作向实现建设信息化军队、打赢信息化战争的战略目标聚焦，向实施信息化条件下联合作战的要求聚焦，向形成基于信息系统的体系作战能力聚焦。推动军事战略方针在各领域细化具体化，完善军事战略体系，修订完善作战方案计划，健全军事战略方针，贯彻落实督导问责机制，把军事战略方针各项要求落到实处。

（三）贯彻新的历史条件下政治建军方略

政治建军是我军的立军之本。新形势下，我军政治工作只能加强不能削弱，只能前进不能停滞，只能积极作为不能被动应对。军队政治工作的时代主题是，紧紧围绕实现中华民族伟大复兴的"中国梦"，为实现党在新形势下的强军目标提供坚强政治保证。

着力培养有灵魂、有本事、有血性、有品德的新一代革命军人。有灵魂就是要信念坚定、听党指挥，有本事就是要素质过硬、能打胜仗，有血性就是要英勇顽强、不怕牺牲，有品德就是要情趣高尚、品行端正。要把铸牢军魂作为政治工作的核心任务，用党的创新理论武装官兵，增强思想政治教育的时代性和感召力，持续培育社会主义核心价值观和当代革命军人核心价值观，传承我党我军优良传统，抓好战斗精神培育，打造强军文化，锻造具有铁一般信仰、铁一般信念、铁一般纪律、铁一般担当的过硬部队。

（四）全面实施改革强军战略

2015 年 11 月 24 日，习近平总书记在中央军委改革工作会议上指出："全面实施改革强军战略，坚定不移走中国特色强军之路。"深化国防和军队改革，是实现"中国梦""强军梦"的时代要求，是强军兴军的必由之路，也是决定军队未来的关键一招。

深化国防和军队改革是为了设计和塑造军队未来，关键是要牵住党在新形势下的强军目标这个"牛鼻子"。要坚持以强军目标为引领，贯彻新形势下军事战略方针，全面实施改革强军战略，着力解决制约国防和军队建设的体制性障碍、结构性矛盾、政策性问题，推进军队组织形态现代化，进一步解放和发展战斗力，进一步解放和增强军队活力，建设巩固国防和强大军队，为实现"两个一百年"奋斗目标、实现中华民族伟大复兴的"中国梦"提供坚强力量保证。

（五）深入推进依法治军、从严治军

一个现代化国家必然是法治国家，一支现代化军队必然是法治军队。深入推进依法治军、从严治军，是全面推进依法治国总体布局的重要组成部分，是实现强军目标的必然要求。国家要依法治国，军队要依法治军。必须创新发展依法治军理论和实践，着力构建系统完备、严密高效的军事法规制度体系、军事法治实施体系、军事法治监督体系、军事法治保障体系，提高国防和军队建设法治化水平，为推进强军事业提供重要引领和保障。

十一、国际关系和中国外交战略

党的十八大以来，面对国际形势的深刻变化和世界各国同舟共济的客观要求，以习近平同志为总书记的党中央，统筹国内国际两个大局、统筹发展安全两件大事，坚持独立自主的和平外交方针，坚定不移地走和平发展道路，坚定不移维护世界和平、促进共同发展，推动构建以合作共赢为核心的新型国际关系，打造人类命运共同体，大力推进外交理论和实践创新，开启了中国特色大国外交新征程。

（一）和平、发展、合作、共赢成为时代潮流

当今世界正在发生深刻复杂变化，但和平与发展仍是时代主题，和平、发展、合作、共赢的时代潮流更加强劲。一大批新兴市场国家和发展中国家走上发展的快车道，多个发展中心在世界各地区逐渐形成，国际力量对比继续朝着有利于世界和平与发展的方向发展。保持国际形势总体稳定、促进各国共同发展具备更多有利条件。

习近平总书记指出："要跟上时代前进步伐，就不能身体已进入 21 世纪，而脑袋还停留在过去，停留在殖民扩张的旧时代里，停留在冷战思维、零和博弈老框框内。"面对世界多极化、经济全球化深入发展和文化多样化、社会信息化持续推进，今天的人类比以往任何时候都更有条件朝和平与发展的目标迈进，而合作共赢就是实现这一目标的现实途径。

（二）坚定不移走和平发展道路

坚持走和平发展道路，是中国根据时代发展潮流和国家根本利益做出的战略抉择。习近平总书记指出，党的十八大明确提出了"两个一百年"的奋斗目标，我们还明确提出了实现中华民族伟大复兴的"中国梦"的奋斗目标。实现我们的奋斗目标，必须有和平国际环境。没有和平，中国和世界都不可能顺利发展；没有发展，中国和世界也不可能有持久和平。只有坚持走和平发展道路，只有同世界各国一道维护世界和平，中国才能实现自己的目标，才能为世界做出更大贡献。

（三）积极实施"一带一路"战略

建设"一带一路"，是党中央做出的重大战略决策，是实施新一轮扩大开放的重要举措。习近平总书记形象地指出，这"一带一路"，"就是要再为我们这只大鹏插上两只翅膀，建设好了，大鹏就可以飞得更高更远"。

"一带一路"和互联互通相融相近、相辅相成。如果将"一带一路"比喻为两只翅膀，那么互联互通就是两只翅膀的血脉经络。我们要建设的互联互通，不仅是修路架桥，不光是平面化和单线条的联通，而是全方位、立体化、网络状的大联通，是生机勃勃、群策群力的开放系统。各国提出的许多发展战略或倡议和"一带一路"倡议有不少契合点，完全可以开展互利合作，实现共同发展。

（四）推动与各方关系全面发展

大国是影响世界和平的决定性力量。切实运筹好大国关系、构建健康稳定的大国关系框架至关重要。

俄罗斯是中国周边最大邻国和世界大国，两国拥有广泛共同利益，是好邻居、好伙伴、好朋友。两国牢固建立起全面战略协作伙伴关系，坚定支持对方发展复兴，坚定支持对方维护核心利益，坚定支持对方自主选择发展道路和社会政治制度，务实合作取得重大进展，国际战略协调与合作提升到新高度，成为和平共处、合作共赢的典范。

中美关系是当今世界最重要的双边关系之一，在中国外交布局中占有特殊重要位置。中美构建新型大国关系，实现双方不冲突不对抗、相互尊重、合作共赢，这是两国人民和国际社会的普遍愿望，是符合时代潮流的正确选择。中美要保持高层和各级别密切交往，拓展和深化各领域务实合作，密切人文交流，尊重彼此在历史文化传统、社会制度、发展道路、发展阶段上的差异，继续就亚太地区事务深化对话合作，共同应对各种地区和全球性挑战。

欧洲是多极化世界的重要一极，是中国的全面战略伙伴。要从战略高度看待中欧关系，将中欧两大力量、两大市场、两大文明结合起来，共同打造中欧和平、增长、改革、文明四大伙伴关系，提升中欧全面战略伙伴关系的全球影响力，为世界发展繁荣做出更大贡献。

周边是中国安身立命之所，发展繁荣之基。中国周边充满生机活力，有明显发展优势和潜力，周边环境总体上是稳定的，睦邻友好、互利合作是周边国家对华关系的主流。习近平总书记强调，要谋大势、讲战略、重运筹，把周边外交工作做得更好。中国周边外交的基本方针，就是坚持与邻为善、以邻为伴，坚持睦邻、安邻、富邻，突出体现亲、诚、惠、容的理念。严格遵循中日四个政治文件精神和四点原则共识，确保两国关系沿着正确方向发展。

（五）坚决维护国家核心利益

中国坚定不移走和平发展道路，始终不渝倡导合作共赢理念。但是，走和平发展道路、倡导合作共赢是有底线的，这就是坚决维护国家核心利益。习近平总书记指出："我们要坚持走和平发展道路，但决不能放弃我们的正当权益，决不能牺牲国家核心利益。任何外国不要指望我们会拿自己的核心利益做交易，不要指望我们会吞下损害中国主权、安全、发展利益的苦果。"

坚决维护国家的核心利益是中国外交的神圣使命。一些人把中国维护合理合法的国家权益说成是"咄咄逼人""傲慢""强硬"，鼓吹"中国威胁"等论调，都是站不住脚的。要始终把坚决维护国家主权、安全、发展利益作为外交工作的基本出发点和落脚点。维护自身的领土主权和正当合理的海洋权益，是中国政府必须承担的责任。

十二、科学的思想方法和工作方法

深入学习贯彻习近平总书记系列重要讲话精神，既要准确理解讲话提出的一系列治国理政新理念、新思想、新战略，又要深刻把握讲话贯穿的科学思想方法和工作方法，不断提高攻坚克难、化解矛盾、驾驭复杂局面的能力，更好地把中国特色社会主义事业推向前进。

（一）学习和掌握马克思主义哲学

习近平总书记指出："马克思主义哲学深刻揭示了客观世界特别是人类社会发展一般规律，在当今时代依然有着强大生命力，依然是指导我们共产党人前进的强大思想武器。"我们党自成立起就高度重视在思想上建党，其中十分重要的一条就是坚持用马克思主义哲学教育和武装全党。学哲学、用哲学，是我们党的一个好传统。要原原本本学习和研读经典著作，努力把马克思主义哲学作为自己的看家本领。

辩证唯物主义是马克思主义哲学的重要组成部分，是中国共产党人的世界观和方法论。习近平总书记强调，实现"两个一百年"奋斗目标、实现中华民族伟大复兴的"中国梦"，必须不断接受马克思主义哲学智慧的滋养，更加自觉地坚持和运用辩证唯物主义世界观和方法论，增强辩证思维、战略思维能力，更好地指导实践。

历史唯物主义是马克思主义哲学的另一个重要组成部分，是中国共产党人的社会历史观和价值观。习近平总书记指出："历史和现实都表明，只有坚持历史唯物主义，我们才能不断把对中国特色社会主义规律的认识提高到新的水平，不断开辟当代中国马克思主义发展新境界。"要结合改革开放和社会主义现代化建设实际，学习和运用历史唯物主义。

（二）保持战略定力

战略定力问题是一个政党、一个国家的根本性问题。当今时代，信息技术高度发达，社会全面开放，国内国外各种思潮、各种观点甚至各种奇谈怪论非常多，众说纷纭、泥沙俱下，可谓"乱花渐欲迷人眼"。习近平总书记指出："在这样的复杂环境中，保持理论上的清醒、增强政治上的定力是很要紧的。"

保持战略定力，从根本上说，就是要毫不动摇地坚持和发展中国特色社会主义。习近平总书记指出："在道路、方向、立场等重大原则问题上，旗帜要鲜明，态度要明确，不能有丝毫含糊。"他反复强调，"在政治制度模式上，我们就是要咬定青山不放松、任尔东西南北风"。

保持战略定力，就要在制定政策时冷静观察、谨慎从事、谋定而动。大国治理强调政策的稳定性、延续性，切不可朝令夕改。习近平总书记多次强调："中国是一个大国，决不能在根本性问题上出现颠覆性错误，一旦出现就无法挽回、无法弥补。我们的立场是胆子要大、步子要稳，既要大胆探索、勇于开拓，也要稳妥审慎、三思而后行。"

保持战略定力，就要在复杂多变的国际局势中平心静气、静观其变。"纷繁世事多元应，击鼓催征稳驭舟"。习近平总书记指出，当今世界，风云变幻，最需要的是战略定力。要集中精力做好自己的事，坚定不移走和平发展道路，积极构建以合作共赢为核心的新型国际关系。

保持战略定力，要着眼大局，谋准大势，把握好度。有定力并不意味着一成不变，而是要把握好变和不变的关系。推动经济社会持续健康发展，最核心的问题是坚持稳中求进、改革创新。"稳"也好，"改"也好，是辩证统一、互为条件的，关键是要把握好这两者之间的度。

（三）提高战略思维、历史思维、辩证思维、创新思维、底线思维能力

要切实提高运用科学理论思维观察事物、分析问题、解决问题的能力，不断增强工作的科学性、预见性、主动性和创造性。

战略思维能力，就是高瞻远瞩、统揽全局，善于把握事物发展总体趋势和方向的能力。历史思维能力，就是以史为鉴、知古鉴今，善于运用历史眼光认识发展规律、把握前进方向、指导现实工作的能力。习近平总书记指出，"历史是最好的教科书"，"中国革命历史是最好的营养剂"。辩证思维能力，就是承认矛盾、分析矛盾、解决矛盾，善于抓住关键、找准重点、洞察事物发展规律的能力。创新思维能力，就是破除迷信、超越陈规，善于因时制宜、知难而进、开拓创新的能力。习近平总书记指出："生活从不眷顾因循守旧、满足现状者，从不等待不思进取、坐享其成者，而是将更多机遇留给善于和勇于创新的人们。"底线思维能力，就是客观地设定最低目标，立足最低点，争取最大期望值的能力。习近平总书记多次强调："要善于运用'底线思维'的方法，凡事从坏处准备，努力争取最好的结果，这样才能有备无患、遇事不慌，牢牢把握主动权。"

（四）调查研究是一项基本功

习近平总书记指出："调查研究是谋事之基、成事之道。没有调查，就没有发言权，更没有决策权。"研究问题、制定政策、推进工作，必须进行全面深入的调查研究，不断增强看问题的眼力、谋事情的脑力、察民情的听力、走基层的脚力。

重视调查研究，是我们党做好领导工作的重要传家宝。只有深入调查研究，才能真正做到一切从实际出发、理论联系实际、实事求是，真正保持党与人民群众的密切联系，才能从根本上保证党的路线方针政策的正确制定与贯彻执行，保证我们在工作中尽可能防止和减少失误，即使发生了失误也能迅速得到纠正而又继续胜利前进。

（五）发扬钉钉子精神

干事业好比钉钉子。钉钉子往往不是一锤子就能钉好的，而是要一锤一锤接着敲，直到把钉子钉实钉牢，钉牢一颗再钉下一颗，不断钉下去，必然大有成效。习近平总书记反复强调，要发扬钉钉子的精神，不折腾、不反复，切实把工作落到实处，做出经得起实践、人民、历史检验的实绩。

发扬钉钉子精神，就要坚持一张蓝图绘到底。习近平总书记指出："我们要牢记一个道理，政贵有恒。为官一方，为政一时，当然要大胆开展工作、锐意进取，同时也要保持

工作的稳定性和连续性。"

发扬钉钉子精神，就要坚持"一分部署，九分落实"。习近平总书记强调："要抓实、再抓实，不抓实，再好的蓝图只能是一纸空文，再近的目标只能是镜花水月。"干事业不是做样子，而在于结合新的实际，用新的思路、新的举措，脚踏实地把既定的科学目标、好的工作蓝图变为现实。

（六）依靠学习走向未来

我们党历来重视抓全党特别是领导干部的学习。在每一个重大转折时期，面对新形势新任务，我们党总是号召全党同志加强学习；而每次这样的学习热潮，都能推动党和人民事业实现大发展、大进步。习近平总书记指出，全党同志一定要善于学习、善于重新学习，要有本领不够的危机感，以时不我待的精神，一刻不停地增强本领。只有全党本领不断增强了，"两个一百年"奋斗目标才能实现，中华民族伟大复兴的"中国梦"才能梦想成真。

思考题

1. 习近平总书记治国理政的新理念、新思想和新战略都包括哪些方面的内容？
2. 为什么说实现"中国梦"必须走中国道路、弘扬中国精神、凝聚中国力量？
3. 促进经济持续健康发展的具体措施有哪些？
4. 科学的思想方法和工作方法都包括哪些？

参考文献

[1] 腾讯网. 十八大以来习近平总书记重要讲话精神.

　　http://news.qq.com/zt2013/sbdylxjpjh/?BLM<dd><ahref=?y18.

[2] 人民网. 学习贯彻习近平总书记重要讲话精神.

　　http://cpc.people.com.cn/GB/67481/371956/371959/index.html.

[3] 新华网. 习近平：在文艺工作座谈会上的讲话.

　　http://news.xinhuanet.com/politics/2015-10/14/c_1116825558.htm.

[4] 中青在线. 习总书记在网络安全和信息化工作座谈会上的重要讲话释放了什么信号.

　　http://news.cyol.com/content/2016-04/21/content_12452190.htm.

[5] 搜狐新闻. 习大大在哲学社会科学工作座谈会上的讲话.

　　http://health.sohu.com/20160527/n451798435.shtml.

专题二　全面从严治党　推动党的
十八届六中全会精神落到实处

中国共产党第十八届中央委员会第六次全体会议,于 2016 年 10 月 24 日至 27 日在北京举行。全会号召,全党同志紧密团结在以习近平同志为核心的党中央周围,全面深入贯彻本次全会精神,牢固树立政治意识、大局意识、核心意识、看齐意识,坚定不移维护党中央权威和党中央集中统一领导,继续推进全面从严治党,共同营造风清气正的政治生态,确保党团结带领人民不断开创中国特色社会主义事业新局面。

十八届六中全会:
聚焦从严治党

一、学习贯彻十八届六中全会精神

贯彻好党的十八届六中全会精神,对于顺利推进具有许多新的历史特点的伟大斗争、党的建设新的伟大工程、中国特色社会主义伟大事业,具有重大而深远的意义。

历史经验表明,我们党作为马克思主义政党,必须旗帜鲜明讲政治,严肃认真开展党内政治生活。讲政治,是我们党补钙壮骨、强身健体的根本保证,也是我们党培养自我革命勇气、增强自我净化能力、提高排毒杀菌政治免疫力的根本途径。全党讲政治、党内政治生活正常开展,我们党就风清气正、团结统一,充满生机活力,党的事业就蓬勃发展;反之,就弊病丛生、人心涣散、丧失斗志,各种错误思想得不到及时纠正,给党的事业造成严重损失。党的高级干部要注重提高政治能力,坚定政治理想,正确把握政治方向,站稳政治立场,严格遵守政治纪律,加强政治历练,积累政治经验,自觉把讲政治贯穿于党性锻炼全过程,使自己的政治能力与担任的领导职责相匹配。

坚决维护党中央权威、保证全党令行禁止,是党和国家前途命运所系,是全国各族人民根本利益所在。坚持党的领导,首先是坚持党中央的集中统一领导。全党必须牢固树立政治意识、大局意识、核心意识、看齐意识,自觉在思想上、政治上、行动上同党中央保持高度一致。每一个党的组织、每一名党员干部,无论处在哪个领域、哪个层级、哪个部门和单位,都要服从党中央集中统一领导,确保党中央政令畅通无阻。

维护党中央权威和集中统一领导,同坚持民主集中制是一致的。我们实行的民主集中制，是既有集中又有民主、既有纪律又有自由、既有统一意志又有个人意志的制度，是民主和集中紧密结合的制度。我们党历来高度重视发展党内民主。党的重大决策都要严格按照程序办事，充分发扬民主，广泛听取意见和建议，做到兼听则明、防止偏听则暗，做到科学决策、民主决策、依法决策。

新形势下加强和规范党内政治生活，要着力增强党内政治生活的政治性、时代性、原则性、战斗性。增强党内政治生活的政治性，就是党内政治生活要把握正确的政治方向，引导广大党员干部自觉维护党中央权威、维护党的团结和集中统一。增强党内政治生活的时代性，就是党内政治生活要紧跟时代步伐、聆听时代声音、回答时代课题，及时发现和解决党内出现的新问题，使党内政治生活始终充满活力。增强党内政治生活的原则性，就是党内政治生活要坚持党的思想原则、政治原则、组织原则、工作原则，按原则处理党内各种关系，按原则解决党内矛盾和问题。增强党内政治生活的战斗性，就是党内政治生活要旗帜鲜明坚持真理、尊重客观事实、修正错误，勇于开展批评和自我批评，使每个党组织都成为激浊扬清的战斗堡垒，使每个党员都成为扶正祛邪的战斗员。

勇于自我革命，是我们党最鲜明的品格，也是我们党最大的优势。我们党之所以有自我革命的勇气，是因为我们党除了国家、民族、人民的利益，没有任何自己的特殊利益。不谋私利才能谋根本、谋大利、谋民生、谋大局，才能从党的性质和根本宗旨出发，从人民根本利益出发，检视自己；才能不掩饰缺点、不回避问题、不文过饰非，有缺点克服缺点，有问题解决问题，有错误承认并纠正错误。要兴党强党，就必须以勇于自我革命精神打造和锤炼自己。只有努力在革故鼎新、守正出新中实现自身跨越，才能不断给党和人民事业注入生机活力。

领导干部特别是高级干部必须加强自律、慎独慎微、善始敬终，经常对照党章检查自己的言行，加强党性修养，陶冶道德情操，永葆共产党人政治本色。对领导干部特别是高级干部来说，加强自律关键是在私底下、无人时、细微处能否做到慎独慎微，始终心存敬畏、手握戒尺，增强政治定力、纪律定力、道德定力、抵腐定力，始终不放纵、不越轨、不逾矩。

领导干部严格自律，要注重自觉同特权思想和特权现象做斗争，从自己做起，从身边人管起，从最近身的地方构筑起预防和抵制特权的防护网。领导干部严格自律，要注重在选人、用人上把好方向、守住原则，坚持党管干部原则，带头执行党的干部政策，坚决纠正各种不正之风。领导干部严格自律，要注重防范被利益集团"围猎"，坚持公正用权、谨慎用权、依法用权，坚持交往有原则、有界限、有规矩。领导干部严格自律，要注重自觉主动接受监督，对党忠诚老实，党员、干部绝不能以任何借口而拒绝监督，党组织也绝不能以任何理由而放松监督。

党的十八届六中全会通过的《关于新形势下党内政治生活的若干准则》（以下简称：《准则》）和《中国共产党党内监督条例》（以下简称：《条例》），针对党内存在的突出矛盾和问题，既指出了病症，也开出了药方，既有治标举措，也有治本方略。学习领会《准则》和《条例》，必须紧密结合新形势下全面从严治党新要求来进行。《准则》和《条例》每句话都有深刻内涵和明确指向。各位党员同志，尤其是党的领导干部，要反复学习、反复思考、反复对照，不能大而化之、囫囵吞枣。

各级党委和领导干部要担负起政治责任和领导责任，使贯彻《准则》和《条例》成为每一个党组织、每一名党员的自觉行动。领导干部特别是一把手要亲自抓、亲自管，确保贯彻落实不走偏、不走样。各级党组织要加强检查和考核，及时发现和解决问题，严格落实执纪问责，完善抓落实的长效机制。高级干部要以身作则、率先垂范，凡是要求党员、干部做到的自己必须首先做到，凡是要求党员、干部不做的自己必须首先不做。希望广大党员、干部要带个好头，在全面从严治党中做出新业绩、树立好形象。

二、书写全面从严治党的时代答卷

治国必先治党，治党务必从严。十八届六中全会对加强党的建设、营造风清气正的党内政治生态提出了全面要求，并做出了明确的顶层设计和制度安排，全会公报和审议通过的两部党内法规，彰显了习近平总书记一以贯之的从严治党主张，呈现出我们党管党治党新境界。

（一）全面从严治党，提升"四个全面"新高度

"打铁还需自身硬。我们的责任，就是同全党同志一道，坚持党要管党、从严治党，切实解决自身存在的突出问题，切实改进工作作风，密切联系群众，使我们党始终成为中国特色社会主义事业的坚强领导核心。"习近平总书记斩钉截铁地宣示，开启了中国特色社会主义伟大事业的新征程。

"协调推进全面建成小康社会、全面深化改革、全面推进依法治国、全面从严治党，推动改革开放和社会主义现代化建设迈上新台阶。"习近平总书记强调指出，全面从严治党是推进党的建设新的伟大工程的必然要求。

在"从严治党"之前，加入"全面"两字，展现出当代中国共产党人的远见卓识和使命担当。以习近平同志为总书记的党中央向全党提出"全面从严治党"重大命题，并同全面建成小康社会、全面深化改革、全面依法治国一起，形成"四个全面"战略布局重大思想，拓开了我们党治国理政全新视野，为中国特色社会主义理论体系注入新的时代内涵。

党的十八届三中全会研究部署全面深化改革，四中全会研究部署全面依法治国，五中全会吹响全面建成小康社会决胜阶段的冲锋号。六中全会研究全面从严治党重大问题，把"四个全面"战略布局更加系统地提升到新的高度。

在新的历史起点上坚持和发展中国特色社会主义，我们党面临的执政考验、改革开放

考验、市场经济考验、外部环境考验是长期的、复杂的、严峻的，精神懈怠危险、能力不足危险、脱离群众危险、消极腐败危险更加尖锐地摆在全党面前。解决管党治党失之于宽、失之于松、失之于软的问题，比以往任何时候都更为紧迫。

习近平总书记高屋建瓴地指出："我们必须以更大的决心和勇气抓好党的自身建设，确保党在世界形势深刻变化的历史进程中始终走在时代前列，在应对国内外各种风险和考验的历史进程中始终成为全国人民的主心骨，在发展中国特色社会主义的历史进程中始终成为坚强的领导核心。"

在推进党的建设新的伟大工程中，只有在精神上、能力上、作风上、行动上硬起来，我们党才能永葆先进性和纯洁性，始终挺立在时代的潮头。

在进行具有许多新的历史特点的伟大斗争中，只有凝聚力量，敢于碰硬，以积极向上、开拓进取、勇于拼搏的姿态打好坚硬的"铁"，我们党才能带领人民闯关夺隘，从胜利走向胜利。

（二）全面从严治党，书写党的建设新篇章

对于一个有着 8 800 多万名党员、440 多万个党组织的世界第一大党，抵御风险诱惑，永葆生机活力，绝非一日之功，不能一劳永逸。

"凡是影响党的创造力、凝聚力、战斗力的问题都要全力克服，凡是损害党的先进性和纯洁性的病症都要彻底医治，凡是滋生在党的健康肌体上的毒瘤都要坚决祛除……"

党的十八大以来，以习近平同志为总书记的党中央高瞻远瞩、审时度势，全面从严治党系统部署、渐次展开，党的建设呈现出鲜明的时代特征。

"全面从严治党，要坚持思想建党和制度治党紧密结合，全方位扎紧制度笼子，更多用制度治党、管权、治吏。"历经岁月的磨砺，新时期全面从严治党的步伐更加坚定有力。

按照习近平总书记指示要求，党内法规工作统筹协调力度空前加强。更多"第一次"推动党内法规工作逐步形成完整链条。中央部署开展党的历史上第一次党内法规和规范性文件集中清理工作，建立党内法规和规范性文件备案审查制度，印发第一部关于党内法规解释的规定，第一次编制党内法规、制定工作五年规划纲要，中央书记处定期听取党内法规工作情况报告，正式建立中央党内法规工作联席会议制度……党中央从细处着手，向实处发力，让制度的能量越来越强，权力的"任性"再无空间。

作为全面从严治党的重要举措，党内巡视工作始终在改革中创新、在发展中完善，折射出党的建设与时俱进的良好态势。从让"咬耳朵、扯袖子，红红脸、出出汗"成为常态到杜绝"能上不能下"、防止"带病提拔"，从纪检派驻机构全覆盖到中央巡视移交移送问题线索、适时安排"回头看"……党的建设和纪检制度改革不断加速，党内监督逐步向源头治理、防患未然的更深层次挺进。

（三）全面从严治党，引领伟大复兴新征程

80 多年前，中国共产党领导的工农红军完成了人类历史上旷世罕见的战略大转移，以向死而生的勇气战胜了阻碍革命胜利的巨大考验。80 多年过去，我们隆重纪念长征胜利，不仅是因为这项壮举诠释了中国共产党人的精神底色，更因为它寓意着中国共产党带领人民历尽沧桑、迈向复兴的"赶考"征途。

中国共产党的自身建设能否与时俱进，决定着它能否在新的长征路上，为了国家的富强和民族的复兴执着追求、砥砺前行。

坚持党的领导，是党和国家的根本所在、命脉所在，是全国各族人民的利益所系、幸福所系。习近平总书记强调，要着眼于完成党的历史使命，从我们党面临的内外部环境不断发生深刻变化的实际出发……把全面从严治党的要求进一步落到实处，确保党始终成为中国特色社会主义事业的坚强领导核心。

正是由于根基在人民、力量在人民，中国共产党能够战胜一切困难，完成近代以来各种政治力量不可能完成的艰巨任务。中国共产党始终把人民放在心中最高位置，坚持全心全意为人民服务的根本宗旨，实现好、维护好、发展好最广大人民的根本利益，把人民拥护不拥护、赞成不赞成、高兴不高兴、答应不答应作为衡量一切工作得失的根本标准。

民心是最大的政治。当代中国共产党人以高度自觉的责任担当，深入推进全面从严治党，始终保持同人民群众的血肉联系，是建设中国特色社会主义事业当之无愧的中流砥柱。

三、新形势下加强和规范党内政治生活

新形势下加强和规范党内政治生活，必须以党章为根本遵循，坚持党的政治路线、思想路线、组织路线、群众路线，着力增强党内政治生活的政治性、时代性、原则性、战斗性，着力增强党自我净化、自我完善、自我革新、自我提高能力，着力提高党的领导水平和执政水平、增强拒腐防变和抵御风险能力，着力维护党中央权威、保证党的团结统一、保持党的先进性和纯洁性，努力在全党形成良好的政治局面。

（一）坚定理想信念

共产主义远大理想和中国特色社会主义共同理想，是中国共产党人的精神支柱和政治灵魂，也是保持党的团结统一的思想基础。必须高度重视思想政治建设，把坚定理想信念作为开展党内政治生活的首要任务。

理想信念动摇是最危险的动摇，理想信念滑坡是最危险的滑坡。全党同志必须把对马克思主义的信仰、对社会主义和共产主义的信念作为毕生追求，在改造客观世界的同时不

断改造主观世界，解决好世界观、人生观、价值观这个"总开关"问题，不断增强政治定力，自觉成为共产主义远大理想和中国特色社会主义共同理想的坚定信仰者和忠实实践者；必须坚定对中国特色社会主义的道路自信、理论自信、制度自信和文化自信。领导干部特别是高级干部要以实际行动让党员和群众感受到理想信念的强大力量。

全体党员必须永远保持建党时中国共产党人的奋斗精神，把理想信念的坚定性体现在做好本职工作的过程中，自觉为推进中国特色社会主义事业而苦干实干，在胜利时和顺境中不骄傲不自满，在困难时和逆境中不消沉不动摇，经受住各种赞誉和诱惑考验，经受住各种风险和挑战考验，永葆共产党人政治本色。

坚定理想信念，必须加强学习。思想理论上的坚定清醒是政治上坚定的前提。全党必须毫不动摇坚持马克思主义指导思想，党的各级组织必须坚持不懈抓好理论武装，广大党员、干部特别是高级干部必须自觉抓好学习、增强党性修养。把马克思主义理论作为必修课，认真学习马克思列宁主义、毛泽东思想、邓小平理论、"三个代表"重要思想、科学发展观，认真学习习近平总书记系列重要讲话精神，认真学习党章党规，不断提高马克思主义思想觉悟和理论水平。系统掌握马克思主义基本原理，学会用马克思主义立场、观点、方法观察问题、分析问题、解决问题，特别是要聚焦现实问题，不断深化对共产党执政规律、社会主义建设规律、人类社会发展规律的认识。适应时代进步和事业发展要求，广泛学习经济、政治、文化、社会、生态文明以及哲学、历史、法律、科技、国防、国际等各方面知识，提高战略思维、创新思维、辩证思维、法治思维、底线思维能力，提高领导能力专业化水平。

坚持和创新党内学习制度。以党委（党组）中心组学习等制度为主要抓手，各级党组织要定期开展集体学习。党员、干部每年要完成规定的学习任务，领导干部要定期参加党校学习。坚持开展党内集中学习教育。各级党组织要加强督促检查，把学习情况作为领导班子和领导干部考核的重要内容。坚持中央领导同志做专题报告制度。健全党内重大思想理论问题分析研究和情况通报制度，强化互联网思想理论引导，把深层次思想理论问题讲清楚，帮助党员、干部站稳政治立场，分清是非界限，坚决抵制错误思想侵蚀。

（二）坚持党的基本路线

党在社会主义初级阶段的基本路线是党和国家的生命线、人民的幸福线，也是党内政治生活正常开展的根本保证。必须全面贯彻执行党的基本路线，把以经济建设为中心同坚持四项基本原则、坚持改革开放这两个基本点统一于中国特色社会主义伟大实践，任何时候都不能有丝毫偏离和动摇。

全党必须毫不动摇坚持以经济建设为中心，聚精会神抓好发展党执政兴国的第一要务，坚持以人民为中心的发展思想，统筹推进"五位一体"总体布局和协调推进"四个全面"战略布局，坚持创新、协调、绿色、开放、共享的发展理念，努力提高发展质量和效益，不断提高人民生活水平，为实现"两个一百年"奋斗目标、实现中华民族伟大复兴的"中国梦"打下坚实的物质基础。

全党必须毫不动摇坚持四项基本原则，根本是坚持党的领导，坚持中国特色社会主义道路、中国特色社会主义理论体系、中国特色社会主义制度、中国特色社会主义文化，做到头脑清醒、立场坚定，矢志不移坚持和发展中国特色社会主义。

全党必须毫不动摇坚持改革开放，发挥群众首创精神，勇于自我革命，勇于推进理论创新、实践创新、制度创新、文化创新以及其他各方面创新，坚定不移实施对外开放基本国策，绝不能安于现状、墨守成规。新形势下，党领导人民全面深化改革，是为了推动中国特色社会主义制度自我完善和发展，推进国家治理体系和治理能力现代化，既不走封闭僵化的老路、也不走改旗易帜的邪路。

全党必须把坚持党的思想路线贯穿于执行党的基本路线全过程，坚持解放思想、实事求是、与时俱进、求真务实，坚持理论联系实际，一切从实际出发，在实践中检验真理和发展真理，既反对各种否定马克思主义的错误倾向，又破除对马克思主义的教条式理解。坚持从中国仍处于并将长期处于社会主义初级阶段这个基本国情出发，不断研究新情况、总结新经验、解决新问题，不断推进马克思主义中国化。

全党必须坚决捍卫党的基本路线，对否定党的领导、否定中国社会主义制度、否定改革开放的言行，对歪曲、丑化、否定中国特色社会主义的言行，对歪曲、丑化、否定党的历史、中华人民共和国历史、人民军队历史的言行，对歪曲、丑化、否定党的领袖和英雄模范的言行，对一切违背、歪曲、否定党的基本路线的言行，必须旗帜鲜明地反对和抵制。

考察识别干部特别是高级干部，必须首先看是否坚定不移贯彻党的基本路线。党员、干部特别是高级干部在大是大非面前不能态度暧昧，不能动摇基本政治立场，不能被错误言论所左右。当人民利益受到损害、党和国家形象受到破坏、党的执政地位受到威胁时，要挺身而出、亮明态度，主动坚决开展斗争。对在大是大非问题上没有立场、没有态度、无动于衷、置身事外，在错误言行面前不抵制、不斗争，明哲保身、当老好人等政治不合格的人员坚决不用，已在领导岗位的人员要坚决调整，情节严重的人员要严肃处理。

（三）坚决维护党中央权威

坚决维护党中央权威、保证全党令行禁止，是党和国家前途命运所系，是全国各族人民根本利益所在，也是加强和规范党内政治生活的重要目的。必须坚持党员个人服从党的组织，少数服从多数，下级组织服从上级组织，全党各个组织和全体党员服从党的全国代表大会和中央委员会，核心是全党各个组织和全体党员服从党的全国代表大会和中央委员会。

坚持党的领导，首先是坚持党中央的集中统一领导。一个国家、一个政党，领导核心至关重要。全党必须牢固树立政治意识、大局意识、核心意识、看齐意识，自觉在思想上、政治上、行动上同党中央保持高度一致。党的各级组织、全体党员特别是高级干部都要向党中央看齐,向党的理论和路线方针政策看齐,向党中央决策部署看齐,做到党中央提倡的坚决响应、党中央决定的坚决执行、党中央禁止的坚决不做。

涉及全党全国性的重大方针政策问题,只有党中央有权做出决定和解释。各部门各地方党组织和党员领导干部可以向党中央提出建议,但不得擅自做出决定和对外发表主张。对党中央做出的决议和制定的政策如有不同意见,在坚决执行的前提下,可以向党组织提出保留意见,也可以按组织程序把自己的意见向党的上级组织直至党中央提出。

全党必须自觉服从党中央领导。全国人大、国务院、全国政协,中央纪律检查委员会,最高人民法院、最高人民检察院,中央和国家机关各部门,人民军队,各人民团体,各地方,各企事业单位、社会组织,其党组织都要不折不扣地执行党中央决策部署。

全党必须严格执行重大问题请示报告制度。全国人大常委会、国务院、全国政协,中央纪律检查委员会,最高人民法院、最高人民检察院,中央和国家机关各部门,各人民团体,各省、自治区、直辖市,其党组织要定期向党中央报告工作。研究涉及全局的重大事项或做出的重大决定要及时向党中央请示报告,执行党中央重要决定的情况要专题报告。遇有突发性重大问题和工作中重大问题要及时向党中央请示报告,情况紧急必须临机处置的,要尽职尽力做好工作,并迅速报告。

省、自治区、直辖市党委在党中央领导下开展工作,同级各个组织中的党组织和领导干部要自觉接受同级党委领导、向同级党委负责,重大事项和重要情况及时向同级党委请示报告。

全党必须自觉防止和反对个人主义、分散主义、自由主义、本位主义、教条主义。对党中央决策部署,任何党组织和任何党员都不准合意的执行、不合意的不执行,不准先斩后奏,更不准口是心非、阳奉阴违。属于部门和地方职权范围内的工作部署,要以贯彻党中央决策部署为前提,发挥积极性、主动性、创造性,但绝不允许自行其是、各自为政,绝不允许有令不行、有禁不止,绝不允许搞上有政策、下有对策。

(四)严明党的政治纪律

纪律严明是全党统一意志、统一行动、步调一致前进的重要保障,是党内政治生活的重要内容。必须严明党的纪律,把纪律摆在前面,用铁的纪律从严治党。

坚持纪律面前一律平等,遵守纪律没有特权,执行纪律没有例外,党内绝不允许存在不受纪律约束的特殊组织和特殊党员。

严明党纪

每一个党员对党的纪律都要心存敬畏、严格遵守,任何时候、任何情况下都不能违反党的纪律。党的各级组织和全体党员要坚决同一切违反党的纪律的行为做斗争。

政治纪律是党最根本、最重要的纪律,遵守党的政治纪律是遵守党的全部纪律的基础。全党特别是高级干部必须严格遵守党的政治纪律和政治规矩。党员不准散布违背党的理论和路线方针政策的言论，不准公开发表违背党中央决定的言论，不准泄露党和国家秘密，不准参与非法组织和非法活动，不准制造、传播政治谣言及丑化党和国家形象的言论。党员不准搞封建迷信，不准信仰宗教，不准参与邪教，不准纵容和支持宗教极端势力、民族分裂势力、暴力恐怖势力及其活动。

党员、干部特别是高级干部不准在党内搞小山头、小圈子、小团伙，严禁在党内拉私人关系、培植个人势力、结成利益集团。对那些投机取巧、拉帮结派、搞团团伙伙的人，要严格防范，依纪依规处理。坚决防止野心家、阴谋家窃取党和国家权力。

党的各级组织和全体党员必须对党忠诚老实、光明磊落，说老实话、办老实事、做老实人，如实向党反映和报告情况，反对搞两面派、做"两面人"，反对弄虚作假、虚报浮夸，反对隐瞒实情、报喜不报忧。领导机关和领导干部不准以任何理由和名义纵容、唆使、暗示或强迫下级说假话。凡因弄虚作假、隐瞒实情给党和人民事业造成重大损失的，凡因弄虚作假、隐瞒实情骗取荣誉、地位、奖励或其他利益的，凡因纵容、唆使、暗示或强迫下级弄虚作假、隐瞒实情的，都要依纪依规严肃问责追责。对坚持原则、敢于说真话的同志，要给予支持、保护和鼓励。

党内不准搞拉拉扯扯、吹吹拍拍和阿谀奉承。对领导人的宣传要实事求是，禁止吹捧，禁止给领导人祝寿、送礼、发致敬函电，禁止在领导干部国内考察工作时组织迎送、张贴标语、敲锣打鼓、铺红地毯、举行宴会等。

党的各级组织必须担负起执行和维护政治纪律和政治规矩的责任，对违反政治纪律的行为要坚决批评制止，不能听之任之。党的各级组织和纪律检查机关要加强纪律执行情况的监督和检查，坚决防止和纠正执行纪律宽、松、软的问题。

（五）保持党同人民群众的血肉联系

人民立场是党的根本政治立场，人民群众是党的力量源泉。我们党来自人民，失去人民的拥护和支持，党就会失去根基。必须把坚持全心全意为人民服务的根本宗旨、保持党同人民群众的血肉联系作为加强和规范党内政治生活的根本要求。

全党必须牢固树立人民群众是历史创造者的历史唯物主义观点，站稳群众立场，增进群众感情。党的各级组织、全体党员特别是各级领导机关和领导干部要贯彻党的群众路线，做到一切为了群众，一切依靠群众，从群众中来，到群众中去，为群众办实事、做好事、解难事，当好人民公仆。坚持问政于民、问需于民、问计于民，绝不允许在群众面前自以为是、盛气凌人，绝不允许当官做老爷、漠视群众疾苦，更不允许欺压群众、损害和侵占群众利益。改进和创新联系群众方法，建立和完善民意调查等制度，利用传统媒体和互联网等各种渠道了解社情民意，倾听群众呼声，密切党群干群关系，把对上负责和对下负责一致起来，着力实现好、维护好、发展好最广大人民的根本利益。

全党必须坚决反对形式主义、官僚主义、享乐主义和奢靡之风，领导干部特别是高级干部要以身作则。反对形式主义，重在解决作风漂浮、工作不实，文山会海、表面文章，贪图虚名、弄虚作假等问题。反对官僚主义，重在解决脱离实际、脱离群众，消极应付、推诿扯皮，作风霸道、迷恋特权等问题。反对享乐主义，重在解决追名逐利、贪图享受，讲究排场、玩物丧志等问题。反对奢靡之风，重在解决铺张浪费、挥霍无度，骄奢淫逸、腐化堕落等问题。坚持抓常、抓细、抓长，特别是要防范和查处各种隐性、变异的"四风"问题，把落实中央八项规定精神常态化、长效化。

党的各级组织、全体党员特别是领导干部必须提高做群众工作的能力，既服务群众又带领群众坚定不移贯彻落实党的理论和路线方针政策，把党的主张变为群众的自觉行动，引领群众听党话、跟党走。坚决反对命令主义，坚决反对"尾巴主义"，不允许为了个人政绩、选票和形象脱离实际随意决策、随便许愿。

坚持领导干部调查研究、定期接待群众来访、同干部群众谈心、群众满意度测评等制度。各级领导干部必须深入实际、深入基层、深入群众，多到条件艰苦、情况复杂、矛盾突出的地方解决问题，千方百计为群众排忧解难。领导干部下基层要接地气，轻车简从，了解实情，督查落实，解决问题，坚决反对作秀、哗众取宠。对一切搞劳民伤财的"形象工程"和"政绩工程"的行为，要严肃问责追责，依纪依法处理。在应对重大安全、重大突发、重大自然灾害等事件中，领导干部必须深入一线、靠前指挥，及时协调解决突出问题，及时回应社会关切。

党员、干部必须顾全大局，自觉维护社会和谐稳定，遇到涉及自身利益和局部利益的问题应该通过正常渠道向上级反映，积极主动做好化解社会矛盾、防控社会风险工作，不准组织、参与、纵容扰乱社会秩序的非法活动。

（六）坚持民主集中制原则

民主集中制是党的根本组织原则，是党内政治生活正常开展的重要制度保障。坚持集体领导制度，实行集体领导和个人分工负责相结合，是民主集中制的重要组成部分，必须始终坚持，任何组织和个人在任何情况下都不允许以任何理由违反这项制度。

各级党委（党组）必须坚持集体领导制度。凡属重大问题，要按照集体领导、民主集中、个别酝酿、会议决定的原则，由集体讨论、按少数服从多数做出决定，不允许用其他形式取代党委及其常委会（或党组）的领导。落实党委常委会（或党组）议事规则和决策程序，健全常委会向全委会定期报告工作并接受监督制度，坚决反对和防止独断专行或各自为政，坚决反对和防止议而不决、决而不行、行而不实，坚决反对和防止以党委集体决策名义集体违规。各级党委（党组）要善于观大势、抓大事、管全局，及时发现和解决矛盾和难题，不上推下卸，不留后遗症。建立上级组织在做出同下级组织有关重要决策前征求下级组织意见的制度。

领导班子成员必须增强全局观念和责任意识，在研究工作时充分发表意见，决策形成后一抓到底，不得违背集体决定自作主张、自行其是。坚决反对和纠正当面不说、背后乱说，会上不说、会后乱说，当面一套、背后一套等错误言行。坚持讲原则、讲规矩，共同维护坚持党性原则基础上的团结。

　　党委（党组）主要负责同志必须发扬民主、善于集中、敢于担责。在研究讨论问题时要把自己当成班子中平等的一员，充分发扬民主，严格按程序决策、按规矩办事，注意听取不同意见，正确对待少数人意见，不能搞一言堂甚至家长制。支持班子成员在职责范围内独立负责开展工作，坚决防止和克服名为集体领导、实际上由个人或少数人说了算的现象，坚决防止和克服名为集体负责、实际上无人负责的情况。

　　领导班子成员必须坚决执行党组织决定，如有不同意见，可以保留或向上一级党组织提出，但在上级或本级党组织改变决定以前，除执行决定会立即引起严重后果等紧急情况外，必须无条件执行已做出的决定。

　　领导班子成员分工按规定向上级党委报备，无正当理由、未向上级党委报备不得调整。领导干部要自觉服从组织分工安排，任何人都不能向组织讨价还价、不服从组织安排。领导干部不准把分管工作、分管领域和地方当作"私人领地"，不准搞独断专行。

　　在党的工作和活动中，该以组织名义出面不能以个人名义出面，该由集体研究不能个人擅自表态，不允许用个人主张代替党组织的主张、用个人决定代替党组织的决定。

（七）发扬党内民主和保障党员权利

　　党内民主是党的生命，是党内政治生活积极健康的重要基础。要坚持和完善党内民主各项制度，提高党内民主质量，党内决策、执行、监督等工作必须执行党章党规确定的民主原则和程序，任何党组织和个人都不得压制党内民主、破坏党内民主。

　　中央委员会、中央政治局、中央政治局常务委员会和党的各级委员会做出重大决策部署，必须深入开展调查研究，广泛听取各方面意见和建议，凝聚智慧和力量，做到科学决策、民主决策和依法决策。

　　必须尊重党员主体地位、保障党员民主权利，落实党员知情权、参与权、选举权、监督权，保障全体党员平等享有党章规定的党员权利、履行党章规定的党员义务，坚持党内民主平等的同志关系，党内一律称同志。任何党组织和党员不得侵害党员民主权利。

　　畅通党员参与讨论党内事务的途径，拓宽党员表达意见的渠道，营造党内民主讨论的政治氛围。健全党内重大决策论证评估和征求意见等制度。党的各级组织对重大决策和重大问题应该采取多种方式征求党员意见，党员有权在党的会议上发表不同意见，对党的决议和政策如有不同意见，在坚决执行的前提下，可以声明保留，并且可以把自己的意见向党的上级组织直至党中央提出。推进党务公开，发展和用好党务公开新形式，使党员更好地了解和参与党内事务。

党内选举必须体现选举人意志，规范和完善选举制度规则。党的任何组织和个人不得以任何方式妨碍选举人依照规定自主行使选举权，坚决反对和防止侵犯党员选举权和被选举权的现象，坚决防止和查处拉票贿选等行为。

坚持党的代表大会制度。未经批准不得提前或延期召开党的代表大会。落实党代表大会代表任期制，实行代表提案制，健全代表参与重大决策、参加重要干部推荐和民主评议、列席党委有关会议、联系党员群众等制度。更好发挥党的地方各级委员会及委员作用。健全党内情况通报制度、情况反映制度，畅通党员表达意见、要求撤换不称职基层党组织领导班子成员的渠道。按期进行党的基层委员会、总支部和支部委员会换届。

党员有权向党负责地揭发、检举党的任何组织和任何党员违纪违法的事实，提倡实名举报。党员有权在党的会议上有根据地批评党的任何组织和任何党员。党组织既要严肃处理对举报者的歧视、刁难、压制行为特别是打击报复行为，又要严肃追查处理诬告陷害行为。对受到诽谤、诬告、严重失实举报的党员，党组织要及时为其澄清和正名。要保障党员申辩、申诉等权利。对执纪中的过错或违纪行为，要依规及时纠正、消除影响并追究有关组织和人员的责任。

（八）坚持正确选人、用人导向

坚持正确选人、用人导向，是严肃党内政治生活的组织保证。必须严格标准、健全制度、完善政策、规范程序，使选出来的干部组织放心、群众满意、干部服气。

选拔任用干部必须坚持党章规定的干部条件，坚持德才兼备、以德为先，坚持五湖四海、任人唯贤，坚持信念坚定、为民服务、勤政务实、敢于担当、清正廉洁的好干部标准。把公道正派作为干部工作核心理念贯穿选人、用人全过程，做到公道对待干部、公平评价干部、公正使用干部。

选人、用人必须强化党组织的领导和把关作用，落实干部选拔任用工作纪实制度，确保每个环节都规范操作。组织部门要严格按政策、原则、制度办事，实事求是考察评价干部，敢于为干部说公道话，敢于抵制选人、用人中的违规行为，形成能者上、庸者下、劣者汰的选人、用人导向。加强选人、用人监督问责，对用人失察、失误的严肃追究责任。

党的各级组织必须自觉防范和纠正用人上的不正之风和种种偏向。坚决禁止跑官要官、买官卖官、拉票贿选等行为，坚决禁止向党伸手要职务、要名誉、要待遇行为，坚决禁止向党组织讨价还价、不服从组织决定的行为。坚决纠正唯票、唯分、唯生产总值、唯年龄等取人偏向，坚决克服由少数人在少数人中选人的倾向。领导干部要带头执行党的干部政策，不准任人唯亲、不搞亲亲疏疏，不准封官许愿、跑风漏气、收买人心，不准个人为干部提拔任用打招呼、递条子。领导干部不得干预曾经工作生活过的地方、曾经工作过的单位和不属于自己分管领域的干部选拔任用工作，有关地方和单位党组织要抵制这种违反党的组织原则的行为。

任何人都不准把党的干部当作私有财产，党内不准搞人身依附关系。领导干部特别是高级干部不能搞家长制，要求别人唯命是从，特别是不能要求下级办违反党纪国法的事情；下级应该抵制上级领导干部的这种要求并向更上级党组织直至党中央报告，不应该对上级领导干部无原则服从。规范和纯洁党内同志交往，领导干部对党员不能颐指气使，党员对领导干部不能阿谀奉承。

干部是党的宝贵财富，必须既严格教育、严格管理、严格监督，又在政治上、思想上、工作上、生活上真诚关爱，鼓励干部干事创业、大胆作为。

建立容错纠错机制，宽容干部在工作中特别是改革创新中的失误。坚持惩前毖后、治病救人，正确对待犯错误的干部，帮助其认识和改正错误。不得混淆干部所犯错误性质或夸大错误程度对干部做出不适当的处理，不得利用干部所犯错误泄私愤、打击报复。

党的各级组织和领导干部必须牢记空谈误国、实干兴邦，践行正确政绩观，发扬钉钉子精神，力戒空谈，察实情、出实招、办实事、求实效，做到恪尽职守。各级领导干部要无私无畏，做到面对矛盾敢于迎难而上，面对危险敢于挺身而出，面对失误敢于承担责任。党的各级组织要旗帜鲜明为敢于担当的干部担当，为敢于负责的干部负责。对不担当、不作为、敷衍塞责的干部要严肃批评，必要时给予组织处理或党纪处分；对失职渎职的要严肃问责，造成严重后果的要严肃追责，依纪依法处理。

（九）严格党的组织生活制度

党的组织生活是党内政治生活的重要内容和载体，是党组织对党员进行教育管理监督的重要形式。必须坚持党的组织生活各项制度，创新方式方法，增强党的组织生活活力。

全体党员、干部特别是高级干部必须增强党的意识，时刻牢记自己第一身份是党员。任何党员都不能游离于党的组织之外，更不能凌驾于党的组织之上。每个党员无论职务高低，都要参加党的组织生活。党组织要严格执行组织生活制度，确保党的组织生活经常、认真、严肃。

坚持"三会一课"制度。党员必须参加党员大会、党小组会并上党课，党支部要定期召开支部委员会会议。"三会一课"要突出政治学习和教育，突出党性锻炼，坚决防止表面化、形式化、娱乐化、庸俗化。领导干部要以普通党员身份参加所在党支部或党小组的组织生活，坚持党员领导干部讲党课制度。每个党员都要按规定自觉交纳党费，党费使用和管理要公开透明。

坚持民主生活会和组织生活会制度。会前要广泛听取意见、深入谈心交心，会上要认真研究问题、深刻剖析根源、明确整改方向，会后要逐一整改落实。上级党组织领导班子成员定期、随机参加下级党组织领导班子民主生活会和组织生活会，发现问题及时纠正。中央政治局带头开好民主生活会。

坚持谈心谈话制度。党组织领导班子成员之间、班子成员和党员之间、党员和党员之间要开展经常性的谈心谈话，坦诚相见，交流思想，交换意见。领导干部要带头谈，也要接受党员、干部约谈。

坚持对党员进行民主评议。督促党员对照党章规定的党员标准、对照入党誓词、联系个人实际进行党性分析，强化党员意识、增强党的观念、提高党性修养。对党性不强的党员，要及时进行批评教育，限期改正，经教育仍无转变的，应劝其退党或除名。

领导干部必须强化组织观念，工作中重大问题和个人有关事项必须按规定按程序向组织请示报告，离开岗位或工作所在地要事先向组织请示报告。对无正当理由不按时报告、不如实报告或隐瞒不报的，要严肃处理。

（十）开展批评和自我批评

批评和自我批评是我们党强身治病、保持肌体健康的锐利武器，也是加强和规范党内政治生活的重要手段。必须坚持不懈地把批评和自我批评这个武器用好。

批评和自我批评必须坚持实事求是，讲党性不讲私情、讲真理不讲面子，坚持"团结—批评—团结"，按照"照镜子、正衣冠、洗洗澡、治治病"的要求，严肃认真提意见，满腔热情帮同志，绝不能把自我批评变成自我表扬、把相互批评变成相互吹捧。

党员、干部必须严于自我解剖，对发现的问题要深入剖析原因，认真整改。对待批评要有则改之、无则加勉，不能搞无原则的纷争。

批评必须出于公心，不主观武断，不发泄私愤。坚决反对事不关己、高高挂起，明知不对、少说为佳的庸俗哲学和好人主义，坚决克服文过饰非、知错不改等错误倾向。

党的领导机关和领导干部对各种不同意见都必须听取，鼓励下级反映真实情况。党内工作会议的报告、讲话以及各类工作总结，上级机关和领导干部检查指导工作，既要讲成绩和经验，又要讲问题和不足；既要注重解决问题，又要从问题中反思自身工作和领导责任。

领导干部特别是高级干部必须带头从谏如流、敢于直言，以批评和自我批评的示范行动引导党员、干部打消自我批评怕丢面子、批评上级怕穿小鞋、批评同级怕伤和气、批评下级怕丢选票等思想顾虑。把发现和解决自身问题的能力作为考核评价领导班子的重要依据。

（十一）加强对权力运行的制约和监督

监督是权力正确运行的根本保证，是加强和规范党内政治生活的重要举措。必须加强对领导干部的监督，党内不允许有不受制约的权力，也不允许有不受监督的特殊党员。

完善权力运行制约和监督机制，形成有权必有责、用权必担责、滥权必追责的制度安排。实行权力清单制度，公开权力运行过程和结果，健全不当用权问责机制，把权力关进制度笼子，让权力在阳光下运行。

党的各级组织和领导干部必须在宪法法律范围内活动，增强法治意识、弘扬法治精神，自觉按法定权限、规则、程序办事,绝不能以言代法、以权压法、徇私枉法,绝不能违规干预司法。

营造党内民主监督环境,畅通党内民主监督渠道。党的各级组织和全体党员要增强监督意识,既履行监督责任,又接受各方面监督。

党内监督必须突出党的领导机关和领导干部特别是主要领导干部。领导干部要正确对待监督,主动接受监督,习惯在监督下开展工作,绝不能拒绝监督、逃避监督。

领导干部特别是高级干部必须加强自律、慎独慎微,自觉检查和及时纠正在行使权力、廉政勤政方面存在的问题,做到可以行使的权力按规则正确行使,该由上级组织行使的权力下级组织不能行使,该由领导班子集体行使的权力班子成员个人不能擅自行使,不该由自己行使的权力绝不能行使。

对涉及违纪违法行为的举报,对党员反映的问题,任何党组织和领导干部都不准隐瞒不报、拖延不办。涉及所反映问题的领导干部应该回避,不准干预或插手组织调查。

党员、干部反映他人的问题,应该出于党性,通过党内正常渠道实名进行,不准散布小道消息,不准散发匿名信,不准诬告陷害等。对通过正常渠道反映问题的党员,任何组织和个人都不准打击报复,不准擅自进行追查,不准采取调离工作岗位、降格使用等惩罚措施。

坚持授权者要负责监督,发现问题要及时处置。强化上级组织对下级组织特别是主要领导干部行使权力的监督,防止权力失控和滥用。

对党组织和党员、干部行使权力进行监督,必须依纪依法进行。纪检监察、司法机关严格依纪依法按程序对涉嫌严重违纪违法行为进行调查。任何组织和个人不得自行决定或受指使对党员、干部采取非法调查手段。对违反规定的,要严肃追究纪律和法律责任。

(十二)保持清正廉洁的政治本色

建设廉洁政治,坚决反对腐败,是加强和规范党内政治生活的重要任务。必须筑牢拒腐防变的思想防线和制度防线,着力构建不敢腐、不能腐、不想腐的体制机制,保持党的肌体健康和队伍纯洁。

各级领导干部必须严以修身、严以用权、严以律己,谋事要实、创业要实、做人要实,经得起权力、金钱、美色考验,用党和人民赋予的权力为人民服务。

领导干部特别是高级干部必须带头践行社会主义核心价值观,继承和发扬党的优良传统和作风,弘扬中华民族传统美德,讲修养、讲道德、讲诚信、讲廉耻,养成共产党人的高风亮节,自觉远离低级趣味。

各级领导干部是人民公仆,没有搞特殊化的权利。中央政治局要带头执行中央八项规定。各级领导干部特别是高级干部要坚持立党为公、执政为民,坚持公私分明、先公后私、克己奉公,带头保持谦虚、谨慎、不骄、不躁的作风,保持艰苦奋斗的作风,带头执行廉洁自律准则，自觉同特权思想和特权现象做斗争，不准利用权力为自己和他人谋取私利，禁止违反财经制度批钱批物批项目，禁止用各种借口或巧立名目侵占、挥霍国家和集体财物，禁止违反规定提高干部待遇标准。

领导干部特别是高级干部必须注重家庭、家教、家风，教育管理好亲属和身边工作人员。严格执行领导干部个人有关事项报告制度，进一步规范领导干部配偶子女从业行为。禁止利用职权或影响力为家属亲友谋求特殊照顾，禁止领导干部家属亲友插手领导干部职权范围内的工作、插手人事安排。各级领导班子和领导干部对来自领导干部家属亲友的违规干预行为要坚决抵制，并将有关情况报告党组织。

全体党员、干部特别是高级干部必须拒腐蚀，坚决同消极腐败现象做斗争，坚决抵制潜规则，自觉净化社交圈、生活圈、朋友圈，绝不能把商品交换那一套搬到党内政治生活和工作中来。党的各级组织要担负起反腐倡廉政治责任，坚持有腐必反、有贪必肃，坚持"老虎""苍蝇"一起打，坚持无禁区、全覆盖、零容忍，党内绝不允许有腐败分子藏身之地。

四、强化党内监督

党内监督以马克思列宁主义、毛泽东思想、邓小平理论、"三个代表"重要思想、科学发展观为指导，深入贯彻习近平总书记系列重要讲话精神，围绕统筹推进"五位一体"总体布局和协调推进"四个全面"战略布局，尊崇党章，依规治党，坚持党内监督和人民群众监督相结合，增强党在长期执政条件下自我净化、自我完善、自我革新、自我提高能力，确保党始终成为中国特色社会主义事业的坚强领导核心。

（一）党内监督的任务和内容

党内监督的任务是：确保党章党规党纪在全党有效执行，维护党的团结统一，重点解决党的领导弱化、党的建设缺失、全面从严治党不力，党的观念淡漠、组织涣散、纪律松弛，管党治党宽松软问题，保证党的组织充分履行职能、发挥核心作用，保证全体党员发挥先锋模范作用，保证党的领导干部忠诚干净担当。

党内监督的主要内容是：遵守党章党规，坚定理想信念，践行党的宗旨，模范遵守宪法法律情况；维护党中央集中统一领导，牢固树立政治意识、大局意识、核心意识、看齐意识，贯彻落实党的理论和路线方针政策，确保全党令行禁止情况；坚持民主集中制，严肃党内政治生活，贯彻党员个人服从党的组织，少数服从多数，下级组织服从上级组织，全党各个组织和全体党员服从党的全国代表大会和中央委员会原则情况；落实全面从严治党责任，严明党的纪律特别是政治纪律和政治规矩，推进党风廉政建设和反腐败工作情况；

落实中央八项规定精神，加强作风建设，密切联系群众，巩固党的执政基础情况；坚持党的干部标准，树立正确选人、用人导向，执行干部选拔任用工作规定情况；廉洁自律、秉公用权情况；完成党中央和上级党组织部署的任务情况。

（二）党的中央组织的监督

党的中央委员会、中央政治局、中央政治局常务委员会全面领导党内监督工作。中央委员会全体会议每年听取中央政治局工作报告，监督中央政治局工作，部署加强党内监督的重大任务。

中央政治局、中央政治局常务委员会定期研究部署在全党开展学习教育，以整风精神查找问题、纠正偏差；听取和审议全党落实中央八项规定精神情况汇报，加强作风建设情况监督检查；听取中央纪律检查委员会常务委员会工作汇报；听取中央巡视情况汇报，在一届任期内实现中央巡视全覆盖。中央政治局每年召开民主生活会，进行对照检查和党性分析，研究加强自身建设措施。

中央委员会成员必须严格遵守党的政治纪律和政治规矩，发现其他成员有违反党章、破坏党的纪律、危害党的团结统一的行为应当坚决抵制，并及时向党中央报告。对中央政治局委员的意见，署真实姓名以书面形式或者其他形式向中央政治局常务委员会或者中央纪律检查委员会常务委员会反映。

中央政治局委员应当加强对直接分管部门、地方、领域党组织和领导班子成员的监督，定期同有关地方和部门主要负责人就其履行全面从严治党责任、廉洁自律等情况进行谈话。

中央政治局委员应当严格执行中央八项规定，自觉参加双重组织生活，如实向党中央报告个人重要事项。带头树立良好家风，加强对亲属和身边工作人员的教育和约束，严格要求配偶、子女及其配偶不得违规经商办企业，不得违规任职、兼职取酬。

（三）党委（党组）的监督

党委（党组）在党内监督中负主体责任，书记是第一责任人，党委常委会委员（党组成员）和党委委员在职责范围内履行监督职责。党委（党组）要履行以下监督职责。

领导本地区、本部门、本单位党内监督工作，组织实施各项监督制度，抓好督促检查；加强对同级纪委和所辖范围内纪律检查工作的领导，检查其监督执纪问责工作情况；对党委常委会委员（党组成员）、党委委员，同级纪委、党的工作部门和直接领导的党组织领导班子及其成员进行监督；对下级党委、纪委工作提出意见和建议，开展监督。

党的工作部门应当严格执行各项监督制度，加强职责范围内党内监督工作，既加强对本部门、本单位的内部监督，又强化对本系统的日常监督。

党内监督必须加强对党组织主要负责人和关键岗位领导干部的监督，重点监督其政治立场、加强党的建设、从严治党，执行党的决议，公道正派选人、用人，责任担当、廉洁自律，落实意识形态工作责任制情况。上级党组织特别是其主要负责人，对下级党组织主要负责人应当平时多过问、多提醒，发现问题及时纠正。领导班子成员发现班子主要负责人存在问题，应当及时向其提出，必要时可以直接向上级党组织报告。党组织主要负责人个人有关事项应当在党内一定范围公开，主动接受监督。

党委（党组）应当加强对领导干部的日常管理监督，掌握其思想、工作、作风、生活状况。党的领导干部应当经常开展批评和自我批评，敢于正视、深刻剖析、主动改正自己的缺点错误；对同志的缺点错误应当敢于指出，帮助其改进。

巡视是党内监督的重要方式。中央和省、自治区、直辖市党委一届任期内，对所管理的地方、部门、企事业单位党组织全面巡视。巡视党的组织和党的领导干部尊崇党章、党的领导、党的建设和党的路线方针政策落实情况，履行全面从严治党责任、执行党的纪律、落实中央八项规定精神、党风廉政建设和反腐败工作以及选人、用人情况。发现问题、形成震慑，推动改革、促进发展，发挥从严治党利剑作用。中央巡视工作领导小组应当加强对省、自治区、直辖市党委，中央有关部委，中央国家机关部门党组（党委）巡视工作的领导。省、自治区、直辖市党委应当推动党的市（地、州、盟）和县（市、区、旗）委员会建立巡查制度，使从严治党向基层延伸。

揭秘中央巡视工作

严格党的组织生活制度，民主生活会应当经常化，遇到重要或者普遍性问题应当及时召开。民主生活会重在解决突出问题，领导干部应当在会上把群众反映、巡视反馈、组织约谈的问题说清楚、谈透彻，开展批评和自我批评，提出整改措施，接受组织监督。上级党组织应当加强对下级领导班子民主生活会的指导和监督，提高民主生活会质量。

坚持党内谈话制度，认真开展提醒谈话、诫勉谈话。发现领导干部有思想、作风、纪律等方面苗头性、倾向性问题的，有关党组织负责人应当及时对其提醒谈话；发现轻微违纪问题的，上级党组织负责人应当对其诫勉谈话，并由本人做出说明或者检讨，经所在党组织主要负责人签字后报上级纪委和组织部门。

严格执行干部考察考核制度，全面考察德、能、勤、绩、廉表现，既重政绩又重政德，重点考察贯彻执行党中央和上级党组织决策部署的表现，履行管党治党责任，在重大原则问题上的立场，对待人民群众的态度，完成急难险重任务的情况。考察考核中党组织主要负责人应当对班子成员实事求是做出评价。考核评语在与本人见面后载入干部档案。落实党组织主要负责人在干部选任、考察、决策等各个环节的责任，对失察失责的应当严肃追究责任。

党的领导干部应当每年在党委常委会（或党组）扩大会议上述责述廉，接受评议。述责述廉重点是执行政治纪律和政治规矩、履行管党治党责任、推进党风廉政建设和反腐败工作以及执行廉洁纪律情况。述责述廉报告应当载入廉洁档案，并在一定范围内公开。

坚持和完善领导干部个人有关事项报告制度,领导干部应当按规定如实报告个人有关事项,及时报告个人及家庭重大情况,事先请示报告离开岗位或者工作所在地等。有关部门应当加强抽查核实。对故意虚报、瞒报个人重大事项、篡改伪造个人档案资料的人员,一律严肃查处。

建立健全党的领导干部插手干预重大事项记录制度,发现利用职务便利违规干预干部选拔任用、工程建设、执纪执法、司法活动等问题,应当及时向上级党组织报告。

(四)党的纪律检查委员会的监督

党的各级纪律检查委员会是党内监督的专责机关,履行监督执纪问责职责,加强对所辖范围内党组织和领导干部遵守党章、党规、党纪,贯彻执行党的路线方针政策情况的监督检查,承担下列具体任务:加强对同级党委特别是常委会委员、党的工作部门和直接领导的党组织、党的领导干部履行职责、行使权力情况的监督;落实纪律检查工作双重领导体制,执纪审查工作以上级纪委领导为主,线索处置和执纪审查情况再向同级党委报告的同时向上级纪委报告,各级纪委书记、副书记的提名和考察以上级纪委会同组织部门为主;强化上级纪委对下级纪委的领导,纪委发现同级党委主要领导干部的问题,可以直接向上级纪委报告;下级纪委至少每半年向上级纪委报告1次工作,每年向上级纪委进行述职。

纪律检查机关必须把维护党的政治纪律和政治规矩放在首位,坚决纠正和查处上有政策、下有对策,有令不行、有禁不止,口是心非、阳奉阴违,搞团团伙伙、拉帮结派,欺骗组织、对抗组织等行为。

纪委派驻纪检组对派出机关负责,加强对被监督单位领导班子及其成员、其他领导干部的监督,发现问题应当及时向派出机关和被监督单位党组织报告,认真负责调查处置,对需要问责的提出建议。派出机关应当加强对派驻纪检组工作的领导,定期约谈被监督单位党组织主要负责人、派驻纪检组组长,督促其落实管党、治党责任。派驻纪检组应当带着实际情况和具体问题,定期向派出机关汇报工作,至少每半年会同被监督单位党组织专题研究1次党风廉政建设和反腐败工作。对能发现的问题没有发现是失职,发现问题不报告、不处置是渎职,都必须严肃问责。

认真处理信访举报,做好问题线索分类处置,早发现、早报告,对社会反映突出、群众评价较差的领导干部情况及时报告,对重要检举事项应当集体研究。定期分析研判信访举报情况,对信访反映的典型性、普遍性问题提出有针对性的处置意见,督促信访举报比较集中的地方和部门查找分析原因并认真整改。

严把干部选拔任用"党风廉洁意见回复"关,综合日常工作中掌握的情况,加强分析研判,实事求是评价干部廉洁情况,防止"带病提拔""带病上岗"。

接到对干部一般性违纪问题的反映,应当及时找本人核实,谈话提醒、约谈函询,让干部把问题讲清楚。约谈被反映人,可以与其所在党组织主要负责人一同进行;被反映人对函询问题的说明，应当由其所在党组织主要负责人签字后报上级纪委。谈话记录和函询回复应当认真核实，存档备查。没有发现问题的应当了结澄清，对不如实说明情况的给予严肃处理。

依规依纪进行执纪审查，重点审查不收敛不收手，问题线索反映集中、群众反映强烈，现在重要岗位且可能还要提拔使用的领导干部，三类情况同时具备的是重中之重。执纪审查应当查清违纪事实，让审查对象从学习党章入手，从理想信念宗旨、党性原则、作风纪律等方面检查剖析自己，审理报告应当事实清楚、定性准确，反映审查对象思想认识情况。

对违反中央八项规定精神的，严重违纪被立案审查开除党籍的，严重失职、失责被问责的，以及发生在群众身边、影响恶劣的不正之风和腐败问题，应当点名道姓通报曝光。

加强对纪律检查机关的监督。发现纪律检查机关及其工作人员有违反纪律问题的，必须严肃处理。各级纪律检查机关必须加强自身建设，健全内控机制，自觉接受党内监督、社会监督、群众监督，确保权力受到严格约束。

（五）党的基层组织和党员的监督

党的基层组织应当发挥战斗堡垒作用，履行下列监督职责：严格党的组织生活，开展批评和自我批评，监督党员切实履行义务，保障党员权利不受侵犯；了解党员、群众对党的工作和党的领导干部的批评和意见，定期向上级党组织反映情况，提出意见和建议；维护和执行党的纪律，发现党员、干部违反纪律问题及时教育或者处理，问题严重的应当向上级党组织报告。

党员应当本着对党和人民事业高度负责的态度，积极行使党员权利，履行下列监督义务：加强对党的领导干部的民主监督，及时向党组织反映群众意见和诉求；在党的会议上有根据地批评党的任何组织和任何党员，揭露和纠正工作中存在的缺点和问题；参加党组织开展的评议领导干部活动，勇于触及矛盾问题、指出缺点错误，对错误言行敢于较真、敢于斗争；向党负责地揭发、检举党的任何组织和任何党员违纪违法的事实，坚决反对一切派别活动和小集团活动，同腐败现象做坚决斗争。

（六）党内监督和外部监督相结合

各级党委应当支持和保证同级人大、政府、监察机关、司法机关等对国家机关及公职人员依法进行监督，人民政协依章程进行民主监督，审计机关依法进行审计监督。有关国家机关发现党的领导干部违反党规党纪、需要党组织处理的，应当及时向有关党组织报告。审计机关发现党的领导干部涉嫌违纪的问题线索，应当向同级党组织报告，必要时向上级党组织报告，并按照规定将问题线索移送相关纪律检查机关处理。在纪律审查中发现党的领导干部严重违纪涉嫌违法犯罪的，应当先做出党纪处分决定，再移送行政机关、司法机关处理。执法机关和司法机关依法立案查处涉及党的领导干部案件，应当向同级党委、纪委通报；该干部所在党组织应当根据有关规定，中止其相关党员权利；依法受到刑事责任追究，或者虽不构成犯罪但涉嫌违纪的，应当移送纪委依纪处理。

中国共产党同各民主党派长期共存、互相监督、肝胆相照、荣辱与共。各级党组织应当支持民主党派履行监督职能，重视民主党派和无党派人士提出的意见、批评、建议，完善知情、沟通、反馈、落实等机制。

各级党组织和党的领导干部应当认真对待、自觉接受社会监督，利用互联网技术和信息化手段，推动党务公开、拓宽监督渠道，虚心接受群众批评。新闻媒体应当坚持党性和人民性相统一，坚持正确导向，加强舆论监督，对典型案例进行剖析，发挥警示作用。

（七）整改和保障

党组织应当如实记录、集中管理党内监督中发现的问题和线索，及时了解核实，做出相应处理；不属于本级办理范围的应当移送有权限的党组织处理。

党组织对监督中发现的问题应当做到条条要整改、件件有着落。整改结果应当及时报告上级党组织，必要时可以向下级党组织和党员通报，并向社会公开。对于上级党组织交办以及巡视等移交的违纪问题线索，应当及时处理，并在 3 个月内反馈办理情况。

党委（党组）、纪委（纪检组）应当加强对履行党内监督责任和问题整改落实情况的监督检查，对不履行或者不正确履行党内监督职责，以及纠错、整改不力的，依照《中国共产党纪律处分条例》《中国共产党问责条例》等规定处理。

党组织应当保障党员知情权和监督权，鼓励和支持党员在党内监督中发挥积极作用。提倡署真实姓名反映违纪事实，党组织应当为检举控告者严格保密，并以适当方式向其反馈办理情况。对干扰妨碍监督、打击报复监督者的，应依纪严肃处理。

党组织应当保障监督对象的申辩权、申诉权等相关权利。经调查，监督对象没有不当行为的，应当予以澄清和正名。对以监督为名侮辱、诽谤、诬陷他人的，依纪严肃处理；涉嫌犯罪的移送司法机关处理。监督对象对处理决定不服的，可以依照党章规定提出申诉。有关党组织应当认真复议复查，并做出结论。

五、坚持知行合一，增强"四个意识"

习近平总书记对加强党的领导提出过明确要求，强调只有增强政治意识、大局意识、核心意识、看齐意识，自觉在思想上、政治上、行动上与党中央保持高度一致，才能使我们党更加团结统一、坚强有力，始终成为中国特色社会主义事业的坚强领导核心。增强"四个意识"是对党的建设重要经验的科学总结，对党章党规重要内容的深度凝练，也是对全面从严治党根本要求的强化提升。

（一）增强"四个意识"具有丰富的思想内涵

在新的历史条件下，增强政治意识、大局意识、核心意识、看齐意识，是加强党的建设、坚持党中央集中统一领导、增强党的团结统一、形成全党的向心力、凝聚力和战斗力的重大举措，具有丰富的思想内涵。

什么是"四个意识"

增强政治意识，就是要求全体党员一定要坚定正确的政治方向，始终与党中央保持政治上的高度一致，这是对党员干部第一位的要求。坚守党的政治属性，始终不能忘记中国共产党是中国工人阶级的先锋队，同时是中国人民和中华民族的先锋队；坚定党的政治立场，始终不能忘记全心全意为人民服务的根本宗旨；坚定党的理想信念，始终不能忘记共产主义的远大理想和中国特色社会主义的共同理想；坚持党的政治地位，始终确保党是中国特色社会主义的坚强领导核心；严格遵守党的政治纪律和政治规矩，始终把党章作为全党必须共同遵循的根本大法和总规矩，把党的各种规章制度作为自己的行为规范和规则。

增强大局意识，就是要求全体党员一定要确立正确的大局观，把握党的工作大局和中心工作，站在党和国家大局上思考和处理问题，自觉地认识、服从和维护大局，毫不动摇地贯彻落实中央的决策部署。自觉认识和把握大局，就是要在党中央的统一领导下，在新的历史起点上坚持和发展中国特色社会主义，按照"五位一体"的总体布局，协调推进"四个全面"的战略布局，贯彻落实"五大发展理念"，为实现中华民族伟大复兴的"中国梦"而努力奋斗；自觉地服从党的工作大局，就是要善于处理眼前与长远、局部和整体、个人和集体的关系，牢牢抓住党的中心工作，坚持以经济建设为中心，把发展作为党执政兴国的第一要务，在优先和重点解决主要矛盾的同时推动各方面工作开展；自觉地维护党的工作大局，就是要切实把思想和行动统一到以习近平为总书记的党中央的科学判断和决策部署上来，自觉适应中国经济社会发展的新常态，维护国家安全、社会稳定，推动中国经济社会的全面健康发展。

增强核心意识，就是要求全体党员一定要毫不动摇地维护、发展和巩固党在国家事业发展中的领导核心地位，党中央在全党中的领导核心地位，坚决维护习近平总书记在全党中的崇高威信。全党必须始终明确，办好中国的事情，关键在党，中国特色社会主义最本质的特征是中国共产党的领导，中国特色社会主义制度的最大优势是中国共产党的领导。坚持和完善党的领导，是党和国家的根本所在、命脉所在，是全国各族人民的利益所在、幸福所在，必须不断加强和改善党的领导，确保党始终成为中国特色社会主义事业的坚强领导核心；全党必须始终坚决维护党中央的绝对权威，统一服从党中央的决策部署，自觉坚持党的基本理论、基本路线、基本纲领、基本经验，绝不允许在党内形成特殊的利益集团和小组织派别，同党中央离心离德；习近平总书记是我们党长期培养的、全党全国人民共同推举的领导人，在领导全党全国人民发展中国特色社会主义的过程中，已经成为全党全国人民的领导核心，全党必须坚决维护习近平总书记的威信和地位，使党的领导更加坚强有力，确保党和人民事业无往而不胜。

增强看齐意识，就是要求全体党员一定要自觉主动地以高标准严格要求自己，向党中央看齐、向党的领袖看齐、向党的决策看齐，跟上步伐，保持一致，确立标准，不能偏离。全党同志必须向党的理论和路线方针政策看齐，深入学习领会习近平总书记系列重要讲话精神，以十八大以来党中央和习近平总书记治国理政的新观点、新思想、新战略为标准，审视自己的思想、行动和工作成绩，在思想上、政治上、行动上同以习近平同志为总书记的党中央保持高度一致。看齐关键是要落实在行动上，全党同志必须敢于担当，勇于负责，真抓实干，开拓创新，把党中央的理论创新成果和重大决策部署落到实处，推动各项工作取得新成绩、实现新发展。看齐还要敢于和善于同各种错误思想和行为进行坚决的斗争，真正做到对党忠诚，为党分忧，为党担责，为党尽责，突出重点抓好落实党中央部署的各项工作。

（二）增强"四个意识"是党章党规的重要内容

党章是党的根本大法，党规党纪是全体党员必须遵循的规矩。党章党规中对于党的政治主张、党的纪律、党员的义务、党中央的职能等都做了明确的规定，这是增强"四个意识"的制度依据。

党章的总纲是党章的灵魂，是全党都必须牢牢坚守而不能有丝毫违背的。党章开宗明义地对党的政治性质、政治地位、奋斗目标做出明确规定：中国共产党是中国工人阶级的先锋队，同时是中国人民和中华民族的先锋队，是中国特色社会主义事业的领导核心，代表中国先进生产力的发展要求，代表中国先进文化的前进方向，代表中国最广大人民的根本利益。党的最高理想和最终目标是实现共产主义。党纲对党的指导思想、路线方针政策、中心工作任务等展开论述，全党都必须以高度的政治意识，牢记这些内容，担当政治责任，服从党的大局，为实现党的目标而努力奋斗。

党章对党员的标准、义务做出了明确规定，每一个党员都必须严格按照这些标准来要求自己。党章明确指出，中国共产党党员是中国工人阶级的有共产主义觉悟的先锋战士，必须全心全意为人民服务，不惜牺牲个人的一切，为实现共产主义奋斗终生。这就是说，党员首先是一种政治身份，每一个党员首先要牢牢坚持自己的政治属性和责任，这是党员政治意识的首要内容。党章从八个方面对党员的义务做出了明确规定，突出地强调了党员必须认真学习党的基本理论，履行政治责任，发挥先锋模范作用；必须自觉遵守党的纪律和法纪法规，自觉维护党的团结和统一，对党忠诚老实，言行一致，反对一切派别组织和小集团活动，牢固树立政治纪律意识；必须坚持党和人民的利益高于一切，正确处理个人利益与党和人民利益的关系，牢固树立宗旨意识和大局意识。

党章对党的组织制度和组织纪律做出了明确规定，最核心的就是坚持民主集中制。民主集中制的首要原则就是"四个服从"原则，即党员个人服从党的组织，少数服从多数，下级组织服从上级组织，全党各个组织和全体党员服从党的全国代表大会和中央委员会。在民主集中制的第六条原则中，党章一方面强调要反对个人崇拜，另一方面特别强调必须维护一切代表党和人民利益的领导人的威信。对于党的纪律问题，党章明确规定，党的纪律是党的各级组织和全体党员必须遵守的行为规则，是维护党的团结统一、完成党的任务的保证，各级党组织必须严格执行和维护党的纪律，共产党员必须自觉接受党的纪律的约束。这就是说，全党必须确立高度的政治意识、大局意识，同时必须增强核心意识和看齐意识。

党章第三章明确规定了中央政治局、中央政治局常委会和中央委员会总书记在全党中的领导核心地位，特别强调中央政治局及其常务委员会在中央全会闭会期间，行使中央委员会的职权，总书记负责召集政治局会议和政治局常委会会议，并主持中央书记处的工作。这就是说，党中央是全党的核心，全党必须维护和服从这个核心，向这个核心看齐。

（三）增强"四个意识"是全面从严治党的重大举措

增强"四个意识"是在新的历史起点上坚持和发展中国特色社会主义的必然要求，是解决突出问题、确保党的先进性纯洁性的必然选择，是全面从严治党、严肃党内政治生活的重大举措，这是增强"四个意识"的现实依据。

增强"四个意识"是坚持和发展中国特色社会主义的必然要求。当前，全党全国人民正在新的历史起点上坚持和发展中国特色社会主义，为实现中华民族的伟大复兴而不懈奋斗。中国特色社会主义最本质的特征和最大的优势，就在于中国共产党的领导，办好当代中国的一切事情，关键在于坚持和完善党的领导。巩固党的执政地位，确保党始终成为中国特色社会主义事业的坚强领导核心，这是国家的根本命脉所在，也是全国各族人民的利益和幸福所系。加强和完善党的领导首先必须增强党的团结统一，坚持党中央集中统一领导，增强党的战斗力和凝聚力，维护党中央和党的领袖核心地位，与以习近平同志为总书记的党中央保持高度一致。为此，全党必须加强政治纪律，提高政治意识，增强核心意识、看齐意识，经常、主动、全面地向党中央看齐，向党的理论和路线方针政策看齐，向党中央治国理政的新理念、新思路、新战略看齐，服从维护服务党的大局，紧紧围绕着党的中心任务开展各项工作，切实做到政令畅通，把党中央的政策决策落到实处；坚决反对同党中央离心离德的"标新立异"，搞小组织、小团体活动的"独立王国"，以及各种体制内的"特殊利益集团"，确保我们党更加团结统一、坚强有力。

增强"四个意识"是解决突出问题、确保党的先进性的必然选择。当前，中国的改革正在进入攻坚期和深水区，党带领人民全面深化改革就必须敢于和能够"啃硬骨头"和"涉险滩"，这就给党的建设提出了许多亟待解决的问题和严峻的挑战。我们党面临着长期执政的考验、改革开放的考验、市场经济的考验和外部环境的考验，这些考验将是长期、复杂、严峻的。在这些考验面前，一些党员干部不同程度地存在着观念淡漠、组织涣散、纪律松弛的问题，理想信念动摇，宗旨意识淡化，理论水平不高，执政能力不强，事业心和责任感不足；一些党组织存在着党的领导弱化，管党治党失之于宽、松、软的状况。精神懈怠的危险、能力不足的危险、脱离群众的危险以及消极腐败的危险，削弱了党的创造力、战斗力，损害了党与人民群众的联系，影响了党的执政地位和执政使命。在这种情况下，我们必须牢记党的政治责任，增强全体党员的政治意识和大局意识，坚持问题导向，解决突出问题，不断增强党自我净化、自我完善、自我革新、自我提高能力，确保马克思主义政党的先进性和纯洁性。

增强"四个意识"是全面从严治党、严肃党内政治生活的重大举措。全面从严治党，是以习近平同志为总书记的党中央领导党的建设工作的鲜明特色。面临新的历史条件和历史责任，落实党要管党、从严治党的任务，比以往任何时候都更为繁重和紧迫，如果管党不力、治党不严，突出的问题得不到解决，我们党的执政地位就会动摇乃至丧失。为此，必须全面从严管党、治党，做到真管真严、敢管敢严、长管长严，实现无死角、全覆盖，切实抓好党的思想建设、组织建设、作风建设、反腐倡廉建设和制度建设，全面落实各级党组织从严治党的主体责任，确保全面从严治党的常态化和制度化。要做到全面从严治党，就必须加强和规范党内政治生活，严肃党的政治纪律和政治规矩，净化党内政治生态。这就要求我们的每一个党组织、每一个党员，都要从自身做起，增强政治意识，牢记政治责任，遵守政治纪律，维护服从服务党的工作大局，紧密团结在以习近平同志为总书记的党中央周围，向党中央看齐，向习近平总书记看齐，忠诚于党的事业，为党担责、分忧，尽心尽力为党工作。

思考题

1. 党的十八届六中全会具有哪些重要意义？
2. 新形势下加强和规范党内政治生活都包括哪些具体内容？
3. 如何强化党内监督？
4. 为什么说增强"四个意识"是全面从严治党的重大举措？

参考文献

[1] 中华人民共和国中央人民政府网. 习近平在省部级主要领导干部学习贯彻六中全会精神研讨班开班式上发表重要讲话.

http://www.gov.cn/xinwen/2017-02/13/content_5167658.htm?from=timeline.

［2］人民网-中国共产党新闻网．党的十八届六中全会的重大意义．
　　　http://cpc.people.com.cn/n1/2017/0104/c390643-28997577.html.

［3］人民网-人民日报．关于新形势下党内政治生活的若干准则．
　　　http://cpc.people.com.cn/n1/2016/1103/c64387-28830240.html.

［4］人民网-人民日报．中国共产党党内监督条例．
　　　http://cpc.people.com.cn/n1/2016/1103/c64387-28830241.html.

［5］人民网-中国共产党新闻网．深刻领会增强"四个意识"的内涵和意义．
　　　http://dangjian.people.com.cn/n1/2016/0823/c117092-28658512.html.

专题三　党的十九大胜利召开
中国特色社会主义进入新时代

中国共产党第十九次全国代表大会于 2017 年 10 月 18 日在北京召开。十九大是在全面建成小康社会决胜阶段、中国特色社会主义进入新时代的关键时期召开的一次十分重要的大会，是党和国家政治生活中的一件大事。

习近平总书记在十九大报告中指出："中国特色社会主义进入了新时代。"这是党的十九大做出的一个重大政治判断。这一判断，明确了中国发展新的历史方位，赋予党的历史使命、理论遵循、目标任务以新的时代内涵，为我们深刻把握当代中国发展变革的新特征，增强贯彻落实习近平新时代中国特色社会主义思想的自觉性和坚定性，提供了时代坐标和科学依据，为明确下一阶段的历史任务、坚持和发展中国特色社会主义指明了方向。

一、中国特色社会主义进入新时代的依据

（一）中国特色社会主义进入新时代的实践基础

党的十八大以来，以习近平同志为核心的党中央，以巨大的政治勇气和强烈的责任担当，励精图治、砥砺前行，提出了一系列新理念、新思想、新战略，出台了一系列重大方针政策，推出了一系列重大举措，推进了一系列重大工作，解决了许多长期想解决而没有解决的难题，办成了许多过去想办而没有办成的大事，推动党和国家事业取得了历史性成就，实现了历史性变革，从而奠定了中国特色社会主义进入了新时代的实践基础。

习近平总书记在十九大报告中从 10 个方面对此作了全面的阐述，即经济建设取得重大成就、全面深化改革取得重大突破、民主法治建设迈出重大步伐、思想文化建设取得重大进展、人民生活不断改善、生态文明建设成效显著、强军兴军开创新局面、港澳台工作取得新进展、全方位外交布局深入展开、全面从严治党成效卓著。五年来的成就是全方位的、开创性的，五年来的变革是深层次的、根本性的。

（二）中国特色社会主义进入新时代的理论依据

党的十九大提出，中国社会主要矛盾已经由人民日益增长的物质文化需要同落后的社会生产之间的矛盾，转化为人民日益增长的美好生活需要和不平衡不充分的发展之间的矛盾。这个论断，反映了中国发展的实际状况，揭示了制约中国发展的症结所在，指明了解决当代中国发展问题的根本着力点。

中国社会主要矛盾变化

改革开放以来，在中国共产党的领导下，中国稳定解决了十几亿人的温饱问题，总体上实现了小康，不久将全面建成小康社会。这是实现中华民族伟大复兴中国梦过程中的重要里程碑，也是在人类社会发展历史上值得大书特书的一页。但是，我们也应看到：今天人民对美好生活的需要日益广泛，不仅对物质文化生活提出了更高要求，而且在民主、法治、公平、正义、安全、环境等方面的要求日益增长。同时，中国社会生产力水平显著提高，社会生产能力在很多方面进入世界前列，当前和今后面临的突出问题是发展不平衡、不充分。发展不平衡，主要指各区域各领域各方面发展不够平衡，制约了全国水平的提升；发展不充分，主要指一些地区、一些领域、一些方面还存在发展不足的问题，发展的任务仍然很重。这已经成为满足人民美好生活需要的主要制约因素。

马克思主义哲学原理告诉我们：事物的主要矛盾决定事物的性质和特征，社会主要矛盾决定历史发展阶段的性质和特征。中国社会主要矛盾发生变化，对中国发展全局必将产生广泛而深刻的影响。科学认识和全面把握中国社会主要矛盾的变化，也需要从新的历史方位、新的时代坐标来思考、来谋划。

首先，必须充分认识这个重要论断对党和国家工作提出了许多新要求。中国社会主要矛盾的变化是关系全局的历史性变化，一定会对我们进行伟大斗争、建设伟大工程、推进伟大事业、实现伟大梦想产生重要而深远的影响，对此，我们要有足够的认识。只有这样，我们才能在继续推动发展的基础上，着力解决好发展不平衡、不充分的问题，解决好大力提升发展质量和效益，更好满足人民在经济、政治、文化、社会、生态等方面日益增长的需要，更好推动人的全面发展、社会全面进步。

其次，必须辩证认识这个重要论断与社会主义初级阶段的关系。十九大报告在对中国社会主要矛盾的变化与社会主义初级阶段关系的论述上，体现了变与不变的辩证统一，对此我们只有坚持辩证思维才能加以深刻领会和把握。所谓变，是指经过近40年的发展，今天中国社会主要矛盾确实发生了变化，这是不争的事实。所谓不变，是指当前中国社会主要矛盾的变化，没有改变我们对中国社会主义所处历史阶段的判断，中国仍处于并将长期处于社会主义初级阶段的基本国情没有变，中国是世界最大发展中国家的国际地位没有变。在这个问题上，我们从以前的"三个没有变"，到现在的"两个没有变"，而发生变化的是中国社会主要矛盾，这生动地体现了变与不变相统一的马克思主义辩证法，从中也可以清楚地看出我们党所具有的马克思主义政党与时俱进的理论品格。

二、中国特色社会主义进入新时代的主要内涵

中国特色社会主义进入了新时代这一重大政治判断，既不是凭空产生的，更不是一个简单的新概念表述，而是具有丰富深厚思想内涵的。

1. 这个新时代，是承前启后、继往开来、在新的历史条件下继续夺取中国特色社会主义伟大胜利的时代

中国特色社会主义是党和人民 90 多年来奋斗、创造、积累的根本成就。特别是改革开放以来，我们党带领人民走中国特色社会主义道路，极大激发了中国人民的创造力，极大解放和发展了社会生产力，极大增强了社会活力，极大提升了中国国际地位，党的面貌、国家的面貌、人民的面貌、军队的面貌、中华民族的

习近平为你描绘"新时代"

面貌发生了前所未有的变化，社会主义在中国展现出强大生命力。邓小平同志 20 世纪 80 年代曾经指出："最终说服不相信社会主义的人要靠我们的发展。如果我们本世纪内达到了小康水平，那就可以使他们清醒一点；到下世纪中叶我们建成中等发达水平的社会主义国家时，就会大进一步地说服他们。"在中国特色社会主义新时代，我们党治国理政第一位的任务，就是紧紧围绕坚持和发展中国特色社会主义这个主题，团结带领人民奋力实现"两个一百年"奋斗目标，谱写中国特色社会主义新的伟大篇章，让社会主义在中国展现出更加强大的生命力。

2. 这个新时代，是决胜全面建成小康社会、进而全面建设社会主义现代化强国的时代

党的十九大围绕实现"两个一百年"奋斗目标，对经济建设、政治建设、文化建设、社会建设和生态文明建设等提出明确要求，思想含量、政治含量、改革含量都很大，具有很强的战略性、前瞻性、针对性。到 2020 年如期全面建成小康社会，是我们党向人民、向历史做出的庄严承诺，完成这个目标，今后还有不少难关要过。从现在到 2020 年，是全面建成小康社会决胜期，决胜就是冲锋号、就是总动员，必须举全党全国之力不懈奋斗。全面建设社会主义现代化强国，是第二个百年奋斗目标，更有不少难关要过。从世界发展史看，已经实现现代化的国家和地区，其现代化大多经历了产业革命以来近 300 年时间才逐步完成的，而中国要用 100 年时间走完发达国家几百年走过的现代化路程，这种转变不但速度、规模超乎寻常，变化的广度、深度和难度也超乎寻常。因此，坚忍不拔、锲而不舍地为全面建成小康社会、全面建设社会主义现代化强国而奋斗，是中国特色社会主义新

时代的必然要求和历史任务。

3. 这个新时代，是全国各族人民团结奋斗、不断创造美好生活、逐步实现全体人民共同富裕的时代

人民对美好生活的向往，始终是我们党的奋斗目标。社会主义的本质是解放生产力，发展生产力，消灭剥削，消除两极分化，最终达到共同富裕。党的十九大把不断创造美好生活、逐步实现全体人民共同富裕作为发展的目标和归宿，体现了以人民为中心的发展思想，体现了我们党全心全意为人民服务的根本宗旨，体现了中国特色社会主义的本质要求。在中国特色社会主义新时代，我们党的重大任务，就是更加关注人民对美好生活新的多样化需求，更加关注社会公平正义，更加注重多谋民生之利、多解民生之忧，着力使全体人民在共建共享发展中有更多获得感，着力使全体人民享有更加幸福安康的生活，着力在实现全体人民共同富裕上不断取得实实在在的新进展。

4. 这个新时代，是全体中华儿女勠力同心、奋力实现中华民族伟大复兴中国梦的时代

实现中华民族伟大复兴，是鸦片战争以来中国人民最伟大的梦想，凝聚了几代中国人的夙愿。中华人民共和国的成立，为民族复兴奠定了坚实基础。改革开放这场新的伟大革命，为民族复兴注入了强大生机活力。在中国共产党领导下，中国这个世界上最大的发展中国家创造了人类社会发展史上惊天动地的发展奇迹，中华民族焕发出新的蓬勃生机。经过党的十八大以来的历史性变革，今天我们比历史上任何时期都更接近、更有信心和能力实现中华民族伟大复兴的目标。在中国特色社会主义新时代，凝聚起全体中华儿女同心共筑中国梦的磅礴力量，接续奋斗、砥砺前行，我们就一定能够到达民族复兴的光辉彼岸，中华民族必将以更加昂扬的姿态屹立于世界民族之林。

5. 这个新时代，是中国日益走近世界舞台中央、不断为人类做出更大贡献的时代

当今世界，中国人民的梦想同各国人民的梦想息息相通，实现中国梦离不开和平的国际环境和稳定的国际秩序。在中国特色社会主义新时代，面对国际格局和国际关系的深度调整，面对局部冲突和动荡频发、人类需要应对许多共同挑战的外部环境，我们必须统筹国内国际两个大局，始终高举和平、发展、合作、共赢的旗帜，恪守维护世界和平、促进共同发展的外交政策宗旨，牢牢把握构建人类命运共同体的目标追求，始终不渝走和平发展道路、奉行互利共赢的开放战略，坚持正确义利观，树立共同、综合、合作、可持续的新安全观，谋求开放创新、包容互惠的发展前景，促进和而不同、兼收并蓄的文明交流，构筑尊崇自然、绿色发展的生态体系，始终做世界和平的建设者、全球发展的贡献者、国际秩序的维护者。历史上，中国曾为人类文明做出过卓越贡献。在中国特色社会主义新时代，中国一定能为世界的和平与发展、人类的繁荣与进步做出新的更大贡献。

三、中国特色社会主义进入新时代的伟大意义

中国特色社会主义进入新时代有着重要的历史意义，习近平总书记用三个"意味着"分别从中华民族发展史、世界社会主义发展史和人类社会发展史的维度，深刻揭示了中国特色社会主义不断开辟发展新境界的历史意义、时代意义和世界意义，为我们坚定中国特色社会主义道路自信、理论自信、制度自信、文化自信注入了新的思想动力。

1. 中国特色社会主义进入新时代，意味着近代以来久经磨难的中华民族迎来了从站起来、富起来到强起来的伟大飞跃，迎来了实现中华民族伟大复兴的光明前景

90多年来，中国共产党为了实现中华民族伟大复兴的历史使命，不忘初心、矢志不渝，领导和团结全国人民攻克了一个又一个艰难险阻，在长期斗争中成了中华民族的主心骨。先是团结带领中国人民推翻"三座大山"，完成新民主主义革命，建立了中华人民共和国，实现了中国从几千年封建专制政治向人民民主的伟大飞跃；接着团结带领中国人民完成社会主义革命，确立社会主义基本制度，推进社会主义建设，为当代中国的发展进步奠定了根本政治前提和制度基础，实现了中华民族由近代不断衰落到根本扭转命运、持续走向繁荣富强的伟大飞跃；然后团结带领中国人民进行改革开放新的伟大革命，开辟了中国特色社会主义道路，极大解放和发展了社会生产力，使中国摆脱贫穷和落后的局面，人民生活显著改善；党的十八大以来，以习近平同志为核心的党中央，推动党和国家事业取得了历史性成就、发生了历史性变革，中国经济实力、科技实力、国防实力、综合国力进入世界前列，国际地位实现前所未有的提升，党的面貌、国家的面貌、人民的面貌、军队的面貌、中华民族的面貌发生了前所未有的变化。

同时，我们也要清醒地认识到，尽管中国发展取得重大成就，但中国仍处于并将长期处于社会主义初级阶段的基本国情没有变，中国是世界最大发展中国家的国际地位没有变。我们要坚持以经济建设为中心，坚定不移把发展作为党执政兴国的第一要务，立足社会主义初级阶段这个最大实际，深入贯彻落实新发展理念，建设现代化经济体系，坚持质量第一、效益优先，以供给侧结构性改革为主线，推动经济发展质量变革、效率变革、动力变革，提高全要素生产率，着力加快建设实体经济、科技创新、现代金融、人力资源协同发展的产业体系，全面打牢强国物质基础；我们要主动适应社会主要矛盾变化，牢牢坚持党的基本路线这个党和国家的生命线、人民的幸福线，将发展工作重点转移到解决不平衡不充分的发展问题上，实现更高质量、更有效率、更加公平、更可持续的发展，更好满足人民在经济、政治、文化、社会、生态等方面日益增长的需要，更好推动人的全面发展、

社会全面进步，让人民过上更加幸福美好的新生活；我们要继续统筹推进"五位一体"总体布局和协调推进"四个全面"战略布局，抓重点、补短板、强弱项，特别是要坚决打好防范化解重大风险、精准脱贫、污染防治的攻坚战，推动经济社会持续健康发展，使全面建成小康社会得到人民认可、经得起历史检验，到2020年实现第一个百年奋斗目标；我们要乘势开启全面建设社会主义现代化国家新征程，围绕宏伟战略目标稳步推进重大战略安排，全面落实各领域建设发展新部署，砥砺奋进，接续奋斗，到2035年基本实现社会主义现代化，到21世纪中叶建成富强民主文明和谐美丽的社会主义现代化强国，使中华民族以更加昂扬的姿态屹立于世界民族之林。

2. 中国特色社会主义进入新时代，意味着科学社会主义在21世纪的中国焕发出强大生机活力，在世界上高高举起了中国特色社会主义伟大旗帜

社会主义思想从空想走向科学，从理论变为实践，中国和中国共产党人的贡献不可替代。中华人民共和国成立60多年来，特别是改革开放近40年来，党带领全国各族人民始终坚持走中国特色社会主义道路，中国经济实力不断增强，综合国力大幅提升，主要经济指标在世界上的比重持续攀升，国际竞争力明显增强，一跃成为世界上最重要的经济体之一，成为世界经济增长的动力之源和稳定之锚。这样的发展和巨变，在人类发展史上都是罕见的。实践证明：科学社会主义在21世纪的中国焕发出强大的生机活力，中国特色社会主义这条路，走得通、走得对、走得好。尤其是党的十八大以来，以习近平同志为核心的党中央举旗定向、谋篇布局，迎难而上、开拓进取，开辟了马克思主义新境界、中国特色社会主义新境界。

中国特色社会主义进入新时代，我们要坚持社会主义市场经济改革方向，推动经济持续健康发展，厚植发展基础，培育发展新动能，不断增强经济综合实力、创新力和竞争力，让中国经济焕发出更加强大的生机活力；我们要坚持党的领导，牢固树立"四个意识"，坚定"四个自信"，自觉维护党中央权威和集中统一领导，坚决维护习近平总书记在党中央和全党的核心地位，完善坚持党的领导的体制机制，确保党保持旺盛生命力和强大战斗力，确保党始终成为中国特色社会主义事业的坚强领导核心，确保社会主义始终沿着正确的方向蓬勃发展；我们要坚持推进理论创新，保持和发扬马克思主义政党与时俱进的理论品格，勇于推进实践基础上的理论创新，坚持用习近平新时代中国特色社会主义思想指导实践，坚持用党的最新理论创新成果推进社会主义新发展，不断引领新时代中国特色社会主义事业阔步向前发展；我们要坚持深化改革开放，既要充分汲取中华优秀传统文化养分，让社会主义牢牢根植于中国大地，又要充分吸收人类优秀文明成果，坚持走开放包容的发展道路，更好地融入世界发展潮流，在改革创新和开放发展中让社会主义永葆生命力；我们要坚持维护社会大局和谐稳定，深化发展社会主义民主政治，全面推进依法治国，加强

和创新社会治理，促进民族团结和睦，全力维护国家安全，确保社会主义航船稳健前行。

3. 中国特色社会主义进入新时代，意味着中国特色社会主义道路、理论、制度、文化不断发展，拓展了发展中国家走向现代化的途径，给世界上那些既希望加快发展又希望保持自身独立性的国家和民族提供了全新选择，为解决人类问题贡献了中国智慧和中国方案

当今一些发达国家的现代化之路，不同程度地伴随着侵略和掠夺，这条路道义上不可借鉴，实践上也无法复制。中国特色社会主义的发展和繁荣向世界宣告，在贫穷落后的基础上从事现代化建设，不仅是可能的，而且是能够成功的。中国的成功经验，为许多同样走在发展中国家的道路上，正在探索现代化发展之路的国家提供了宝贵的中国方案，贡献了中国智慧。中国在国际舞台上的影响力、感召力、塑造力显著提高，嵌入经济全球化的深度、广度史无前例，为世界各国和人类社会发展不断做出更大贡献。

中国特色社会主义进入新时代，我们要在促进世界共同发展上做出更大贡献，坚定不移全面深化改革，继续奉行互利共赢的开放战略，着力推进"一带一路"建设，不断创造更全面、更深入、更多元的对外开放格局，在经济新常态下保持经济持续协调健康发展，更好地参与经济全球化进程，为世界经济发展提供中国机遇、贡献中国能量，全力推动世界经济走上强劲、可持续、平衡、包容增长之路，做全球发展的贡献者；我们要在深化交流中做出更大贡献，深入总结中国经济社会发展和推进社会主义现代化建设的成功经验，搭建交流平台，拓展交流渠道，扩大交流点，增强交流量，提高依存度，促进和而不同、兼收并蓄的文明交流，积极为世界各国解决同类难题提供中国经验，让世界各国人民在多样化发展道路上有更多选择，做世界各国发展的促进者；我们要在全球治理上做出更大贡献，牢牢把握构建人类命运共同体的目标追求，在重构世界经济政治秩序以及应对气候变化、全球减贫、能源资源安全、网络安全、重大传染性疾病、重大自然灾害等人类全球性问题上提出中国方案、贡献中国智慧，做国际秩序的维护者；我们要在维护世界和平上做出更大贡献，统筹国内国际两个大局，坚持走和平发展道路，在维护全球与地区安全、解决地区热点和敏感问题、反对恐怖主义等方面发出中国声音、开展中国行动，为世界和平与发展、人类繁荣与进步贡献中国力量，做世界和平的建设者。

中国特色社会主义进入新时代，不仅在中华人民共和国发展史上、中华民族发展史上具有划时代的重大意义，在世界社会主义发展史上、人类社会发展史上也具有重大意义。

四、习近平新时代中国特色社会主义思想

指导思想是一个政党的精神旗帜，至关紧要。党的十九大把习近平新时代中国特色社会主义思想确立为我们党必须长期坚持的指导思想，这是党的十九大最重大的历史贡献，是我们党坚持高举中国特色社会主义伟大旗帜最重要的昭示，反映了全党共同意志和全社会共同意愿，对于我们决胜全面建成小康社会，夺取新时代中国特色社会主义伟大胜利，实现中华民族伟大复兴的中国梦，具有重大现实意义和深远历史意义。

（一）习近平新时代中国特色社会主义思想的核心要义

党的十八大以来，以习近平同志为核心的党中央坚持以马克思列宁主义、毛泽东思想、邓小平理论、"三个代表"重要思想、科学发展观为指导，坚持解放思想、实事求是、与时俱进、求真务实，坚持辩证唯物主义和历史唯物主义，紧密结合新的时代条件和实践要求，以全新的视野深化对共产党执政规律、社会主义建设规律、人类社会发展规律的认识，进行艰辛理论探索，取得重大理论创新成果，创立了习近平新时代中国特色社会主义思想。

坚持和发展中国特色社会主义，是改革开放以来我们党全部理论和实践的鲜明主题，也是习近平新时代中国特色社会主义思想的核心要义。党的十八大以来，我们党的全部理论和实践探索都是围绕这个主题来展开、深化和拓展的。正如习近平总书记指出的，"坚持和发展中国特色社会主义是一篇大文章，邓小平同志为它确定了基本思路和基本原则，以江泽民同志为核心的党的第三代中央领导集体、以胡锦涛同志为总书记的党中央在这篇大文章上都写下了精彩的篇章。现在，我们这一代共产党人的任务，就是继续把这篇大文章写下去。"对坚持和发展什么样的中国特色社会主义，习近平总书记从理论渊源、历史根据、本质特征、独特优势、强大生命力等多方位多角度做出了深刻回答，强调中国特色社会主义是既坚持科学社会主义基本原则，又具有鲜明实践特色、理论特色、民族特色、时代特色的社会主义，是中国特色社会主义道路、理论、制度、文化四位一体的社会主义，是统揽伟大斗争、伟大工程、伟大事业、伟大梦想的社会主义，是根植于中国大地、反映中国人民意愿、适应中国和时代发展进步要求的社会主义。对怎样坚持和发展中国特色社会主义，习近平总书记以一系列战略性、前瞻性、创造性的观点，深刻回答了新时代坚持和发展中国特色社会主义的总目标、总任务、总体布局、战略布局和发展方向、发展方式、发展动力、战略步骤、外部条件、政治保证等基本问题。这些思想观点，在理论上有重大突破、重大创新、重大发展，深刻揭示了新时代中国特色社会主义的本质特征、发展规律和建设路径，为在新的时代条件下坚持和发展中国特色社会主义提供了科学的理论指引。

（二）习近平新时代中国特色社会主义思想的丰富内涵

习近平新时代中国特色社会主义思想内涵十分丰富，涵盖了经济、政治、法治、科技、文化、教育、民生、民族、宗教、社会、生态文明、国家安全、国防和军队、"一国两制"和祖国统一、统一战线、外交、党的建设等各方面。其中最重要、最核心的内容就是党的十九大报告概括的"八个明确"，即

解读新时代
中国特色社会主义思想

——明确坚持和发展中国特色社会主义，总任务是实现社会主义现代化和中华民族伟大复兴，在全面建成小康社会的基础上，分两步走在 21 世纪中叶建成富强民主文明和谐美丽的社会主义现代化强国；

——明确新时代中国社会主要矛盾是人民日益增长的美好生活需要和不平衡不充分的发展之间的矛盾，必须坚持以人民为中心的发展思想，不断促进人的全面发展、全体人民共同富裕；

——明确中国特色社会主义事业总体布局是"五位一体"、战略布局是"四个全面"，强调坚定道路自信、理论自信、制度自信、文化自信；

——明确全面深化改革总目标是完善和发展中国特色社会主义制度、推进国家治理体系和治理能力现代化；

——明确全面推进依法治国总目标是建设中国特色社会主义法治体系、建设社会主义法治国家；

——明确党在新时代的强军目标是建设一支听党指挥、能打胜仗、作风优良的人民军队，把人民军队建设成为世界一流军队；

——明确中国特色大国外交要推动构建新型国际关系，推动构建人类命运共同体；

——明确中国特色社会主义最本质的特征是中国共产党领导，中国特色社会主义制度的最大优势是中国共产党领导，党是最高政治领导力量，提出新时代党的建设总要求，突出政治建设在党的建设中的重要地位。

这"八个明确"，高度凝练、提纲挈领地点明了习近平新时代中国特色社会主义思想的主要内容，构成了系统完备、逻辑严密、内在统一的科学体系。

为贯彻落实习近平新时代中国特色社会主义思想，党的十九大报告提出新时代坚持和发展中国特色社会主义的基本方略，并概括为"十四个坚持"，即

——坚持党对一切工作的领导；

——坚持以人民为中心；

——坚持全面深化改革；

——坚持新发展理念；

——坚持人民当家做主；

——坚持全面依法治国；

——坚持社会主义核心价值体系；

——坚持在发展中保障和改善民生；

——坚持人与自然和谐共生；

——坚持总体国家安全观；

——坚持党对人民军队的绝对领导；

——坚持"一国两制"和推进祖国统一；

——坚持推动构建人类命运共同体；

——坚持全面从严治党。

这 14 条基本方略涵盖坚持党的领导和全面从严治党，涵盖"五位一体"总体布局、"四个全面"战略布局，涵盖国防和军队建设、维护国家安全、"一国两制"和祖国统一、对外战略，体现了党的基本纲领、基本经验、基本要求的内涵，是习近平新时代中国特色社会主义思想的重要组成部分。习近平总书记强调："全党同志必须全面贯彻党的基本理论、基本路线、基本方略，更好引领党和人民事业发展。""十四个坚持"每一条都有很强的现实针对性和指导性，我们要结合工作实际，毫不动摇地坚持，不折不扣地落实。

（三）习近平新时代中国特色社会主义思想的时代背景

经过长期努力，中国特色社会主义进入了新时代。这是世情、国情、党情变化的必然结果，是社会主要矛盾运动的必然结果，也是党的十八大以来党和国家事业发生历史性变革的结果，是中国共产党人带领全国各族人民长期不懈奋斗的结果。

中国特色社会主义进入了新时代，是中国发展新的历史方位，也是习近平新时代中国特色社会主义思想产生的时代背景。这个新时代，既与改革开放近 40 年来的发展一脉相承，又有很大的不同，面临许多新情况、新变化：

一是十八大以来，在中华人民共和国成立特别是改革开放以来中国发展取得重大成就的基础上，党和国家事业发生历史性变革，中国发展站在新的历史起点上，新起点需要新气象新作为；

二是世界进入大变革大调整时期，面临千年未有之大变局，如何在乱局中保持定力、在变局中抓住机遇，对我们统筹国际国内两个大局提出了更高要求；

三是我们党执政面临的社会环境和现实条件发生深刻变化，发展理念和方式有重大转变，发展水平和要求更高；

四是中国社会的主要矛盾已经转化为人民日益增长的美好生活需要和不平衡不充分的发展之间的矛盾，经济建设仍然是中心任务，但需要更加注重全面协调可持续发展，需要着力解决好发展不平衡不充分问题；

五是从党的十九大到二十大，是"两个一百年"奋斗目标的历史交汇期，我们要在全面建成小康社会、实现第一个百年目标之后，开启全面建设社会主义现代化国家新征程、向第二个百年目标进军。

这些新情况、新变化，给我们党提出了一个重大课题，就是必须从理论和实践结合上系统回答在新的时代条件下坚持和发展什么样的中国特色社会主义、怎样坚持和发展中国特色社会主义。正是围绕回答这一重大理论和实践问题，形成了习近平新时代中国特色社会主义思想。可以说，党的十八大以来国内外形势深刻变化和中国各项事业快速发展催生了习近平新时代中国特色社会主义思想，习近平新时代中国特色社会主义思想回答了实践和时代提出的新课题。实践和理论的逻辑就是：新时代提出新课题，新课题催生新理论，新理论引领新实践。

（四）习近平新时代中国特色社会主义思想的历史贡献

习近平新时代中国特色社会主义思想的主要创立者是习近平同志。党的十八大以来，习近平总书记以非凡的政治智慧、顽强的意志品质、强烈的历史担当，团结带领全党全国各族人民进行具有许多新的历史特点的伟大斗争，统筹推进"五位一体"总体布局，协调推进"四个全面"战略布局，推动改革开放和社会主义现代化建设取得新的重大成就，推动党和国家事业全面开创新局面、发生历史性变革，赢得全党全军全国各族人民高度评价和衷心爱戴，成为党中央的核心、全党的核心。在领导全党全国推进党和国家事业的实践中，习近平总书记以马克思主义政治家、理论家的深刻洞察力、敏锐判断力和战略定力，提出了一系列具有开创性意义的新理念、新思想、新战略，为新时代中国特色社会主义思想的创立发挥了决定性作用、做出了决定性贡献。

习近平新时代中国特色社会主义思想源于实践又指导实践，为新时代坚持和发展中国特色社会主义、推进党和国家事业提供了基本遵循，为发展21世纪马克思主义、当代中国马克思主义做出了历史性贡献。

一是开辟了马克思主义新境界。习近平新时代中国特色社会主义思想贯穿改革发展稳定、内政外交国防、治党治国治军各个领域，既坚持了老传统，又谱写了新篇章，实现了马克思主义基本原理与中国具体实际相结合的又一次飞跃，是21世纪中国的马克思主义，是马克思主义中国化最新成果，为发展马克思主义做出了中国的原创性贡献，在马克思主义中国化进程中具有里程碑意义。

二是开辟了中国特色社会主义新境界。习近平新时代中国特色社会主义思想把中国特色社会主义和实现社会主义现代化、实现中华民族伟大复兴有机贯通起来，深刻回答了新时代坚持和发展中国特色社会主义的一系列重大问题，为中国特色社会主义注入了新的科学内涵，进一步彰显了新时代中国特色社会主义的蓬勃生机和活力。

三是开辟了治国理政新境界。在习近平新时代中国特色社会主义思想指引下，我们党团结带领人民推动党和国家事业发生了全方位、开创性、深层次、根本性的历史性变革，解决了许多长期想解决而没有解决的难题，办成了许多过去想办而没有办成的大事，中国经济实力、科技实力、国防实力、综合国力、国际影响力和人民获得感显著提升，党的面貌、国家的面貌、人民的面貌、军队的面貌、中华民族的面貌发生了前所未有的变化。

四是开辟了管党治党新境界。遵循习近平新时代中国特色社会主义思想，我们党以坚强的决心、空前的力度，推进全面从严治党，坚持思想从严、管党从严、执纪从严、治吏从严、作风从严、反腐从严，管党治党实现从宽、松、软到严、紧、硬的深刻转变，消除了党和国家内部存在的严重隐患，党内政治生活气象更新，积极健康的党内政治文化得到弘扬，党内政治生态明显好转，党的创造力、凝聚力、战斗力和领导力、号召力显著增强，党的团结统一更加巩固，党群关系明显改善，党在革命性锻造中更加坚强，焕发出新的强大生机活力。

实践没有止境，理论创新也没有止境。提出习近平新时代中国特色社会主义思想，并不是说党的理论创新和实践创新达到了一个终点，而是说我们推进马克思主义中国化达到了一个新的起点。当今世界正在发生广泛而深刻的变化，当代中国正在发生广泛而深刻的变革，其中蕴含着理论创新的巨大动力、潜力和活力。我们要始终保持与时俱进的马克思主义理论品格，不断推进理论创新、实践创新、制度创新、文化创新以及其他各方面创新，不断开创马克思主义中国化新境界，使 21 世纪中国的马克思主义展现出更强大、更有说服力的真理力量。

（五）习近平新时代中国特色社会主义思想的理论特色

习近平新时代中国特色社会主义思想在形成和发展过程中，得到了全党全国各族人民的高度认同，并在实践中发挥了巨大指导作用，根本原因就在于，它继承和发扬马克思主义理论品质，贯穿坚定信仰信念、鲜明人民立场、强烈历史担当、求真务实作风、勇于创新精神和科学方法论，呈现出当代中国马克思主义的鲜明理论特色。

一是坚守真理、传承文明的继承性。习近平新时代中国特色社会主义思想没有丢掉老祖宗，始终坚持马克思主义立场观点方法，处处闪耀着马克思主义真理光辉。特别是在许多重大原则问题上旗帜鲜明坚持和捍卫马克思主义，理直气壮驳斥各种奇谈怪论。这一思想继承和吸收中华民族优秀传统文化，蕴含着丰富的中华民族价值共识、精神追求、政治智慧、历史经验。这一思想，充分吸收人类文明有益成果，积极借鉴别国治国理政经验，展现出宽广视野和博大胸怀。

二是与时俱进、引领未来的创新性。习近平新时代中国特色社会主义思想以我们正在做的事情为中心，直面前进道路上的各种困难和矛盾、风险和挑战，着力探索破解难题、推进事业发展的新理念、新思想、新战略，讲了许多没有讲过的新话，具有强烈的时代气息和现实针对性。这一思想洞察时代风云，把握时代大势，站在人类发展前沿引领时代潮流，积极探索关系人类前途命运的重大问题，为应对当今世界面临的全球性挑战、解决人类面临的共性问题贡献了中国智慧和中国方案。

三是不忘初心、践行宗旨的人民性。习近平新时代中国特色社会主义思想坚持人民主体地位，尊重人民首创精神，注重从人民群众中汲取智慧和力量，时刻关注人民群众的喜怒哀乐，体现了亲民、爱民、忧民、为民的真挚情怀。这一思想坚持把人民对美好生活的向往作为奋斗目标，把让老百姓过上好日子作为全部工作的出发点和落脚点，始终为人民代言、为人民立言，充分体现了立党为公、执政为民的执政理念，体现了为中国人民谋幸福、为中华民族谋复兴的使命担当，体现了人民至上的价值追求。

四是实事求是、把握规律的科学性。习近平新时代中国特色社会主义思想立足社会主义初级阶段这个最大实际，准确把握中国发展的阶段性特征和中国社会主要矛盾的新变化，坚持一切从实际出发，勇于破除一切不合时宜的思想观念和体制机制弊端。这一思想积极探索规律、自觉遵循规律，按照客观规律要求谋划事业发展，正确处理尊重客观规律与发挥主观能动性的关系，使我们党对共产党执政规律、社会主义建设规律、人类社会发展规律的认识达到了新的高度。

（六）习近平新时代中国特色社会主义思想的实践要求

理论创新每前进一步，理论武装就要跟进一步。新时代、新任务、新实践需要新的思想来指引。实现新时代党的历史使命，统揽伟大斗争、伟大工程、伟大事业、伟大梦想，决胜全面建成小康社会、夺取新时代中国特色社会主义伟大胜利，必须用党的最新理论成果武装全党、指导实践、推动工作。学习贯彻习近平新时代中国特色社会主义思想是当前和今后一个时期全党的重大政治任务，也是增强政治意识、大局意识、核心意识、看齐意识，维护习近平总书记这个核心、维护党中央集中统一领导，在思想上、政治上、行动上同以习近平同志为核心的党中央保持高度一致的实际举措。我们要以高度的使命感和责任感，系统学习、深入学习，切实把思想和行动统一到习近平新时代中国特色社会主义思想上来。要坚持领导干部带头，推动全党深入领会习近平新时代中国特色社会主义思想的时代背景、科学体系、精神实质、实践要求，深入领会这一思想的重大政治意义、理论意义、实践意义，不断提高全党马克思主义水平。要在全党全社会迅速兴起学习贯彻高潮，采取切实有效措施，创新方式方法，综合运用各种传媒手段，形成强大合力，使习近平新时代中国特色社会主义思想深入人心。要大力弘扬理论联系实际的优良学风，强化问题意识、树立问题导向，着力提高学习本领、政治领导本领、改革创新本领、科学发展本领、依法执政本领、群众工作本领、狠抓落实本领、驾驭风险本领，保持政治定力，坚持实干兴邦，以昂扬的精神状态，努力创造经得起实践、人民、历史检验的新业绩。

习近平新时代中国特色社会主义思想是 21 世纪中国的马克思主义，是新时代坚持和发展中国特色社会主义的强大思想武器。党的十九大明确指出，习近平新时代中国特色社会主义思想，是对马克思列宁主义、毛泽东思想、邓小平理论、"三个代表"重要思想、科学发展观的继承和发展，是马克思主义中国化最新成果，是党和人民实践经验和集体智慧的结晶，是中国特色社会主义理论体系的重要组成部分，是全党全国人民为实现中华民族伟大复兴而奋斗的行动指南，必须长期坚持并不断发展。这一重大思想开辟了马克思主义新境界、中国特色社会主义新境界、党治国理政新境界、管党治党新境界，使马克思主义中国化实现了一次新的飞跃、达到了一个新的起点。这一重大思想虽然是在十九大命名的，但其科学内涵是在十八大以来这五年的创造性实践中孕育、产生、升华、形成的，丰富内容、精神实质早已写在广袤的祖国大地上，镌刻在广大党员、干部和人民群众心坎里，成为引领和指导这五年来创新实践的熊熊燃烧的思想火炬。党的十八大以来，党和国家各项事业之所以能开新局、谱新篇，根本的就在于习近平总书记作为党中央核心、全党核心的掌舵领航，在于习近平新时代中国特色社会主义思想的科学指引。在决胜全面建成小康社会、开启全面建设社会主义现代化国家的新征程上，我们必须长期坚持并不断发展习近平新时代中国特色社会主义思想，让当代中国马克思主义放射出更加灿烂的真理光芒；要坚持不懈地用习近平新时代中国特色社会主义思想武装全党、教育人民，推动全党全社会深入理解和把握这一重大思想的科学体系、精神实质、实践要求，更加自觉地用这一重大思想武装头脑、指导实践、推动工作。

五、党在中国特色社会主义新时代的历史使命

实现中华民族伟大复兴是近代以来中华民族最伟大的梦想。中国共产党一经成立，就义无反顾地肩负起实现中华民族伟大复兴的历史使命。这个初心和使命是激励中国共产党人不断前进的根本动力。

中国特色社会主义进入新时代，要求我们党既不能忘记自己的初心，又要清醒地把握新时代的历史使命。只有充分认识到伟大梦想、伟大斗争、伟大工程、伟大事业之间的关系，才能永远把人民对美好生活的向往作为奋斗目标，才能始终保持斗志，不断朝着实现中华民族伟大复兴的宏伟目标奋勇前进。

首先，把进行伟大斗争作为实现伟大梦想的根本条件。梦想再伟大也不会自动变成现实，也不可能指望伟大梦想在敲锣打鼓中就能轻轻松松地变成现实；伟大梦想只能借助伟大斗争而逐步变成伟大现实。使命呼唤担当，担当就意味着要自觉进行具有许多新的历史特点的伟大斗争，任何贪图享受、消极懈怠、回避矛盾的思想和行为都是要不得的。我们要充分认识斗争的长期性、复杂性、艰巨性，发扬斗争精神，提高斗争本领，不断夺取伟大斗争新胜利。

其次，把党的建设的伟大工程作为实现伟大梦想的根本保证。打铁还需自身硬，党要团结带领人民进行伟大斗争、推进伟大事业、实现伟大梦想，首先就要把自身建设得更加

坚强有力。办好中国的事，关键在党。中国特色社会主义进入新时代，我们党一定要有新气象、新作为，要紧紧把握新时代的努力方向，不断加强自身建设和内在活力，不断提高执政能力和领导水平，成为时代先锋、民族脊梁，成为领导一切工作的总舵手。

最后，把推进中国特色社会主义伟大事业作为实现伟大梦想的根本任务。中国特色社会主义是改革开放以来党的全部理论和实践的主题。改革开放以来，党不仅始终如一地高举中国特色社会主义伟大旗帜，而且始终如一地丰富和发展中国特色社会主义，确保党在世界形势深刻变化的历史进程中始终走在时代前列。习近平总书记指出："当今世界，要说哪个政党、哪个国家、哪个民族能够自信的话，那中国共产党、中华人民共和国、中华民族是最有理由自信的。"可以说，这种自信归根结底是中国特色社会主义道路自信、理论自信、制度自信、文化自信。

夺取新时代中国特色社会主义伟大胜利是我们党新的历史使命，也是行动纲领。中国共产党将牢牢把握住这条主线，领导和团结全党全国各族人民，为实现中华民族伟大复兴的中国梦、实现人民对美好生活的向往不懈奋斗。

思考题

1. 中国特色社会主义进入新时代的依据是什么？
2. 中国特色社会主义进入新时代的主要内涵是什么？
3. 中国特色社会主义进入新时代有什么意义？
4. 习近平新时代中国特色社会主义思想的核心要义是什么？
5. 习近平新时代中国特色社会主义思想具有哪些理论特色？
6. 中国共产党在中国特色社会主义新时代的历史使命有哪些？

参考文献

[1] 人民网-中国共产党新闻网. 深刻理解中国特色社会主义进入新时代.
　　http://theory.people.com.cn/n1/2017/1101/c40531-29620038.html.

[2] 人民论坛网. 中国特色社会主义进入了新时代.
　　http://www.rmlt.com.cn/2017/1121/503585.shtml.

[3] 新华网. 全面把握中国特色社会主义进入新时代.
　　http://news.xinhuanet.com/politics/2017-11/09/c_1121927225.htm.

[4] 新华网. 习近平新时代中国特色社会主义思想何以诞生.
　　http://news.xinhuanet.com/2017-10/21/c_1121836343.htm.

［5］人民网-中国共产党新闻网. 深刻领会习近平新时代中国特色社会主义思想的核心要义和创新观点.

http://theory.people.com.cn/n1/2017/1123/c40531-29662611.html.

［6］人民网. 深入学习贯彻习近平新时代中国特色社会主义思想.

http://politics.people.com.cn/n1/2017/1106/c1024-29627813.html.

［7］求是网. 用新时代中国特色社会主义思想武装全党指导实践.

http://www.qstheory.cn/dukan/qs/2017-11/15/c_1121947964.htm.

［8］人民网-中国共产党新闻网. 习近平这样阐释新时代中国特色社会主义思想和基本方略.

http://theory.people.com.cn/n1/2017/1019/c414485-29596827.html.

［9］中国网-理论中国. 自觉肩负起党在中国特色社会主义新时代的历史使命.

http://www.china.com.cn/opinion/theory/2017-11/21/content_41922907.htm.

专题四　稳中求进　认识中国经济新方位

2017 年是实施"十三五"规划的重要一年，也是供给侧结构性改革的深化之年。中国经济在持续了几十年的高速增长后，正面临速度换挡、结构调整、动力转换的新状态，党的十八大以来，以习近平同志为核心的党中央做出经济发展进入新常态的科学判断，提出创新、协调、绿色、开放、共享的发展新理念，开启供给侧结构性改革的新实践，以新的有力作为标注着中国经济的新方位。

一、2017 年中国经济工作重点任务和措施

（一）用改革的办法深入推进"三去一降一补"

在巩固成果的基础上，针对新情况、新问题，完善政策措施，努力取得更大成效。

1. 扎实有效去产能

今年要再压减钢铁产能 5 000 万吨左右，压减煤炭产能 1.5 亿吨以上。同时，要淘汰、停建、缓建煤电产能 5 000 万千瓦以上，以防范化解煤电产能过剩风险，提高煤电行业效率，优化能源结构，为清洁能源发展腾出空间。要严格执行环保、能耗、质量、安全等相关法律法规和标准，更多运用市场化、法治化手段，有效处置"僵尸企业"，推动企业兼并重组、破产清算，坚决淘汰不达标、不合格的落后产能，严控过剩行业新上产能。去产能必须安置好职工，中央财政专项奖补资金要及时拨付，地方和企业要落实相关资金与措施，确保分流职工就业有出路、生活有保障。

2. 因城施策去库存

目前，三四线城市房地产库存仍然较多，要支持居民自住和进城人员购房需求。坚持住房的居住属性，落实地方政府主体责任，加快建立和完善促进房地产市场平稳健康发展的长效机制，健全购租并举的住房制度，以市场为主满足多层次需求，以政府为主提供基本保障。加强房地产市场分类调控，房价上涨压力大的城市要合理增加住宅用地，规范开发、销售、中介等行为，遏制热点城市房价过快上涨。目前，城镇还有几千万人居住在条件简陋的棚户区，要持续进行改造。今年再完成棚户区住房改造 600 万套，继续发展公租

房等保障性住房，因地制宜、以多种方式提高货币化安置比例，加强配套设施建设和公共服务，让更多住房困难家庭告别棚户区，让广大人民群众在住有所居中创造新生活。

3. 积极稳妥去杠杆

中国非金融企业杠杆率较高，这与储蓄率高、以信贷为主的融资结构有关。要在控制总杠杆率的前提下，把降低企业杠杆率作为重中之重。促进企业盘活存量资产，推进资产证券化，支持市场化、法治化债转股，发展多层次资本市场，加大股权融资力度，强化企业特别是国有企业财务杠杆约束，逐步将企业负债降到合理水平。

4. 多措并举降成本

扩大小微企业享受减半征收所得税优惠的范围，年应纳税所得额上限由 30 万元提高到 50 万元；科技型中小企业研发费用加计扣除比例由 50% 提高到 75%，千方百计使结构性减税力度和效应进一步显现。名目繁多的收费使许多企业不堪重负，要大幅降低非税负担。一是全面清理规范政府性基金，取消城市公用事业附加基金，授权地方政府自主减免部分基金。二是取消或停征中央涉企行政事业性收费 35 项，收费项目再减少了一半以上，保留的项目要尽可能降低收费标准。各地也要削减涉企行政事业性收费。三是减少政府定价的涉企经营性收费，清理取消行政审批中介服务违规收费，推动降低金融、铁路货运等领域涉企经营性收费，加强对市场调节类经营服务性收费的监管。四是继续适当降低"五险一金"有关缴费比例。五是通过深化改革、完善政策，降低企业制度性交易成本，降低用能、物流等成本。各有关部门和单位都要舍小利顾大义，使企业轻装上阵，创造条件形成中国国际竞争新优势。

5. 精准加力补短板

要针对严重制约经济社会发展和民生改善的突出问题，结合实施"十三五"规划确定的重大项目，加大补短板力度，加快提升公共服务、基础设施、创新发展、资源环境等支撑能力。

贫困地区和贫困人口是全面建成小康社会最大的短板。要深入实施精准扶贫精准脱贫，今年再减少农村贫困人口 1 000 万以上，完成易地扶贫搬迁 340 万人。中央财政专项扶贫资金增长 30% 以上。加强集中连片特困地区、革命老区、边疆和民族地区开发，改善基础设施和公共服务，推动特色产业发展、劳务输出、教育和健康扶贫，做好因病等致贫返贫群众帮扶，实施贫困村整体提升工程，增强贫困地区和贫困群众自我发展能力。推进贫困县涉农资金整合，强化资金和项目监管。创新扶贫协作机制，支持和引导社会力量参与扶贫。切实落实脱贫攻坚责任制，实施最严格的评估考核，严肃查处假脱贫、"被脱贫"、数字脱贫，确保脱贫能够得到群众认可、经得起历史的检验。

（二）深化重要领域和关键环节改革

全面深化各领域改革，加快推进基础性、关键性改革，增强内生发展动力。

1. 持续推进政府职能转变

使市场在资源配置中起决定性作用和更好发挥政府作用，必须深化简政放权、放管结合、优化服务改革。这是政府自身的一场深刻革命，要继续以壮士断腕的勇气，坚决披荆斩棘向前推进。全面实行清单管理制度，制定国务院部门权力和责任清单，加快扩大市场准入负面清单试点，减少政府的自由裁量权，增加市场的自主选择权。清理取消一批生产和服务许可证。深化商事制度改革，实行多证合一，扩大"证照分离"改革试点。完善事中事后监管制度，实现"双随机、一公开"监管全覆盖，推进综合行政执法。加快国务院部门和地方政府信息系统互联互通，形成全国统一政务服务平台。我们一定要让企业和群众更多感受到"放管服"改革成效，着力打通"最后一公里"，坚决废除烦苛之弊、施公平之策、开便利之门。

2. 继续推进财税体制改革

落实和完善全面推进营改增政策。简化增值税税率结构，今年由四档税率简并至三档，营造简洁透明、公平的税收环境，进一步减轻企业税收负担。加快推进中央与地方财政事权和支出责任划分改革，制订收入划分总体方案，健全地方税体系，规范地方政府举债行为。深入推进政府预决算公开，倒逼沉淀资金盘活，提高资金使用效率，每一笔钱都要花在明处、用出实效。

3. 抓好金融体制改革

促进金融机构突出主业、下沉重心，增强服务实体经济能力，坚决防止脱实向虚。鼓励大中型商业银行设立普惠金融事业部，国有大型银行要率先做到，实行差别化考核评价办法和支持政策，有效缓解中小微企业融资难、融资贵的问题。发挥好政策性开发性金融作用。推进农村信用社改革，强化服务"三农"功能。深化多层次资本市场改革，完善主板市场基础性制度，积极发展创业板、新三板，规范发展区域性股权市场。拓宽保险资金支持实体经济渠道。大力发展绿色金融。推动融资租赁业健康发展。当前系统性风险总体可控，但对不良资产、债券违约、影子银行、互联网金融等累积风险要高度警惕。积极稳妥推进金融监管体制改革，有序化解处置突出风险点，整顿规范金融秩序，筑牢金融风险"防火墙"。中国经济基本面好，商业银行资本充足率、拨备覆盖率比较高，可动用的工具和手段多。对守住不发生系统性金融风险的底线，我们有信心有底气、有能力有办法。

4. 深入推进国企国资改革

要以提高核心竞争力和资源配置效率为目标，形成有效制衡的公司法人治理结构、灵活高效的市场化经营机制。今年要基本完成公司制改革。深化混合所有制改革，在电力、石油、天然气、铁路、民航、电信、军工等领域迈出实质性步伐。抓好电力和石油天然气体制改革，开放竞争性业务。持续推进国有企业瘦身健体、提质增效，解决历史遗留问题。推进国有资本投资、运营公司改革试点。改善和加强国有资产监管，确保资产保值增值，把人民的共同财富切实守护好、发展好。

5. 更好激发非公有制经济活力

深入落实支持非公有制经济发展的政策措施。积极构建新型政商关系。鼓励非公有制企业参与国有企业改革。坚持权利平等、机会平等、规则平等，进一步放宽非公有制经济市场准入。凡法律法规未明确禁入的行业和领域，都要允许各类市场主体平等进入；凡向外资开放的行业和领域，都要向民间资本开放；凡影响市场公平竞争的不合理行为，都要坚决制止。

6. 加强产权保护制度建设

保护产权就是保护劳动、保护发明创造、保护和发展生产力。要加快完善产权保护制度，依法保障各种所有制经济组织和公民财产权，激励人们创业、创新、创富，激发和保护企业家精神，使企业家安心经营、放心投资。对于侵害企业和公民产权的行为，必须严肃查处、有错必纠。

7. 大力推进社会体制改革

深化收入分配制度配套改革。稳步推动养老保险制度改革，划转部分国有资本充实社保基金。深化医疗、医保、医药联动改革。全面推开公立医院综合改革，全部取消药品加成，协调推进医疗价格、人事薪酬、药品流通、医保支付方式等改革。深入推进教育、文化和事业单位等改革，把社会领域的巨大发展潜力充分释放出来。

8. 深化生态文明体制改革

完善主体功能区制度和生态补偿机制，建立资源环境监测预警机制，开展健全国家自然资源资产管理体制试点，出台国家公园体制总体方案，为生态文明建设提供有力制度保障。

（三）进一步释放国内需求潜力

推动供给结构和需求结构相适应、消费升级和有效投资相促进、区域城乡发展相协调，增强内需对经济增长的持久拉动作用。

1. 促进消费稳定增长

适应消费需求变化，完善政策措施，改善消费环境。一要加快发展服务消费。开展新一轮服务业综合改革试点，支持社会力量提供教育、文化、养老、医疗等服务。推动服务业模式创新和跨界融合，发展医养结合、文化创意等新兴消费。落实带薪休假制度，完善旅游设施和服务，大力发展乡村、休闲、全域旅游。扩大数字家庭、在线教育等信息消费。促进电商、快递进社区进农村，推动实体店销售和网购融合发展。二要增加高品质产品消费。引导企业增品种、提品质、创品牌，扩大内外销产品"同线同标同质"实施范围，更好满足消费升级需求。三要整顿和规范市场秩序。严肃查处假冒伪劣、虚假广告、价格欺诈等行为，加强消费者权益保护，让群众花钱消费少烦心、多舒心。

2. 积极扩大有效投资

引导资金更多投向补短板、调结构、促创新、惠民生的领域。今年要完成铁路建设投资8 000亿元、公路水运投资1.8万亿元，再开工15项重大水利工程，继续加强轨道交通、民用和通用航空、电信基础设施等重大项目建设。中央预算内投资安排5 076亿元。落实和完善促进民间投资的政策措施。深化政府和社会资本合作，完善相关价格、税费等优惠政策，政府要带头讲诚信，绝不能随意改变约定，绝不能"新官不理旧账"。

3. 优化区域发展格局

统筹推进三大战略和"四大板块"发展，实施好相关规划，研究制定新举措。推动国家级新区、开发区、产业园区等创新发展。支持资源枯竭、生态严重退化等地区经济转型发展。优化空域资源配置。推进海洋经济示范区建设，加快建设海洋强国，坚决维护国家海洋权益。

4. 扎实推进新型城镇化

深化户籍制度改革，今年实现进城落户1 300万人以上，加快居住证制度全覆盖。支持中小城市和特色小城镇发展，推动一批具备条件的县和特大镇有序设市，发挥城市群辐射带动作用。促进"多规合一"，提升城市规划设计水平。推进建筑业改革发展，提高工程质量。统筹城市地上地下建设，加强城市地质调查，再开工建设城市地下综合管廊2 000公里以上，启动消除城区重点易涝区段三年行动，推进海绵城市建设，有效治理交通拥堵等"城市病"，使城市既有"面子"、更有"里子"。

（四）以创新引领实体经济转型升级

实体经济从来都是中国发展的根基，当务之急就是加快转型升级。要深入实施创新驱动发展战略，推动实体经济优化结构，不断提高质量、效益和竞争力。

1. 提升科技创新能力

完善对基础研究和原创性研究的长期稳定支持机制，建设国家重大科技基础设施和技术创新中心，打造科技资源开放共享平台。推进全面创新改革试验。改革科技评价制度。切实落实高校和科研院所自主权，落实股权期权和分红等激励政策，落实科研经费和项目管理制度改革，让科研人员不再为杂事琐事分心劳神。开展知识产权综合管理改革试点，完善知识产权创造、保护和运用体系。深化人才发展体制改革，实施更加有效的人才引进政策，广聚天下英才，充分激发科研人员积极性，定能成就创新大业。

2. 加快培育壮大新兴产业

全面实施战略性新兴产业发展规划，加快新材料、新能源、人工智能、集成电路、生物制药、第五代移动通信等技术研发和转化，做大做强产业集群。支持和引导分享经济发展，提高社会资源利用效率，便利人民群众生活。本着鼓励创新、包容审慎原则，制定新兴产业监管规则，引导和促进新兴产业健康发展。深

数字经济

化统计管理体制改革，健全新兴产业统计。在互联网时代，各领域发展都需要速度更快、成本更低、安全性更高的信息网络。今年网络提速降费要迈出更大步伐，年内全部取消手机国内长途漫游费，大幅降低中小企业互联网专线接入资费，降低国际长途电话费，推动"互联网＋"深入发展、促进数字经济加快成长，让企业广泛受益、群众普遍受惠。

3. 大力改造提升传统产业

深入实施《中国制造2025》，加快大数据、云计算、物联网应用，以新技术、新业态、新模式，推动传统产业生产、管理和营销模式变革。把发展智能制造作为主攻方向，推进国家智能制造示范区、制造业创新中心建设，深入实施工业强基、重大装备专项工程，大力发展先进制造业，推动中国制造向中高端迈进。完善制造强国建设政策体系，以多种方式支持技术改造，促进传统产业焕发新的蓬勃生机。

4. 持续推进大众创业、万众创新

"双创"是以创业创新带动就业的有效方式，是推动新旧动能转换和经济结构升级的重要力量，是促进机会公平和社会纵向流动的现实渠道，要不断引向深入。新建一批"双

创"示范基地，鼓励大企业和科研院所、高校设立专业化众创空间，加强对创新型中小微企业支持，打造面向大众的"双创"全程服务体系，使各类主体各展其长、线上线下良性互动，使小企业铺天盖地、大企业顶天立地，市场活力和社会创造力竞相迸发。

5. 全面提升质量水平

广泛开展质量提升行动，加强全面质量管理，夯实质量技术基础，强化质量监督，健全优胜劣汰质量竞争机制。质量之魂，存于匠心。要大力弘扬工匠精神，厚植工匠文化，恪尽职业操守，崇尚精益求精，完善激励机制，培育众多"中国工匠"，打造更多享誉世界的"中国品牌"，推动中国经济发展进入质量时代。

（五）促进农业稳定发展和农民持续增收

深入推进农业供给侧结构性改革，完善强农、惠农政策，拓展农民就业增收渠道，保障国家粮食安全，推动农业现代化与新型城镇化互促共进，加快培育农业农村发展新动能。

1. 推进农业结构调整

引导农民根据市场需求发展生产，增加优质绿色农产品供给，扩大优质水稻、小麦生产，适度调减玉米种植面积，粮改饲试点面积扩大到 1 000 万亩以上。鼓励多渠道消化玉米库存。支持主产区发展农产品精深加工，发展观光农业、休闲农业，拓展产业链、价值链，打造农村一、二、三产业融合发展的新格局。

2. 加强现代农业建设

加快推进农产品标准化生产、品牌创建和保护，打造粮食生产功能区、重要农产品生产保护区、特色农产品优势区和现代农业产业园。推进土地整治，大力改造中低产田，推广旱作技术，新增高效节水灌溉面积 2 000 万亩。加强耕地保护，改进占补平衡。发展多种形式适度规模经营，是中国特色农业现代化的必由之路，农业保险是其有力保障。今年在 13 个粮食主产省选择部分县市，对适度规模经营农户实施大灾保险，调整部分财政救灾资金予以支持，提高保险覆盖面和理赔标准，完善农业再保险体系，以持续稳健的农业保险助力现代农业发展。

3. 深化农村改革

稳步推进农村集体产权制度改革，深化农村土地制度改革试点，赋予农民更多财产权利。完善粮食等重要农产品价格形成机制和收储制度，推进农业水价综合改革。深化集体林权、国有林区林场、农垦、供销社等改革。加强农村基层组织建设。健全农村"双创"

促进机制，培养更多新型职业农民，支持农民工返乡创业，进一步采取措施鼓励高校毕业生、退役军人、科技人员到农村施展才华。

4. 加强农村公共设施建设

新建改建农村公路20万公里。实现农村稳定可靠的供电服务和平原地区机井通电全覆盖。完成3万个行政村通光纤。提高农村饮水安全和供水保证率。加大农村危房改造力度。深入推进农村人居环境整治，建设既有现代文明、又具田园风光的美丽乡村。

（六）积极主动扩大对外开放

面对国际环境新变化和国内发展新要求，要进一步完善对外开放战略布局，加快构建开放型经济新体制，推动更深层次、更高水平的对外开放。

1. 扎实推进"一带一路"建设

坚持共商、共建、共享，加快陆上经济走廊和海上合作支点建设，构建沿线大通关合作机制。深化国际产能合作，带动中国装备、技术、标准、服务走出去，实现优势互补。加强教育、科技、文化、卫生、旅游等人文交流合作。高质量办好"一带一路"国际合作高峰论坛，同奏合作共赢新乐章。

2. 促进外贸继续回稳向好

落实和完善进出口政策，推动优进优出。扩大出口信用保险覆盖面，对成套设备出口融资应保尽保。推进服务贸易创新发展试点，设立服务贸易创新发展引导基金。支持市场采购贸易、外贸综合服务企业发展。加快外贸转型升级示范基地建设。促进加工贸易向产业链中高端延伸、向中西部地区梯度转移。推广国际贸易"单一窗口"，实现全国通关一体化。增加先进技术、设备和关键零部件进口，促进贸易平衡发展和国内产业加快升级。

3. 大力优化外商投资环境

修订外商投资产业指导目录，进一步放宽服务业、制造业、采矿业外资准入条件。支持外商投资企业在国内上市、发债，允许参与国家科技计划项目。在资质许可、标准制定、政府采购、享受《中国制造2025》政策等方面，对内外资企业一视同仁。地方政府可在法定权限范围内，制定出台招商引资优惠政策。高标准、高水平建设11个自贸试验区，全面推广成熟经验。引导对外投资健康规范发展，提升风险防范能力。中国开放的大门会越开越大，必将继续成为最富吸引力的外商投资目的地。

4. 推进国际贸易和投资自由化便利化

经济全球化符合世界各国的根本利益。中国将坚定不移推动全球经济合作，维护多边贸易体制主渠道地位，积极参与多边贸易谈判。我们愿与有关国家一道，推动中国—东盟自贸区升级议定书全面生效实施，早日结束区域全面经济伙伴关系协定谈判，推进亚太自贸区建设。继续与有关国家和地区商谈投资贸易协定。中国是负责任的国家，做出的承诺一直在认真履行，应有的权益也将坚决捍卫。

（七）加大生态环境保护治理力度

加快改善生态环境特别是空气质量，是人民群众的迫切愿望，是可持续发展的内在要求。必须科学施策、标本兼治、铁腕治理，努力向人民群众交出合格答卷。

1. 坚决打好蓝天保卫战

今年二氧化硫、氮氧化物排放量要分别下降 3%，重点地区细颗粒物（PM2.5）浓度明显下降。

一要加快解决燃煤污染问题。全面实施散煤综合治理，推进北方地区冬季清洁取暖，完成以电代煤、以气代煤 300 万户以上，全部淘汰地级以上城市建成区燃煤小锅炉。加大燃煤电厂超低排放和节能改造力度，东中部地区要分别于今明两年完成，西部地区于 2020 年完成。抓紧解决机制和技术问题，优先保障清洁能源发电上网，有效缓解弃水、弃风、弃光状况。安全高效发展核电。加快秸秆综合利用。

二要全面推进污染源治理。开展重点行业污染治理专项行动。对所有重点工业污染源实行 24 小时在线监控，确保监控质量。明确排放不达标企业最后达标时限，到期不达标的坚决依法关停。

三要强化机动车尾气治理。基本淘汰黄标车，加快淘汰老旧机动车，对高排放机动车进行专项整治，鼓励使用清洁能源汽车。提高燃油品质，在重点区域加快推广使用国六标准燃油。

四要有效应对重污染天气。加强对大气污染的源解析和雾霾形成机理研究，提高应对的科学性和精准性。扩大重点区域联防联控范围，强化预警和应急措施。

五要严格环境执法和督查问责。对偷排、造假的，必须依法惩治；对执法不力、姑息纵容的，必须严肃追究；对空气质量恶化、应对不力的，必须严格问责。治理雾霾人人有责，贵在行动、成在坚持。强化水、土壤污染防治。今年化学需氧量、氨氮排放量要分别下降 2%。抓好重点流域、区域、海域水污染和农业面源污染防治。开展土壤污染详查，分类制定实施治理措施。加强城乡环境综合整治，倡导绿色生活方式，普遍推行垃圾分类制度。培育壮大节能环保产业，发展绿色再制造和资源循环利用产业，使环境改善与经济发展实现双赢。

2. 推进生态保护和建设

抓紧划定并严守生态保护红线。积极应对气候变化。启动森林质量提升、长江经济带重大生态修复、第二批山水林田湖生态保护工程试点，完成退耕还林还草1 200万亩以上，加强荒漠化、石漠化治理，积累更多生态财富，构筑可持续发展的绿色长城。

（八）推进以保障和改善民生为重点的社会建设

民生是为政之要，必须时刻放在心头。在当前国内外形势严峻复杂的情况下，更要优先保障和改善民生，该办能办的实事要竭力办好，基本民生的底线要坚决兜牢。

2017年民生成绩单

1. 大力促进就业创业

完善就业政策，加大就业培训力度，加强对灵活就业、新就业形态的支持。今年高校毕业生795万人，再创历史新高，要实施好就业促进、创业引领、基层成长等计划，促进多渠道就业创业。落实和完善政策，切实做好退役军人安置工作。加大就业援助力度，扶持城镇困难人员、残疾人就业，确保零就业家庭至少有一人稳定就业。我们必须牢牢抓住就业这一民生之本，让人们在劳动中创造财富，在奋斗中实现人生价值。

2. 办好公平优质教育

统一城乡义务教育学生"两免一补"政策，加快实现城镇义务教育公共服务常住人口全覆盖，持续改善薄弱学校办学条件，扩大优质教育资源覆盖面，不断缩小城乡、区域、校际办学差距；继续扩大重点高校面向贫困地区农村招生规模；提高博士研究生国家助学金补助标准；推进世界一流大学和一流学科建设；继续推动部分本科高校向应用型转变；深化高考综合改革试点；加快发展现代职业教育；加强民族教育，办好特殊教育、继续教育、学前教育和老年教育；支持和规范民办教育发展；加强教师队伍建设；制定实施《中国教育现代化2030》。我们要发展人民满意的教育，以教育现代化支撑国家现代化，使更多孩子成就梦想、更多家庭实现希望。

3. 推进健康中国建设

城乡居民医保财政补助由每人每年420元提高到450元，同步提高个人缴费标准，扩大用药保障范围。在全国推进医保信息联网，实现异地就医住院费用直接结算。完善大病保险制度，提高保障水平。全面启动多种形式的医疗联合体建设试点，三级公立医院要全部参与并发挥引领作用，建立促进优质医疗资源上下贯通的考核和激励机制，增强基层服务能力，方便群众就近就医。分级诊疗试点和家庭签约服务扩大到85%以上地市。做好健康促进，继续提高基本公共卫生服务经费补助标准，加强疾病预防体系和慢性病防控体系建设。及时公开透明有效应对公共卫生事件。保护和调动医务人员积极性。构建和谐医患关系。适应实施全面两孩政策，加强生育医疗保健服务。依法支持中医药事业发展。食品药品安全事关人民健康，必须管得严而又严。要完善监管体制机制，充实基层监管力量，夯实各方责任，坚持源头控制、产管并重、重典治乱，坚决把好人民群众饮食用药安全的每一道关口。

4. 织密扎牢民生保障网

继续提高退休人员基本养老金，确保按时足额发放。稳步提高优抚、社会救助标准，实施好临时救助制度。调整完善自然灾害生活补助机制，全部完成去年洪涝灾害中倒损民房的恢复重建。加强农村留守儿童关爱保护和城乡困境儿童保障。关心帮助军烈属和孤寡老人。全面落实残疾人"两项补贴"制度。县级政府要建立基本生活保障协调机制，切实做好托底工作，使困难群众心里有温暖、生活有奔头。综合运用法律、行政、经济等手段，锲而不舍地解决好农民工工资拖欠问题，绝不允许他们的辛勤付出得不到应有回报。

5. 发展文化事业和文化产业

加强社会主义精神文明建设，坚持用"中国梦"和社会主义核心价值观凝聚共识、汇聚力量，坚定文化自信。繁荣发展哲学社会科学和文学艺术创作，发展新闻出版、广播影视、档案等事业。建设中国特色新型智库。实施中华优秀传统文化传承发展工程，加强文物和非物质文化遗产的保护利用。大力推动全民阅读，加强科学普及力度。提高基本公共文化服务均等化水平。加快培育文化产业，加强文化市场监管，净化网络环境。深化中外人文交流，推动中华文化走出去。做好冬奥会、冬残奥会筹办工作，统筹群众体育、竞技体育、体育产业发展，广泛开展全民健身，使更多人享受运动快乐，拥有健康体魄。人民身心健康、乐观向上，国家必将充满生机活力。

6. 推动社会治理创新

健全基层群众自治制度，加强城乡社区治理。充分发挥工会、共青团、妇联等群团组织作用。改革完善社会组织管理制度，依法推进公益和慈善事业健康发展，促进专业社会工作、志愿服务发展。切实保障妇女、儿童、老人、残疾人合法权益。加快社会信用体系建设。加强法治宣传教育和法律服务。落实信访工作责任制，依法及时就地解决群众合理诉求。深化平安中国建设，健全立体化、信息化、社会治安防控体系，严厉打击暴力恐怖活动，依法惩治黑恶势力犯罪、毒品犯罪和盗窃、抢劫、电信网络诈骗、侵犯个人信息等多发性犯罪，维护国家安全和社会稳定。严格规范公正文明执法，大力整治社会治安突出问题，全方位提高人民群众安全感。

二、2017 年中国经济形势

在世界经济同步复苏、稳增长政策持续发力、供给侧结构性改革全面推进、新经济持续向好、市场预期不断改善等因素的作用下，2017 年上半年中国宏观经济增速在触底企稳的基础上出现反弹，宏观景气、微观绩效、结构调整以及新动能培育都出现持续改善的局面，整体经济呈现"稳中求进，进中向好"的超预期复苏的态势。

党的十九大报告指出，中国经济已由高速增长阶段转向高质量发展阶段，正处在转变发展方式、优化经济结构、转换增长动力的攻关期。在全球增长持续乏力、政治"黑天鹅"事件频发语境下，面对错综复杂的国内外形势，党中央、国务院保持战略定力，创新宏观调控方式，加大定向调控力度，推动着经济运行亮点频仍。

（一）底部运行不是稳定不变，而是稳中求进

从 2017 年上半年经济运行的情况来看，中国经济交出了一份靓丽的成绩单。GDP 增速上升到 6.9%，6 月份的消费增速达到了 11%，1～6 月份的固定资产投资增速达到 8.6%，上半年进出口贸易总额（人民币计价）的增速达到 19.6%，规模以上工业企业增加值增速达到 7.6%，经济上扬态势明显，各项经济指标都有较为突出的改善。但在上半年，也有一部分宏观经济指标出现了一定程度的回落：7 月份制造业的 PMI 由 51.7 回落到 51.4，非制造业的 PMI 由 54.9 回落到 54.5；上半年的银行存款余额增加 9.07 万亿元，较 2016 年同期下降 1.46 万亿元，增速仅为 9.2%，同比下降 1.7 个百分点；而代表银行间市场资金成本的同业拆借利率和质押回购利率分别为 2.94% 和 3.03%，较去年同期分别提高 0.8 个和 0.92 个百分点；而代表经济运行动力的电力、热力及水生产和供应业的增加值增速也只有 6.6%，半年来的增速水平呈持续下降的态势。面对这一形势，许多国际国内的机构和专家就不够淡定了：中国经济"硬着陆"者有之，中国经济"崩溃论"者有之，中国经济短暂回调论者有之，中国经济"浅蹲高跃"者亦有之，"唱空""唱多"混杂，多是口水战，缺乏理性的分析。更有甚者，穆迪公司还在一天内将中国国债和 26 家中央企业（含附属企业）的评级大幅度下调，这个全球知名的风险管理机构在专业性上表现出了一种过度紧张。

让我们整理一下情绪，恢复应有的平静，坚持理性的分析来对待一下这个问题。我先连发三问：一是中国宏观经济态势处于什么状态之中？二是这个状态的经济运行表现究竟应该是什么样子？三是何谓企稳，哪些指标是真正的企稳指标？然后再依次回答上述三个

问题。

第一，中国宏观经济的基本态势正处于"L"型的底部，并将持续一段时间。从经济指标的运行特征来看，2016 年四个季度的 GDP 增速均维持在 6.7%左右的水平，而今年上半年继续保持了这一态势（连续两个季度的增速都是 6.9%），基本证明了底部运行的判断。既然是底部，那就得允许经济在合理的区间内波动"飞一会儿"，以调适要素配置，优化产业结构，应用技术创新，转化闲置产能。

第二，"L"型的底部运行状态是一种窄幅"震动"，而不是稳定不动。底部毕竟不是顶部，它不是我们发展的目标，我们还是要摆脱底部，打破现有的低层次的市场出清，向更高层次的市场均衡去迈进。因此，站在底部不能满足于底部，而需要提升市场效率，转化闲置资源，逐步退出逆周期调节的宏观经济政策，减少政策对市场机制的扭曲。而这必然会导致原来受惠于政策扶持的行业增长动力放缓，受到政策拉升的市场的需求增速减低，新兴的经济形态和市场的自运行还存在一定程度的不足，也难以完全动态抵消政策调整和退出的影响。经济在增速上出现一定程度的波动和调整是正常的现象，恰恰说明了中国经济数据的准确性和市场机制的有效性。

第三，探底企稳的经济判定指标是先导指标中需求扩张、效率提升、就业改善和结构优化，而不是经济规模、产出数量和增长速度。既然是"探底"，经济增长速度总体不会太快，市场运行机制和平衡条件都相对薄弱，许多进度指标呈现出波动性的特征，这都是这个阶段应有的反映。而"企稳"则是着眼于中长期，着眼于经济的运行规律，着眼于经济运行中的因素构成变化。例如，7 月份制造业 PMI 指数中的生产指数为 53.5，新订单指数为 52.8；非制造业 PMI 中的商务活动指数为 53.1，新订单指数为 51.1，需求和供给均处于良好的扩张期。而在产业结构方面，6 月份，高技术产业和装备制造业增加值同比分别增长 14.6%和 12.3%，增速分别比规模以上工业快 7.0 和 4.7 个百分点；服务业中的航空运输业、邮政业、电信广播电视和卫星传输服务、互联网及软件信息技术服务等行业商务活动指数均位于 60.0%及以上的高位景气区间，业务总量较快增长；在生产效率上，6 月规模以上工业企业人均主营业务收入为 132.9 万元，同比增加 16.5 万元。从上述分析来看，中国经济"稳"的大格局没有变，"企稳"的良性特征愈加明显，"稳中求进"是当前经济运行的总基调。

（二）"稳中求进"着力深入，发展"瓶颈"渐次突破

导致中国经济下行的基础性矛盾是结构性的，因此，不能寄希望于用简单总量扩张或是总需求拉升的方法解决问题。经济的"企稳"必须要依靠结构性改革和增长方式的转变，并通过对外部环境和发展空间的有效把握，才能有效实现。也即，经济体制改革是国民经济增长的重要前提条件，通过改革优化经济结构，通过改革突破发展"瓶颈"，通过改革转变发展方式，从而实现国民经济的持续健康发展。从上半年的情况看，中国经济改革的

"四梁八柱"改革已完成构架，并在五个方面形成了重要的突破：

第一，供给侧结构性改革再上新台阶，"三去一降一补"取得新成绩，实体经济在腾空间、增活力、提动力、强能力等方面取得新进展。从去产能看，上半年全国工业产能利用率为76.4%，比上年同期提高 3.4 个百分点；从去库存看，房地产去库存效果继续显现，6 月末商品房待售面积同比下降 9.6%，降幅比 3 月末扩大 3.2 个百分点；从去杠杆看，6 月末规模以上工业企业资产负债率为 55.9%，同比下降 0.8 个百分点；从降成本看，1～6 月份规模以上工业企业每百元主营业务收入中的成本为 85.69 元，同比减少 0.02 元；从补短板看，上半年生态保护和环境治理业、水利管理业、交通运输仓储和邮政业、教育投资同比分别增长 46.0%、17.5%、14.7% 和 17.8%，均明显快于同期固定资产投资增速。

第二，垄断行业改革取得重大突破，"油气改革总体方案"的出台和"军民融合发展委员会"的成立，标志着中国能源、交通、金融、通信和军工等五大垄断性行业全面纳入竞争性改革的轨道。更多的竞争、更公平的机制、更合乎效率要求的自然垄断环节的管理，都将为中国经济提供新的增长空间、效率的提升空间和创新的容纳空间。以"油气改革总体方案"为例，油气勘查开采、进出口管理、管网运营、生产加工、产品定价体制等垄断权得到了极大的破除，并全力推进油气国有企业改革，从而释放竞争性环节市场活力和骨干油气企业活力，提升资源接续保障能力、国际国内资源利用能力和市场风险防范能力、集约输送和公平服务能力、优质油气产品生产供应能力、油气战略安全保障供应能力、全产业链安全清洁运营能力等。

第三，放管服改革总体进入新的阶段，在基本完成简政放权的目标后，改革的重点开始转向优化服务和规范管理，市场的新动力和新动能得到了极大的提升。上半年全国实物商品网上零售额同比增长了 28.6%，增速快于全国社会消费品零售额 18.2 个百分点，占社会消费品零售总额的比重达到 13.8%，同比提高了 2.2 个百分点。战略性新兴产业同比增长了 10.8%，增速高于规模以上工业 3.9 个百分点。经济当中的新力量在不断地增强。而1～5 月份全国新登记注册的企业同比增长了 14.7%，日均新登记注册企业 1.56 万户。新主体和新技术的发展有效地带动了新产业、新业态和新模式的成长，经济发展当中的新动能不断地壮大，放管服改革的预期目标有序实现。

第四，以服务实体经济，抑制资产泡沫和管控金融风险为主要内容的金融体制改革不断深化，金融资本过度"虚拟化"的压力初步缓解，修复资产负债表的工作正在有序展开。今年年初，央行启动了宏观审慎监管的重头戏——宏观审慎评估体系（MPA）考核，将商业银行、村镇银行、外资银行、财务公司、金融租赁公司、汽车金融公司、信托投资公司等金融业务形态纳入考核范围，全面实现对银行表外资金的监控和管理，并通过资本和杠杆情况、资产负债情况、流动性、定价行为、资产质量、跨境融资风险、信贷政策执行等七大方面约 14 个指标对金融机构进行评估分级管理。在央行加强资金管理的同时，银监会开始强化对业务的管理，确定了重点打击"三套利"的原则，并对监管套利、空转套利、关联套利确定了 13 个类别的业务监管重点。7 月 14 至 15 日，中央金融工作会议将"强化监管，提高防范化解金融风险能力"作为重要的原则和任务提出来。并指出要以强化金融监管为重点，以防范系统性金融风险为底线，加快相关法律法规建设，完善金融机构法人治理结构，加强宏观审慎管理制度建设，加强功能监管，更加重视行为监管。这样，通过加强监管，有效应对和化解金融风险，并促使金融回归本源，把服务实体经济发展作为出发点和落脚点。

从运行情况来看，金融体制改革取得了预期的效果：第一，表外业务明显回归，委托贷款业务的回落。今年 4～6 月新增委托贷款规模分别是-48 亿元、-278 亿元、-32 亿元，而 2016 年同期则分别为 1 694 亿元、1 566 亿元、1 721 亿元，今年 1～3 月则为 3 136 亿元、1 172 亿元、2 039 亿元。第二，对实体经济的中长期信贷明显增加。上半年贷给实体经济的新增中长期贷款规模达到 2.7 万亿元，占新增贷款的比重为 46%；超过 2016 年同期的 1.5 万亿元和 31%；也超过历年来 37% 的平均比重。

第五，加强地方政府投融资监管，坚决遏制虚假 PPP 模式、隐性债务增长和政府购买服务滥用等问题，并加强专项债务的科学规范管理。2016 年下半年以来，随着 PPP 模式的加速推进，在为基础设施建设、公共服务保障提供重要支撑的同时，也出现了明股实债、隐性担保和过度基金化等问题。为此，从防范宏观经济风险，治理体制机制弊端，确保财政可持续发展的角度出发，财政部出台了《关于进一步规范地方政府举债融资行为的通知》，《关于坚决制止地方以政府购买服务名义违法违规融资的通知》等文件，对地方政府债务（含政府担保）、地方融资平台运行、政府投资基金管理、政府购买服务等内容进行了全面梳理，并提出了更加系统性、科学性的管理要求。通过《关于规范开展政府和社会资本合作项目资产证券化有关事宜的通知》推进 PPP 领域的资产证券化改革，降低投资者的投资持续期，加速资金的运行。通过《地方政府土地储备专项债券管理办法（试行）》《地方政府收费公路专项债券管理办法（试行）》加强地方政府的专项债券管理，推出土地储备专项债券和道路建设专项债券，使专项债券的还款来源更加明确，风险管理更加清晰。

（三）更好把握稳和进的关系，实现经济增长质量的不断提升

面对下半年的经济增长，中央政治局会议提出了"做好下半年经济工作，要坚持稳中求进工作总基调，更好把握稳和进的关系，把握好平衡，把握好时机，把握好度"的基本方略。根据这一方略，我们应在"稳中求进"的前提下，着力提升增长质量，以质量第一、效率提高、结构优化作为新的核心支柱，并成为供给侧结构性改革和创新驱动战略的重要表征。

质量第一，既引导企业形成自己独有的比较优势，又形成市场差异化竞争的良性基础，从而使得供给体系在生产消耗基本稳定的前提下，大幅度提升产出收益水平。下半年，中国应着力从知识产权保护、质量差异化管理和"工匠精神"培育等三个角度发力，形成质

量第一的强烈意识和有利环境。

效率提高，着重强调生产效率的提高和市场效率的提高。下半年，中国应通过技术进步、管理创新，形成对创新驱动战略的全面融合，实现生产效率的提高；通过新一代信息系统、人工智能、大数据技术的实施，提升市场效率，为提高有效供给创新良好的基础，形成对供给侧结构性改革的有力支撑。

结构优化，强调产业结构、动力结构和模式结构的全面提升。下半年，中国应在保持第二产业和第三产业结构比例基本稳定的前提下，着力提升制造业能力和水平，并推动生产性服务业的全面发展和有序提升；在积极提升消费，保障固定资产投资能力的前提下，着力改善进出口贸易，并大力引进外商直接投资；积极引导企业进行模式创新，推进分布式管理、区块链联动、再制造模式、柔性化生产、增材制造等新兴生产组织方式和管理运营模式的采用，形成价值链与产业链的优化组合，推动经济增长质量不断提升。

把上述的内容做个总结：2017 年上半年，我们既做到了"稳"，又确保了"进"，具体说就是经济运行"稳"，改革有推"进"。只不过，在"度"的把握上还有一定的不足，在平衡的掌握上还有一些生硬。下半年，我们着力在时机和"度"上下功夫，既防范系统性风险，又巩固良好的发展环境，并形成治理的稳定长效机制。

三、认识中国经济新方位

自 1978 年改革开放以来，中国经济飞速发展，过去 30 多年的平均增长率接近 10%，创造了世界经济史上的"中国奇迹"。然而自 2010 年中国经济总规模超过日本成为全球第二大经济体之后，中国经济增速出现了持续下滑，过去 30 多年高速增长积累的矛盾和风险逐步凸显，中国经济明显出现了不同于以往的特征。国内外经济学界对于中国经济的现状和未来前景的判断非常不一

人民日报阐述
中国经济新方位

致，2016 年 12 月 16 日闭幕的中央经济工作会议向世界勾勒出一幅中国经济社会发展进步的时代画卷。

中国这个创造了第二次世界大战后一国经济高速增长持续时间最长纪录的经济体，目前正面临速度换挡的节点、结构调整的节点、动力转换的节点，在螺旋式上升的发展历程中进入了一个新状态、新格局、新阶段，站在新的历史方位上，变中求新、新中求进、进中突破。党的十八大以来，以习近平同志为核心的党中央挺立潮头、高瞻远瞩，做出经济发展进入新常态的科学判断，提出创新、协调、绿色、开放、共享的新发展理念，开启供给侧结构性改革的新实践，以新的有力作为标注着中国经济的新方位，向我们描绘出一幅中国经济社会发展进步的时代新画卷。

（一）新方位上的中国经济发展进入新常态

处在历史新方位上的中国经济最大特征就是新常态。2014 年 5 月，习近平总书记在河南考察时，第一次公开提出"新常态"的概念："中国发展仍处于重要战略机遇期，我们要增强信心，从当前中国经济发展的阶段性特征出发，适应新常态，保持战略上的平常心态。"2014 年召开的中央经济工作会议，首次系统阐述新常态的九大趋势性变化，历史地、辩证地分析了新常态的表象特征、内涵特征，并提出了因应变化的经济政策。这是以习近平同志为核心的党中央综合分析世界经济增长周期和中国发展阶段性特征及其相互作用做出的重大判断。由此，认识新常态、适应新常态、引领新常态，成为当前和今后一个时期中国经济发展的大逻辑，也是我们准确认识中国经济新方位的大前提。

经济新常态带来新速度、新方式、新结构、新动力：经济增速从高速增长转向中高速增长，经济发展方式从规模速度型粗放增长转向质量效率型集约增长，经济结构从增量扩能为主转向调整存量、做优增量并存的深度调整，经济发展动力从传统增长动能转向新的增长动能。

站在历史的台阶上眺望，中国几千年的发展进程经历了由盛到衰再到盛的几个大时期，新常态是新时期不同发展阶段更替变化的结果，也是承前启后、继往开来的"关键单元"。

中国古代以农业立国，农耕文明一直领先于世界。及至近代，错失工业革命宝贵机遇，在时代潮流中长期掉队。中华人民共和国成立后，开始大规模工业化建设。改革开放以来，更是用几十年时间走完了发达国家几百年走过的发展历程，经济总量从世界第 11 位跃升至第 2 位。

中国经济在奋力追赶中进入了新常态。"两个一百年"奋斗目标，是中华民族伟大复兴的"中国梦"。这就是新常态在中国发展长过程中的历史坐标！正如一家外媒所说：与国际金融危机后许多西方国家经历失业型复苏的所谓新常态不同，中国的决策者用这个词定义朝着实现该国"两个一百年"奋斗目标迈进的关键发展阶段。

中国经济新常态的到来是经济规律作用的结果，不以人的意志为转移。

为什么经济增速减缓？因为决定经济增长的潜在增长率"做不到"像过去那样高速增长。按照经济学原理，潜在增长率主要由劳动投入、资本投入和全要素生产率等因素决定。从劳动投入看，2012 年，中国 15～59 岁劳动年龄人口第一次出现绝对下降，全社会劳动投入增长将逐步放缓；从资本投入看，劳动年龄人口减少的另一面，是被抚养人口增加，抚养支出上升，储蓄率下降，可用于投资的资本增长将放缓；而代表效率的全要素生产率一时也难以大幅提高。总量和基数变大后"做不到"像过去那样高速增长。当一个经济体成长起来后，GDP 每增长一个百分点，其绝对值要比过去大很多，不可能维持"永动机"式的长期高速增长。同时，资源环境承载不了像过去那样高速增长。

为什么必须优化经济结构？随着资本、土地等要素供给下降，资源环境约束强化，要素投入和能耗污染较少的服务业脱颖而出，产业结构将不断优化；随着要素价格上涨、储蓄率下降，出口和投资增速放缓，消费需求持续较快增长，需求结构将不断优化；随着城镇化提速、产业转移，城乡区域结构将不断优化；随着劳动力供给减少，人力资源稀缺性凸显，收入分配结构也将不断优化。

为什么要实现经济发展动力转换？过去低廉的生产要素价格成为驱动中国这一"世界工厂"快速运转的重要动力，今天，这些要素价格都发生了质的变化，倒逼中国经济转向创新驱动。中国要进入高收入国家行列，必须从简单模仿转向自主创新。

这是一个必经阶段，常态是中国经济向形态更高级、分工更优化、结构更合理的阶段演进的必经过程，其间压力与希望共生，挑战与机遇并存。

新常态下，随着经济增速放缓，很多原来在高速增长期被掩盖的风险开始暴露，"中等收入陷阱"成为一道绕不过去的考题。而1960年被世界银行列为中等收入国家的101个经济体中，只有13个进入高收入国家行列，这13个国家中人口超过2 500万人的只有3个。

新常态下，尽管面临较大下行压力，但中国仍处于发展的重要战略机遇期。经济发展长期向好的基本面没有变，经济韧性好、潜力足、回旋余地大的基本特质没有变，经济持续增长的良好支撑基础和条件没有变，经济结构优化调整的前进态势没有变。

展望未来，中国经济运行不可能是U型，更不可能是V型，而是L型的走势。经过调整后，中国经济将进入质量更高、效益更好、更可持续的新的发展阶段。

（二）新方位上的中国经济发展新理念

处在新方位上的中国经济，发展理念必须更新。党的十八大以来，以习近平同志为核心的党中央准确把握全球经济发展大势，深入研究中国经济发展规律，做出经济发展进入新常态的科学判断，提出创新、协调、绿色、开放、共享的新发展理念，开启供给侧结构性改革的新实践，创造性地发展了中国特色社会主义政治经济学。

新常态下，环境变了，条件变了，亟须通过创新发展解决动力问题，通过协调发展解决不平衡问题，通过绿色发展解决人与自然和谐问题，通过开放发展解决内外联动问题，通过共享发展解决社会公平正义问题。党的十八届五中全会提出，必须牢固树立并切实贯彻创新、协调、绿色、开放、共享的发展理念。由此，标定了中国经济新方位的前行航向。正如习近平总书记所强调的，这五大发展理念是关系中国发展全局的一场深刻变革，是"十三五"乃至更长时期中国发展思路、发展方向、发展着力点的集中体现，也是改革开放30多年来中国发展经验的集中体现，反映出我们党对中国发展规律的新认识。

（三）新方位上的中国经济发展新实践

2017年是党的十九大召开之年，也是实施"十三五"规划的重要一年、供给侧结构性改革步入深化之年。宏观政策、产业政策、微观政策、改革政策、社会政策"五大政策"，去产能、去库存、去杠杆、降成本、补短板"五大任务"，都融入供给侧结构性改革火热的"四则运算"中。

处在新方位上的中国经济，推进供给侧结构性改革是必然选择。当前和今后一个时期，中国经济发展面临的问题，供给和需求两侧都有，但矛盾的主要方面在供给侧。事实证明，中国不是需求不足，或没有需求，而是需求变了，供给的产品却没有变，质量、服务跟不上。有效供给能力不足带来大量"需求外溢"，消费能力严重外流。"推进供给侧结构性改革，是适应和引领经济发展新常态的重大创新，是适应国际金融危机发生后综合国力竞争新形势的主动选择，是适应中国经济发展新常态的必然要求。"2015 年年底召开的中央经济工作会议，首次提出供给侧结构性改革"三去一降一补"五大重点任务，由此开启了中国经济新方位上的新的重大实践。

瞄准过剩产能做减法，"减"出新空间。宏观政策"稳"的同时，产业政策要"准"。去产能、去库存、去杠杆，坚定地"去"是为了更好地"进"。今年钢铁、煤炭行业去产能超额完成任务已成定局。产能减了，利润增了，煤炭业利润涨了一倍，钢铁业扭亏为盈，摆脱了"卖煤球不如卖土豆，钢价跌成白菜价"的苦日子，打了一场"翻身仗"。

瞄准短板做加法，"加"出新希望。就业援助、内部分流、转岗就业创业……社会政策托底，保障去产能不影响饭碗，前三季度城镇新增就业完成全年预期目标；增加扶贫资金投入、整合涉农资金使用、产业扶贫长短结合……脱贫攻坚补短板，确保贫困老乡同步奔小康。

瞄准创新做乘法，"乘"出新动能。信息技术的快速发展让生活更智能，工业与互联网的深度融合让产业更智慧……新技术引爆新产业，新模式缔造新业态。前三季度，战略性新兴产业、高技术产业均保持 10%以上的增速。

瞄准放活做除法，"除"出新活力。微观政策要活，"放管服"改革深入推进，营商环境日益宽松，前三季度，全国新登记企业 401 万户，同比增长 27%。改革政策要实，减轻企业税费等成本负担，释放减税红利。

（四）中国经济新方位是民族复兴道路上的关键节点

习近平总书记指出："我们所处的时代是催人奋进的伟大时代，我们进行的事业是前无古人的伟大事业。"对于站在历史新起点、新方位的中国来讲，在新理念、新思想、新战略的引领下，不忘初心、继续前进，具有特殊重要意义。

一是有利于实现中华民族的伟大复兴。当前，我们正在向全面建成小康社会的目标迈进。在如期全面建成小康社会的基础上，不忘初心，继续前进，有助于跨过"中等收入陷阱"，跃升高收入国家行列，实现国家富强、民族振兴、人民幸福的"中国梦"。

二是有利于高扬中国特色社会主义伟大旗帜。中国特色社会主义伟大旗帜，是当代中国发展进步的旗帜，是全党全国各族人民团结奋斗的旗帜。我们高举这个旗帜、不忘初心、继续前进，才能更好地凝聚人心，整合力量，再创辉煌。

三是有利于推进中国特色社会主义伟大事业。近四十年的改革开放，为中国特色的社会主义赢得了巨大声誉，拓展了社会主义的事业。当代中国发展的现实逻辑集中体现为"整体转型升级"，不忘初心、继续前进，实现出色的转型升级，能够丰富社会主义的宏伟篇章，并使之更有吸引力。

四是有利于进行新的历史阶段的伟大斗争。我们在发展过程中积累了很多矛盾和困难，遇到很多风险和挑战，不忘初心、继续前进，有利于打开困局、僵局、危局，破解经济结构性失衡和各方面存在的一系列严重问题。

五是有利于实施全面从严治党的伟大工程。党是治国理政的领导主体，全面从严治党就是要使党的领导水平更高、更强。不忘初心、继续前进，最考验党的专业化程度、最考验党的领导干部定力、最考验党组织的驾驭能力。

六是有利于推动中国发展模式的伟大实践。中国经过长期的历史发展，形成了体现中国国情的、有别于其他国家的基本制度、发展道路和理论体系，开启了中国模式。

中国经济新方位是中华民族复兴之路上的关键节点，实现全球第二大经济体保持中高速增长，在最大的发展中国家全面建成小康社会，让世界五分之一的人口同步达到中高等收入水平……需要我们团结一心、苦干实干，紧密地团结在以习近平同志为核心的党中央周围，坚持稳中求进工作总基调，认识新常态，明确新理念，投身新实践，以扎实努力推动中国经济在新方位上实现新发展。

四、新时代下的中国经济

（一）新时代中国经济发展新特征

党的十九大报告对未来中国经济发展提出了新的要求。中国社会主要矛盾已经转化为人民日益增长的美好生活需要和不平衡不充分的发展之间的矛盾，要以这一主要矛盾转变为依据，明确建设社会主义现代化强国的发展重点和改革取向。当前，中国经济发展转型呈现一系列新特征。站在发展新起点上，我们要坚持质量第一、效益优先，以供给侧结构性改革为主线，推动经济发展质量变革、效率变革、动力变革，不断增强中国经济创新力和竞争力。

1. 由高速增长转向高质量发展阶段

党的十九大报告做出"中国经济已由高速增长阶段转向高质量发展阶段"的判断，是继经济发展进入新常态后，针对国际国内环境新变化，特别是发展条件新变化做出的新的重大判断。改革开放以来的近 40 年，中国经济保持了近 10%的高速增长，占全球经济比重不断提升。这主要是因为改革开放形成了有效激励市场主体和充分利用国际国内市场资源的体制机制，使中国劳动力资源丰富、储蓄率高的要素"红利"，得以通过国内外需求的持续拉动，得到充分的发挥。

随着国际金融危机的持续影响，国内外发展环境和条件发生变化，中国经济发展进入新常态。一是世界经济复苏艰难、持续低迷，外部需求对中国经济的拉动作用明显转弱；二是劳动年龄人口持续下降，劳动力供求关系出现变化，过去 10 年工资水平不断上涨，制造业成本优势快速减弱；三是更多新兴经济体加快了工业化步伐，利用其劳动力成本优势吸纳制造业投资，加入了世界市场竞争；四是国内市场需求结构升级加快，消费者对高品质农产品、制造品和高质量服务的需求更加突出，国内供给侧还不能很好满足需求结构的变化，导致越来越多的优质农产品需求、高端制造品需求、高品质服务需求等高端需求，外溢到海外市场。中国消费者越来越多地到国外采购消费品和优质食品，并到海外留学、旅游、就医等。

上述发展条件变化，使中国原有主要依靠要素投入、外需拉动、规模扩张的增长模式，受到越来越明显的制约。必须按照党的十九大报告提出的要求，转变发展方式、优化经济结构、转换增长动力，向高质量发展转变。

一是经济增速可能由过去 9%左右的高速增长逐步下降到 6%左右的增长。国内外主流研究表明，中国经济今后一段时间的潜在增长率总体上处在 6%至 7%的区间。考虑到中国对外贸易占全球贸易的比重已经达到较高水平，且原有的低成本竞争优势正在丧失，再综合考虑生态环境约束强化等条件，以及创新形成的新动能难以在短期内取得爆发式突破等因素，今后中国经济可能难以再现过去那样的高速增长。应该认识到，能实现潜在增长率 6%至 7%的增长，就是相当不错的。

二是向追求高质量和高效益的发展模式转变。要实现中国经济的持续健康发展，根本出路在于推动经济发展质量变革、效率变革、动力变革，这需要从微观层面不断提高企业的产品和服务质量，提高企业的经营效益。要以供给侧结构性改革为主线，加快推动产业结构升级和传统产业改造，加快发展高品质现代服务业，增加中高端产品和服务的供给，不断提高附加值和竞争力。通过创新促进新技术、新产品和新业态发展，特别是通过推进互联网、大数据、人工智能与实体经济的深度融合，促进跨界融合创新，使创新创业形成的燎原之势和新动能，成为推动中国经济增长的不竭动力，不断增强中国经济的创新力和竞争力。

三是加快推进有利于市场发挥对资源配置起决定性作用的市场化改革。追求高品质和高效益，必须坚持发挥市场在资源配置中的决定性作用，减少政府对市场资源配置的干预。要进一步深化经济体制改革，坚持以市场化为取向，加快构建市场机制有效、微观主体有活力、宏观调控有度的市场经济体制，赋予企业更大的投资经营决策自主权，更好发挥并激励市场主体的创新动力和创造活力，从微观上提高企业配置资源的效益，为宏观上提高全社会资源配置效率奠定基础。

2. 建设现代化经济体系是战略目标

党的十九大报告提出，中国经济已由高速增长阶段转向高质量发展阶段，正处在转变发展方式、优化经济结构、转换增长动力的攻关期，建设现代化经济体系是跨越关口的迫切要求和中国发展的战略目标。建设现代化经济体系是一个全新的表述，主要内涵有以下几点。

一是坚持质量第一、效益优先，以供给侧结构性改革为主线，大力推动经济发展质量变革、效率变革、动力变革，着力提升全要素生产率。经过改革开放近40年的发展，中国国内生产总值已居世界第二位，220多种主要工业品生产规模位居世界第一，但质量效益不高、增长动能转弱的问题变得日渐突出。要改变这一状况，必须以提高质量和竞争力为目标，更好发挥市场在资源配置中的决定性作用，更有效地激励科技创新和创业创新，加快传统产业改造升级和效率提升，提高供给侧产品和服务质量，更好满足国内消费结构升级，实现更高质量和水平的供需动态平衡。

二是加快建设实体经济、科技创新、现代金融、人力资源协同发展的产业体系。加快发展实体经济是建设现代化经济体系的重要任务，也是发展经济的着力点。要把发展经济的着力点放在实体经济上，加快建设制造强国，走实体经济、科技创新、现代金融和人力资本之间协同发展、互相支撑的道路。在这一过程中，要强化科技创新对实体经济特别是先进制造业的支撑作用，更好发挥国家在基础研究以及应用基础研究在技术创新方面的作用；强化金融对实体经济的服务功能，为实体经济提供高效便捷、成本合理、品种多样的融资服务，特别是风险投资、股权投资等直接融资服务；强化人力资本培育，为实体经济升级提供更多具有更高专业素质和技能的劳动力。

三是加快构建市场机制有效、微观主体有活力、宏观调控有度的市场经济体制。市场机制有效就是要通过完善社会主义市场经济体制，以完善产权保护制度和要素市场化配置为重点，实现产权有效激励、要素自由流动、价格反应灵活、竞争公平有序、企业优胜劣汰，这是实现高质量高效益增长必备的体制保障。微观主体有活力就是要尊重企业的主体地位，继续深化商事制度改革，全面实施市场准入负面清单制度，落实好企业经营决策自主权，深化国有企业改革、支持民营经济发展，培育形成更多具有全球竞争力的世界一流企业。宏观调控有度的核心就是要创新和完善宏观调控，发挥国家发展规划的战略导向作用，健全财政、货币、产业、区域等经济政策协调机制，政府在实施宏观调控时要顺应市场规律，把握好政府与市场的边界和关系，做到不缺位也不越位，更好发挥政府作用。

3. 深化供给侧改革乃根本解决之道

深化供给侧结构性改革是构建现代化经济体系的重点任务,这是针对中国经济供给侧存在的结构性问题提出的根本解决之道。

中国经济供给侧结构不合理、不能满足国内需求结构升级的矛盾比较突出。近年来,以去产能、去库存、去杠杆、降成本、补短板为重点的供给侧结构性改革取得了积极成效,但总体上中国优质产品和服务的供给依然不适应需求升级和精细化要求,产业竞争力还有待进一步提高。因此,必须以实体经济特别是制造业为重点,把提高供给体系质量作为主攻方向,继续深化供给侧结构性改革,提高存量供给品质,扩大优质增量供给。

要鼓励各行各业开展质量提升行动,不断增强经济的质量优势。加快发展先进制造业和现代服务业,培育若干世界级先进制造业集群,促进中国产业迈向全球价值链中高端,围绕中高端消费需求,在创新引领、绿色低碳、共享经济、现代供应链、人力资本服务等领域培育新增长点、形成新动能,推动互联网与实体经济的深度融合,更好发挥大数据、云计算、人工智能与实体经济的融合创新效应。支持传统产业优化升级,瞄准国际先进标准提升产品技术、工艺装备、能效环保水平,提高传统产业的产品品质和附加值,特别是强化基础工艺、基础材料和基础元器件领域的高端制造能力。此外,还要继续加强水利、铁路、公路、水运、航空、管道、电网、信息、物流等基础设施网络建设,强化基础设施网络之间的相互连通和衔接,更好发挥一体化服务效应和对实体经济的支撑作用。

要继续坚持去产能、去库存、去杠杆、降成本、补短板,优化存量资源配置,扩大优质增量供给。要完善房地产调控措施,优化房地产市场供给结构。进一步采取措施降低整体债务杠杆率,特别是要有效控制地方政府债务风险。在补短板方面,要强化重点地区重要污染物排放的防控和治理,着力解决突出环境问题。进一步健全扶贫脱贫长效机制,坚持精准扶贫、精准脱贫,完成已经明确的脱贫目标和任务,做到脱真贫、真脱贫。此外,还要立足长远,强化包括创新能力不足、金融服务效率不高、社会保障制度不健全、统一市场维护不够、人力资本积累不足等短板建设,投入资源、完善制度、健全机制,不让短板成为经济持续健康发展的制约。

企业家是推动供给侧结构性改革、振兴实体经济的主力军,也是推动创新发展的主力军,要通过深化改革、完善制度、强化法治,更好激发和保护企业家精神,稳定企业家长期预期,支持企业家创新创业,使他们植根于中国经济的长期发展。高质量发展离不开高素质的劳动者,要加大人力资本培育,建设知识型、技能型、创新型劳动者大军,在全社会弘扬劳模和工匠精神,形成劳动光荣的社会风尚和精益求精的敬业风气,提高普通劳动者的经济和社会地位。

（二）新时代中国经济改革的方向与着力点

1. 国有企业改革是改革的重中之重

十八届三中全会以后，国有企业改革有了比较大的进展，如发展混合所有制经济、开展员工持股，资产重组步伐加快，2017年年底前还要全部完成央企公司制改革。

国有企业改革

十九大对深化国有企业改革做出了进一步的部署，报告提出，要完善各类国有资产管理体制，改革国有资本授权经营体制，加快国有经济布局优化、结构调整、战略性重组，促进国有资产保值增值，推动国有资本做强、做优、做大，有效防止国有资产流失。深化国有企业改革，发展混合所有制经济，培育具有全球竞争力的世界一流企业。

2. 促进民营经济和公有制经济共同发展

十九大报告提出，支持民营企业发展，激发各类市场主体活力。报告重申了十六大报告提出的两个毫不动摇，即"毫不动摇地巩固和发展公有制经济""毫不动摇地鼓励、支持和引导非公有制经济发展"，报告还提出，全面实施市场准入负面清单制度，清理废除妨碍统一市场和公平竞争的各种规定和做法，深化商事制度改革，打破行政性垄断，防止市场垄断，加快要素价格市场化改革，放宽服务业准入限制，完善市场监管体制。这些举措都是有利于支持民营企业发展的，其中，"防止市场垄断"是在党的重要文件中首次提出来的。

报告提出，激发和保护企业家精神，鼓励更多社会主体投身创新创业。这里说的企业家当然就包括民营企业家，也就是要鼓励民营企业家投资创业。改革开放以来的实践证明，民营企业的发展对于稳定经济增长、促进科技进步、增加就业岗位、提供更多税收，起到了不可替代的作用。

3. 创新宏观调控，深化金融体制改革

十九大报告提出，创新和完善宏观调控发挥国家发展规划的战略导向作用，健全财政、货币、产业、区域等经济政策协调机制。深化金融体制改革，增强金融服务实体经济能力，提高直接融资比重。健全货币政策和宏观审慎政策双支柱调控框架，深化利率和汇率市场化改革。

学者指出，报告不再提价格政策，同时加了区域政策。这是因为近几年价格改革进展比较快，截至2016年年底，97%以上的已经放开，因此，已经很难运用价格政策来参与宏观调控。中国那么大，区域经济协调发展是优化经济结构的一个内涵。而这次专门提出

健全货币政策和宏观审慎政策，是因为货币政策一般主要关注物价稳定，而货币政策要不要关注资产价格变动一直有争议。例如，2008 年国际金融危机爆发时，美国的物价是稳定的，但是金融并不稳定，金融资产价格大幅上涨。危机后，大家在反思过程中认为，要维持金融系统的稳定，只关注物价的货币政策是不够的，还要有宏观审慎政策。

思考题

1．2017 年中国经济社会发展的重点工作和任务是什么？

2．怎样理解中国经济新方位的内涵？

3．中国特色社会主义进入新时代后，中国经济发展有什么新特征？

参考文献

［1］李克强. 政府工作报告：2017 年 3 月 5 日在第十二届全国人民代表大会第四次会议上［M］. 北京：人民出版社，2017.

［2］中华人民共和国国家发展和改革委员会. 关于 2016 年国民经济和社会发展计划执行情况与 2017 年国民经济和社会发展计划草案的报告［Z］. 2017-3-5.

［3］中华人民共和国国家统计局. 中华人民共和国 2016 年国民经济和社会发展统计公报［M］. 北京：中国统计出版社，2017.

［4］中央经济工作会议公报［Z］. 新华社，2016-12-17.

专题五　加快农业现代化
实现农村全面小康

　　农业的根本出路在于现代化，农业现代化是国家现代化的基础和支撑。中国农业现代化建设仍处于补齐短板、大有作为的重要战略机遇期，必须紧紧围绕全面建成小康社会的目标要求，遵循农业现代化发展规律，加快发展动力升级、发展方式转变、发展结构优化，推动农业现代化与新型工业化、信息化、城镇化同步发展。

一、认清形势，准确把握发展新特征

（一）农业现代化建设成效显著

　　"十二五"以来，党中央、国务院不断加大强农、惠农、富农政策力度，带领广大农民群众凝心聚力、奋发进取，农业现代化建设取得了巨大成绩。综合生产能力迈上新台阶。粮食连年增产，产量连续三年超过 6 000 亿公斤。肉蛋奶、水产品等"菜篮子"产品丰产丰收、供应充足，农产品质量安全水平稳步提升，现代农业标准体系不断完善。物质技术装备达到新水平。农田有

黑龙江垦区：争当农业
现代化建设排头兵

效灌溉面积占比、农业科技进步贡献率、主要农作物耕种收综合机械化率分别达到52%、56%和63%，良种覆盖率超过96%，现代设施装备、先进科学技术支撑农业发展的格局初步形成，适度规模经营呈现新局面。以土地制度、经营制度、产权制度、支持保护制度为重点的农村改革深入推进，家庭经营、合作经营、集体经营、企业经营共同发展，多种形式的适度规模经营比重明显上升。产业格局呈现新变化，农产品加工业与农业总产值比达到2.2：1，电子商务等新型业态蓬勃兴起，发展生态友好型农业逐步成为社会共识。农民收入实现新跨越，农村居民人均可支配收入达到 11 422 元，增幅连续 6 年高于城镇居民收入和国内生产总值增幅，城乡居民收入差距缩小到 2.73：1。典型探索取得新突破。东部沿海、大城市郊区、大型垦区的部分县市已基本实现农业现代化，国家现代农业示范区已成为引领全国农业现代化的先行区。农业现代化已进入全面推进、重点突破、梯次实现的新时期。

（二）农业现代化发展挑战加大

"十三五"时期，农业现代化的内外部环境更加错综复杂。在居民消费结构升级的背景下，部分农产品供求结构性失衡的问题日益凸显。优质化、多样化、专用化农产品发展相对滞后，大豆供需缺口进一步扩大，玉米增产超过了需求增长，部分农产品库存过多，确保供给总量与结构平衡的难度加大。在资源环境约束趋紧的背景下，农业发展方式粗放的问题日益凸显。工业"三废"和城市生活垃圾等污染向农业农村扩散，耕地数量减少、质量下降，地下水超采，投入品过量使用，农业面源污染问题加重，农产品质量安全风险增多，推动绿色发展和资源永续利用十分迫切。在国内外农产品市场深度融合的背景下，农业竞争力不强的问题日益凸显。劳动力、土地等生产成本持续攀升，主要农产品国内外市场价格倒挂，部分农产品进口逐年增多，传统优势农产品出口难度加大，中国农业大而不强、多而不优的问题更加突出。在经济发展速度放缓、动力转换的背景下，农民持续增收难度加大的问题日益凸显。农产品价格提升空间较为有限，依靠转移就业促进农民收入增长的空间收窄，家庭经营收入和工资性收入增速放缓，加快缩小城乡居民收入差距、确保如期实现农村全面小康任务艰巨。

（三）农业现代化条件更加有利

展望"十三五"，推进农业现代化的有利条件不断积蓄。发展共识更加凝聚。党中央、国务院始终坚持把解决好"三农"问题作为全部工作的重中之重，加快补齐农业现代化短板成为全党和全社会的共识，为开创工作新局面汇聚强大推动力。外部拉动更加强劲。新型工业化、信息化、城镇化快速推进，城乡共同发展新格局加快建立，为推进"四化"同步发展提供强劲拉动力。转型基础更加坚实。农业基础设施加快改善，农产品供给充裕，农民发展规模经营主动性不断增强，为农业现代化提供不竭原动力。市场空间更加广阔。人口数量继续增长，个性化、多样化、优质化农产品和农业多种功能需求潜力巨大，为拓展农业农村发展空间增添巨大带动力。创新驱动更加有力，农村改革持续推进，新一轮科技革命和产业革命蓄势待发，新主体、新技术、新产品、新业态不断涌现，为农业转型升级注入强劲驱动力。

二、更新理念，科学谋划发展新思路

（一）战略要求

1. 发展定位

农业的根本出路在于现代化，农业现代化是国家现代化的基础和支撑。没有农业现代化，国家现代化是不完整、不全面、不牢固的。在新型工业化、信息化、城镇化、农业现代化中，农业现代化是基础，不能拖后腿。

2. 发展主线

新形势下农业主要矛盾已经由总量不足转变为结构性矛盾，推进农业供给侧结构性改革，提高农业综合效益和竞争力，是当前和今后一个时期中国农业政策改革和完善的主要方向。

3. 战略重点

坚持以我为主、立足国内、确保产能、适度进口、科技支撑的国家粮食安全战略，确保谷物基本自给、口粮绝对安全。坚定不移地深化农村改革、加快农村发展、维护农村和谐稳定，突出抓好建设现代农业产业体系、生产体系、经营体系三个重点，紧紧扭住发展现代农业、增加农民收入、建设社会主义新农村三大任务。

（二）指导思想

全面贯彻党的十八届三中、四中、五中全会，以及十九大精神，深入贯彻习近平总书记系列重要讲话精神，按照"五位一体"总体布局和"四个全面"战略布局，牢固树立创新、协调、绿色、开放、共享的发展理念，认真落实党中央、国务院决策部署，以提高质量效益和竞争力为中心，以推进农业供给侧结构性改革为主线，以多种形式适度规模经营为引领，加快转变农业发展方式，构建现代农业产业体系、生产体系、经营体系，保障农产品有效供给、农民持续增收和农业可持续发展，走产出高效、产品安全、资源节约、环境友好的农业现代化发展道路，为实现"四化"同步发展和如期全面建成小康社会奠定坚实基础。

（三）基本原则

1. 坚持农民主体地位

以维护农民权益与增进农民福祉为工作的出发点和落脚点，尊重农民经营自主权和首创精神，激发广大农民群众创新、创业、创造活力，让农民成为农业现代化的自觉参与者和真正受益者。

2. 坚持优产能调整结构协调兼顾

以保障国家粮食安全为底线，更加注重提高农业综合生产能力，更加注重调整优化农业结构，提升供给体系质量和效率，加快形成数量平衡、结构合理、品质优良的有效供给。

3. 坚持生产生活生态协同推进

妥善处理好农业生产、农民增收与环境治理、生态修复的关系，大力发展资源节约型、环境友好型、生态保育型农业，推进清洁化生产，推动农业提质增效、绿色发展。

4. 坚持改革创新双轮驱动

把体制机制改革和科技创新作为两大动力源，统筹推进农村土地制度、经营制度、集体产权制度等各项改革，着力提升农业科技自主创新能力，推动农业发展由注重物质要素投入向创新驱动转变。

5. 坚持市场政府两手发力

充分发挥市场在资源配置中的决定性作用，更好发挥政府在政策引导、宏观调控、支持保护、公共服务等方面的作用，建立主体活力迸发、管理顺畅高效、制度保障完备的现代管理机制。

6. 坚持国内国际统筹布局

顺应全方位对外开放的大趋势，实施互利共赢的开放战略，加快形成进出有序、优势互补的农业对外合作局面，实现补充国内市场需求、促进结构调整、提升农业竞争力的有机统一。

7. 坚持农业现代化和新型城镇化相辅相成

引导农村剩余劳动力有序向城镇转移，积极发展小城镇，加快农业转移人口市民化进程，为发展多种形式适度规模经营、提高农业质量效益、实现农业现代化创造条件。

（四）发展目标

到 2020 年，全国农业现代化取得明显进展，国家粮食安全得到有效保障，农产品供给体系质量和效率显著提高，农业国际竞争力进一步增强，农民生活达到全面小康水平，美丽宜居乡村建设迈上新台阶。东部沿海发达地区、大城市郊区、国有垦区和国家现代农业示范区基本实现农业现代化。以高标准农田为基础、以粮食生产功能区和重要农产品生产保护区为支撑的产能保障格局基本建立；粮经饲统筹、农林牧渔结合、种养加一体、一二三产业融合的现代农业产业体系基本构建；农业灌溉用水总量基本稳定，化肥、农药使用量零增长，畜禽粪便、农作物秸秆、农膜资源化利用目标基本实现。表 5-1 所示为"十三五"期间农业现代化主要指标。

表 5-1 "十三五"农业现代化主要指标

类别	指标	2015 年基期值	2020 年目标值	年均增速〔累计〕	指标属性
粮食供给保障	粮食（谷物）综合生产能力（亿吨）	5	5.5	〔0.5〕	约束性
	小麦稻谷自给率（%）	100	100	—	约束性
农业结构	玉米种植面积（亿亩）	5.7	5	〔-0.7〕	预期性
	大豆种植面积（亿亩）	0.98	1.4	〔0.42〕	预期性
	棉花种植面积（万亩）	5 698	5 000	〔-698〕	预期性
	油料种植面积（亿亩）	2.1	2	〔-0.1〕	预期性
	糖料种植面积（万亩）	2 610	2 400	〔-210〕	预期性
	肉类产量（万吨）	8 625	9 000	0.85%	预期性
	奶类产量（万吨）	3 870	4 100	1.16%	预期性
	水产品产量（万吨）	6 699	6 600	-0.3%	预期性
	畜牧业产值占农业总产值比重（%）	28	＞30	〔＞2〕	预期性
	渔业总产值占农业总产值比重（%）	10	＞10	—	预期性
	农产品加工业与农业总产值比	2.2	2.4	〔0.2〕	预期性
质量效益	农业劳动生产率（万元/人）	3	＞4.7	＞9.4%	预期性
	农村居民人均可支配收入增幅（%）	—	—	＞6.5	预期性
	农产品质量安全例行监测总体合格率（%）	97	＞97	—	预期性
可持续发展	耕地保有量（亿亩）	18.65	18.65	—	约束性
	草原综合植被覆盖度（%）	54	56	〔2〕	约束性
	农田灌溉水有效利用系数	0.532	＞0.55	〔＞0.018〕	预期性
	主要农作物化肥利用率（%）	35.2	40	〔4.8〕	约束性
	主要农作物农药利用率（%）	36.6	40	〔3.4〕	约束性
	农膜回收率（%）	60	80	〔20〕	约束性
	养殖废弃物综合利用率（%）	60	75	〔15〕	约束性
技术装备	农田有效灌溉面积（亿亩）	9.88	＞10	〔＞0.12〕	预期性
	农业科技进步贡献率（%）	56	60	〔4〕	预期性
	农作物耕种收综合机械化率（%）	63	70	〔7〕	预期性

续表

类别	指标	2015年基期值	2020年目标值	年均增速〔累计〕	指标属性
规模经营	多种形式土地适度规模经营占比（%）	30	40	〔10〕	预期性
	畜禽养殖规模化率（%）	54	65	〔11〕	预期性
	水产健康养殖示范面积比重（%）	45	65	〔20〕	预期性
支持保护	全国公共财政农林水事务支出总额（亿元）	17 380	＞17 380	——	预期性
	农业保险深度（%）	0.62	0.9	〔0.28〕	预期性

备注：1. 小麦稻谷自给率是指小麦稻谷国内生产能力满足需求的程度
　　　2. 农业保险深度是指农业保费收入与农林牧渔业增加值的比值

三、创新强农，着力推进农业转型升级

创新是农业现代化的第一动力，必须着力推进供给创新、科技创新和体制机制创新，加快实施藏粮于地、藏粮于技战略和创新驱动发展战略，培育更健康、更可持续的增长动力。

新农民如何去创新

（一）推进农业结构调整

1. 调整优化种植结构

坚持有保有压，推进以玉米为重点的种植业结构调整。稳定冬小麦面积，扩大专用小麦面积，巩固北方粳稻和南方双季稻生产能力。减少东北冷凉区、北方农牧交错区、西北风沙干旱区、太行山沿线区、西南石漠化区籽粒玉米面积，推进粮改饲。恢复和增加大豆面积，发展高蛋白食用大豆，保持东北优势区油用大豆生产能力，扩大粮豆轮作范围。在棉花、油料、糖料、蚕桑优势产区建设一批规模化、标准化生产基地。推动马铃薯主食产业开发。稳定大中城市郊区蔬菜保有面积，确保一定的自给率。在海南、广东、云南、广西等地建设国家南菜北运生产基地。

2. 提高畜牧业发展质量

统筹考虑种养规模和资源环境承载力，推进以生猪和草食畜牧业为重点的畜牧业结构调整，形成规模化生产、集约化经营为主导的产业发展格局，在畜牧业主产省（区）率先实现现代化。保持生猪生产稳定、猪肉基本自给，促进南方水网地区生猪养殖布局调整。

加快发展草食畜牧业，扩大优质肉牛、肉羊生产，加强奶源基地建设，提高国产乳品质量和品牌影响力。发展安全高效环保饲料产品，加快建设现代饲料工业体系。

3. 推进渔业转型升级

以保护资源和减量增收为重点，推进渔业结构调整。统筹布局渔业发展空间，合理确定湖泊和水库等公共水域养殖规模，稳定池塘养殖，推进稻田综合种养和低洼盐碱地养殖。大力发展水产健康养殖，加强养殖池塘改造。降低捕捞强度，减少捕捞产量，加大减船转产力度，进一步清理绝户网等违规渔具和"三无"（无捕捞许可证、无船舶登记证书、无船舶检验证书）渔船。加快渔政渔港等基础设施建设，完善全国渔政执法监管指挥调度平台。规范有序发展远洋渔业，完善远洋捕捞加工、流通、补给等产业链，建设海外渔业综合服务基地。

4. 壮大特色农林产品生产

开展特色农产品标准化生产示范，推广名优品种和适用技术，建设一批原产地保护基地，培育一批特色明显、类型多样、竞争力强的专业村、专业乡镇。实施木本粮油建设工程和林业特色产业工程，发展林下经济。

（二）增强粮食等重要农产品安全保障能力

1. 建立粮食生产功能区和重要农产品生产保护区

全面完成永久基本农田划定，将15.46亿亩基本农田保护面积落地到户、上图入库，实施最严格的特殊保护。优先在永久基本农田上划定和建设粮食生产功能区和重要农产品生产保护区。优先将水土资源匹配较好、相对集中连片的稻谷小麦田划定为粮食生产功能区，对大豆、棉花、糖料蔗等重要农产品划定生产保护区，明确保有规模，加大建设力度，实行重点保护。

2. 大规模推进高标准农田建设

整合完善建设规划，统一建设标准、监管考核和上图入库。统筹各类农田建设资金，做好项目衔接配套，形成高标准农田建设合力。创新投融资方式，通过委托代建、先建后补等方式支持新型经营主体和工商资本加大高标准农田投入，引导政策性银行和开发性金融机构加大信贷支持力度。

（三）提高技术装备和信息化水平

1. 全面提高自主创新能力

坚持以科技创新为引领，激发创新活力，农业科技创新能力总体上达到发展中国家领先水平。深化农业科技体制改革，强化企业在技术创新中的主体地位。实施一批重点科技计划，尽快突破一批具有自主知识产权的重大技术及装备。强化技术集成创新，深入开展粮棉油糖绿色增产模式攻关和整建制绿色高产高效创建，加强沙化草原治理、盐碱地改造等技术模式攻关。改善农业重点学科实验室、科学实验站（场）研究条件，推进现代农业产业技术体系建设，打造现代农业产业科技创新中心。实施农业科研杰出人才培养计划，建设国家农业科技创新联盟。加强生物安全监管，促进现代农业生物技术健康发展。

2. 推进现代种业创新发展

保障国家种业安全，加强杂种优势利用、分子设计育种、高效制繁种等关键技术研发，培育和推广适应机械化生产、高产优质、多抗广适的突破性新品种，完善良种繁育基地设施条件，健全园艺作物良种苗木繁育体系，推进主要农作物新一轮品种更新换代。建设畜禽良种繁育体系，推进联合育种和全基因组选择育种，加快本品种选育和新品种培育，推动主要畜禽品种国产化。提升现代渔业种业创新能力，建设一批水产种质资源保护库、种质资源场、育种创新基地、品种性能测试中心。加强种质资源普查、搜集、保护与评价利用。深入推进种业领域科研成果权益改革，加快培育一批具有国际竞争力的现代种业企业。

3. 增强科技成果转化应用能力

健全农业科技成果使用、处置和收益管理制度，深化基层农技推广体系改革，完善科技推广人员绩效考核和激励机制，构建以基层农技推广机构为主导、科研院校为支撑、农业社会化服务组织广泛参与的新型农技推广体系，探索建立集农技推广、信用评价、保险推广、营销于一体的公益性、综合性农业服务组织。加强农业知识产权保护和应用。建设全国农业科技成果转移服务中心，推行科技特派员制度，推进国家农业科技园区建设。

4. 促进农业机械化提档升级

提升小麦生产全程机械化质量，提高水稻机械栽插，玉米、马铃薯、甘蔗机械收获水平，尽快突破棉、油、糖、牧、草等作物生产全程机械化和丘陵山区机械化制约瓶颈。推进农机深耕、深松作业，力争粮食主产区年度深耕深松整地面积达到30%左右。积极发展畜牧业和渔业机械化，提升设施农业、病虫防治装备水平，发展农用航空。

5. 推进信息化与农业深度融合

加快实施"互联网＋"现代农业行动，加强物联网、智能装备的推广应用，推进信息进村入户，提升农民手机应用技能，力争到 2020 年农业物联网等信息技术应用比例达到17%、农村互联网普及率达到 52%、信息进村入户村级信息服务站覆盖率达到 80%。建设全球农业数据调查分析系统，定期发布重要农产品供需信息，基本建成集数据监测、分析、发布和服务于一体的国家数据云平台。加强农业遥感基础设施建设，建立重要农业资源台账制度。健全农村固定观察点调查体系。

（四）深化农业农村改革

1. 稳定完善农村基本经营制度

稳定农村土地承包关系并保持长久不变，落实集体所有权，稳定农户承包权，放活土地经营权，完善"三权"分置办法。加快推进农村承包地确权登记颁证，力争 2018 年年底基本完成。在有条件的地方稳妥推进进城落户农民土地承包权有偿退出试点。健全县乡农村经营管理体系，加强土地流转和规模经营的管理服务。

2. 积极发展多种形式适度规模经营

继续坚持和完善家庭联产承包责任制，在尊重农民意愿和保护农民权益的前提下，更好地发挥村集体统筹协调作用，引导农户依法自愿有序流转土地经营权，鼓励农户通过互换承包地、联耕联种等多种方式，实现打掉田埂、连片耕种，解决农村土地细碎化问题，提高机械化水平和生产效率。支持通过土地流转、土地托管、土地入股等多种形式发展适度规模经营，加强典型经验总结和推广。加快建立新型经营主体支持政策体系，扩大新型经营主体承担涉农项目规模，建立新型经营主体生产经营信息直报制度。实施农业社会化服务支撑工程，扩大农业生产全程社会化服务创新试点和政府购买公益性服务机制创新试点范围，推进代耕代种、病虫害统防统治等服务的专业化、规模化、社会化。

3. 深化农村集体产权制度改革

着力推进农村集体资产确权到户和股份合作制改革，赋予农民对集体资产股份占有、收益、有偿退出及抵押、担保、继承权。有序推进农村集体资产股份权能改革试点，到2020 年基本完成经营性资产折股量化到本集体经济组织成员，健全非经营性资产集体统一运行管护机制。加快建立城乡统一用地市场，在符合规划、用途管制和依法取得前提下，推进农村集体经营性建设用地与国有建设用地同等入市、同权同价。稳妥推进农村土地征收、集体经营性建设用地入市、宅基地制度改革等试点，加强经验总结，适时修订完善相关法律法规。完善集体林权制度，引导林权规范有序流转，鼓励发展家庭林场、股份合作林场。

4. 打造农业创新发展试验示范平台

发挥国家现代农业示范区引领作用，率先实现基础设施完备化、技术应用集成化、生产经营集约化、生产方式绿色化、支持保护系统化。推动农村改革试验区先行先试，率先突破制约农业现代化发展的体制机制障碍。推进农业可持续发展试验示范区建设，探索农业资源高效利用、生态修复保护、突出问题治理、循环农业发展等模式。发挥农垦在农业现代化建设中的排头兵作用和国有农业经济中的骨干作用，加快实施农垦国际大粮商战略，推进垦区集团化、农场企业化改革，推动农垦联合联盟联营。深化黑龙江省"两大平原"现代农业综合配套改革、重庆市和成都市统筹城乡综合配套改革试验。

四、协调惠农，着力促进农业均衡发展

协调是农业现代化的内在要求，必须树立全面统筹的系统观，着力推进产业融合、区域统筹、主体协同，加快形成内部协调、与经济社会发展水平和资源环境承载力相适应的农业产业布局，促进农业现代化水平整体跃升。

（一）推进农村一、二、三产业融合发展

1. 协同推进农产品生产与加工业发展

统筹布局农产品生产基地建设与初加工、精深加工发展及副产品综合利用，扩大产地初加工补助项目实施区域和品种范围，加快完善粮食、"菜篮子"产品和特色农产品产后商品化处理设施。鼓励玉米等农产品精深加工业向优势产区和关键物流节点转移，加快消化粮棉油库存。提升主食产业化水平，推动农产品加工副产物循环、全值、梯次利用。

2. 完善农产品市场流通体系

在优势产区建设一批国家级、区域级产地批发市场和田头市场，推动公益性农产品市场建设。实施农产品产区预冷工程，建设农产品产地运输通道、冷链物流配送中心和配送站。打造农产品营销公共服务平台，推广农社、农企等形式的产销对接，支持城市社区设立鲜活农产品直销网点，推进商贸流通、供销、邮政等系统物流服务网络和设施为农服务。

3. 发展农业新型业态

加快发展农产品电子商务，完善服务体系，引导新型经营主体对接各类电子商务平台，

健全标准体系和冷链物流体系，到"十三五"末农产品网上零售额占农业总产值比重达到8%。推动科技、人文等元素融入农业，稳步发展农田艺术景观、阳台农艺等创意农业，鼓励发展工厂化、立体化等高科技农业，积极发展定制农业、会展农业等新型业态。

4. 拓展农业多种功能

依托农村绿水青山、田园风光、乡土文化等资源，大力发展生态休闲农业。采取补助、贴息、鼓励社会资本以市场化原则设立产业投资基金等方式，支持休闲农业和乡村旅游重点村改善道路、宽带、停车场、厕所、垃圾污水处理设施等条件，建设魅力村庄和森林景区。加强重要农业文化遗产发掘、保护、传承和利用，强化历史文化名村（镇）、传统村落整体格局和历史风貌保护，传承乡土文化。

5. 创新一、二、三产业融合机制

以产品为依托，发展订单农业和产业链金融，开展共同营销，强化对农户的技术培训、贷款担保等服务。以产业为依托，发展农业产业化，建设一批农村一、二、三产业融合先导区和农业产业化示范基地，推动农民合作社、家庭农场与龙头企业、配套服务组织集群集聚。以产权为依托，推进土地经营权入股发展农业产业化经营，通过"保底＋分红"等形式增加农民收入。以产城融合为依托，引导二、三产业向县域重点乡镇及产业园区集中，推动农村产业发展与新型城镇化相结合。

（二）促进区域农业统筹发展

1. 优化发展区

对水土资源匹配较好的区域，提升重要农产品生产能力，壮大区域特色产业，加快实现农业现代化。

东北区应合理控制地下水开发利用强度较大的三江平原地区水稻种植规模，适当减少高纬度区玉米种植面积，增加食用大豆生产。适度扩大生猪、奶牛、肉牛生产规模。提高粮油、畜禽产品深加工能力，加快推进黑龙江等垦区大型商品粮基地和优质奶源基地建设。

华北区应适度调减地下水严重超采地区的小麦种植，加强果蔬、小杂粮等特色农产品生产。稳定生猪、奶牛、肉牛肉羊养殖规模，发展净水渔业。推动京津冀现代农业协同发展。

长江中下游区应稳步提升水稻综合生产能力，巩固长江流域"双低"（低芥酸、低硫甙）油菜生产，发展高效园艺产业。调减重金属污染区水稻种植面积。控制水网密集区生猪、奶牛养殖规模，适度开发草山草坡资源发展草食畜牧业，大力发展名优水产品生产。

华南区应稳定水稻面积，扩大南菜北运基地和热带作物产业规模。巩固海南、广东天然橡胶生产能力，稳定广西糖料蔗产能，加强海南南繁基地建设。稳步发展大宗畜产品，

加快发展现代水产养殖。

2. 适度发展区

对农业资源环境问题突出的区域，重点加快调整农业结构，限制资源消耗大的产业规模，稳步推进农业现代化。

西北区应调减小麦种植面积，增加马铃薯、饲用玉米、牧草、小杂粮种植。扩大甘肃玉米良种繁育基地规模，稳定新疆优质棉花种植面积，稳步发展设施蔬菜和特色园艺。发展适度规模草食畜牧业，推进冷水鱼类资源开发利用。

北方农牧交错区应推进农林复合、农牧结合、农牧业发展与生态环境深度融合，发展粮草兼顾型农业和草食畜牧业。调减籽粒玉米种植面积，扩大青贮玉米和优质牧草生产规模，发展奶牛和肉牛肉羊养殖。

西南区应稳定水稻面积，扩大马铃薯种植，大力发展特色园艺产业，巩固云南天然橡胶和糖料蔗生产能力。合理开发利用草地资源和水产资源，发展生态畜牧业和特色渔业。

3. 保护发展区

对生态脆弱的区域，重点划定生态保护红线，明确禁止类产业，加大生态建设力度，提升可持续发展水平。

青藏区应严守生态保护红线，加强草原保护建设。稳定青稞、马铃薯、油菜发展规模，推行禁牧、休牧、轮牧和舍饲、半舍饲，发展牦牛、藏系绵羊、绒山羊等特色畜牧业。

海洋渔业区应控制近海养殖规模，拓展外海养殖空间。扩大海洋牧场立体养殖、深水网箱养殖规模，建设海洋渔业优势产业带。

（三）推动经营主体协调发展

1. 加快构建新型职业农民队伍

加大农村实用人才带头人、现代青年农场主、农村青年创业致富"领头雁"和新型经营主体带头人培训力度，到"十三五"末，实现新型经营主体带头人轮训一遍。将新型职业农民培育纳入国家教育培训发展规划，鼓励农民采取"半农半读"等方式就近、就地接受职业教育。建立教育培训、规范管理、政策扶持相衔接配套的新型职业农民培育制度，提高农业广播电视学校教育培训能力。

2. 提升新型经营主体带动农户能力

培育发展家庭农场，提升农民合作社规范化水平，鼓励发展农民合作社联合社，落实财政补助形成的资产转交合作社持有和管护政策。强化农业产业化龙头企业联农、带农激励机制，带动农户发展适度规模经营，带动农民合作社、家庭农场开拓市场。加强工商资本租赁农户承包地监管和风险防范，强化土地流转、订单等合同履约监督。

3. 促进农村人才创业就业

建立创业就业服务平台，强化信息发布、技能培训、创业指导等服务。加大政府创业投资引导基金对农民创业支持力度，中小企业专项资金要按规定对农民工和大学生返乡创业予以支持。实施农民工等人员返乡创业行动计划，开展百万乡村旅游创客行动，引导有志投身现代农业建设的农村青年、返乡农民工、农村大中专毕业生创办领办家庭农场、农民合作社和农业企业。

五、绿色兴农，着力提升农业可持续发展水平

绿色是农业现代化的重要标志，必须牢固树立绿水青山就是金山银山的理念，推进农业发展绿色化，补齐生态建设和质量安全短板，实现资源利用高效、生态系统稳定、产地环境良好、产品质量安全。

（一）推进资源保护和生态修复

1. 严格保护耕地

落实最严格的耕地保护制度，坚守耕地红线，严控新增建设用地占用耕地。完善耕地占补平衡制度，研究探索重大建设项目国家统筹补充耕地办法，全面推进建设占用耕地耕作层土壤剥离再利用。大力实施农村土地整治，推进耕地数量、质量、生态"三位一体"保护。实施耕地质量保护与提升行动，力争到"十三五"末全国耕地质量提升 0.5 个等级（别）以上。

2. 节约高效用水

在西北、华北等地区推广耐旱品种和节水保墒技术，限制高耗水农作物种植面积。在粮食主产区、生态环境脆弱区、水资源开发过渡区等重点地区加快实施田间高效节水灌溉工程，完善雨水集蓄利用等设施。推进农业水价综合改革，建立节水奖励和精准补贴机制，增强农民节水意识。推进农业灌溉用水总量控制和定额管理。加强人工影响天气能力建设，加大云水资源开发利用力度。

3. 加强林业和湿地资源保护

严格执行林地、湿地保护制度，深入推进林业重点生态工程建设，搞好天然林保护，确保"十三五"末森林覆盖率达到23.04%、森林蓄积量达到165亿立方米。开展湿地保护和恢复，加强湿地自然保护区建设。继续推进退耕还林、退耕还湿，加快荒漠化石漠化治理。

4. 修复草原生态

加快基本草原划定和草原确权承包工作，全面实施禁牧休牧和草畜平衡制度，落实草原生态保护补助奖励政策。继续推进退牧还草、退耕还草、草原防灾减灾和鼠虫草害防治等重大工程，建设人工草场和节水灌溉饲草料基地，扩大舍饲圈养规模。合理利用南方草地资源，保护南方高山草甸生态。

5. 强化渔业资源养护

建立一批水生生物自然保护区和水产种质资源保护区，恢复性保护产卵场、索饵场、越冬场和洄游通道等重要渔业水域，严格保护中华鲟、长江江豚、中华白海豚等水生珍稀濒危物种。促进渔业资源永续利用，扩大水生生物增殖放流规模，建设人工鱼礁、海洋牧场。建立海洋渔业资源总量管理制度，加强渔业资源调查，健全渔业生态环境监测网络体系，实施渔业生态补偿。

6. 维护生物多样性

加强农业野生植物资源和畜禽遗传资源保护，建设一批野生动植物保护区。完善野生动植物资源监测和保存体系，开展濒危动植物物种专项救护，遏制生物多样性减退速度。强化外来物种入侵和遗传资源丧失防控。

（二）强化农业环境保护

1. 开展化肥农药使用量零增长行动

集成推广水肥一体化、机械深施等施肥模式，集成应用全程农药减量增效技术，发展装备精良、专业高效的病虫害防治专业化服务组织，力争到"十三五"末主要农作物测土配方施肥技术推广覆盖率达到90%以上，绿色防控覆盖率达到30%以上。

2. 推动农业废弃物资源化利用无害化处理

推进畜禽粪污综合利用，推广污水减量、厌氧发酵、粪便堆肥等生态化治理模式，建立第三方治理与综合利用机制。完善病死畜禽无害化处理设施，建成覆盖饲养、屠宰、经营、运输整个链条的无害化处理体系。推动秸秆肥料化、饲料化、基料化、能源化、原料化应用，率先在大气污染防治重点区域基本实现全量化利用。健全农田残膜回收再利用激励机制，严禁生产和使用厚度 0.01 毫米以下的地膜，率先在东北地区实现大田生产地膜零增长。

3. 强化环境突出问题治理

推广应用低污染、低消耗的清洁种养技术，加强农业面源污染治理，实施源头控制、过程拦截、末端治理与循环利用相结合的综合防治。控制华北等地下水漏斗区用水总量，调整种植结构，推广节水设施。综合治理耕地重金属污染，严格监测产地污染，推进分类管理，开展修复试点。扩大黑土地保护利用试点规模，在重金属污染区、地下水漏斗区、生态严重退化地区实行耕地轮作休耕制度试点。

（三）确保农产品质量安全

1. 提升源头控制能力

探索建立农药、兽药、饲料添加剂等投入品电子追溯码监管制度，推行高毒农药定点经营和实名购买，推广健康养殖和高效低毒兽药，严格饲料质量安全管理。落实家庭农场、农民合作社、农业产业化龙头企业生产档案记录和休药期制度。

2. 提升标准化生产能力

加快构建农药残留限量标准体系，实施农业标准制修订五年行动计划。创建农业标准化示范区，深入推进园艺作物、畜禽水产养殖、屠宰标准化创建，基本实现全国"菜篮子"产品生产大县规模种养基地生产过程标准化、规范化。

3. 提升品牌带动能力

构建农业品牌制度，增强无公害、绿色、有机农产品影响力，有效保护农产品地理标志，打造一批知名公共品牌、企业品牌、合作社品牌和农户品牌。

4. 提升风险防控能力

建立健全农产品质量安全风险评估、监测预警和应急处置机制，深入开展突出问题专项整治。启动动植物保护能力提升工程，实现全国动植物检疫防疫联防联控。加强人畜共患传染病防治，建设无规定动物疫病区和生物安全隔离区，完善动物疫病强制免疫和强制扑杀补助政策。强化风险评估，推进口岸动植物检疫规范化建设，健全国门生物安全查验机制。

5. 提升农产品质量安全监管能力

建立农产品追溯制度，建设互联共享的国家农产品质量安全监管追溯管理信息平台，农业产业化龙头企业、"三品一标"（无公害、绿色、有机农产品和农产品地理标志）获证企业、农业示范基地率先实现可追溯。创建国家农产品质量安全县，全面提升质量安全水平。开展农产品生产者信用体系建设，打造农产品生产企业信用信息系统，加大信用信息公开力度。

六、开放助农，着力扩大农业对外合作

开放是农业现代化的必由之路，必须坚持双向开放、合作共赢、共同发展，着力加强农业对外合作，统筹用好国内国际两个市场两种资源，提升农业对外开放层次和水平。

（一）优化农业对外合作布局

统筹考虑全球农业资源禀赋、农产品供求格局和投资政策环境等因素，分区域、国别、产业、产品确定开放布局。加强与"一带一路"沿线国家在农业投资、贸易、技术和产能领域的合作，与生产条件好的农产品出口国开展调剂型、紧缺型农产品供给通力合作。强化与粮食进口国和主要缺粮国的种养业技术合作，增强其生产能力。

（二）提升农业对外合作水平

1. 培育大型跨国涉农企业集团

培育一批具有国际竞争力和品牌知名度的生产商、流通商和跨国农业企业集团，支持企业在农产品生产、加工、仓储、港口和物流等环节开展跨国全产业链布局，在农机、农药、种子、化肥等农业投入品领域开展国际产能合作。支持企业以境外资产和股权抵质押获得贷款，鼓励符合条件的企业通过境内外上市、发行债券等方式融资，支持保险机构开发农业对外合作保险产品。

2. 推进农业科技对外合作

鼓励农业科研院校、企业在发达国家建立海外农业科学联合实验室，在发展中国家设立农业重点实验室、技术实验示范基地和科技示范园区，促进成果分享和技术出口。积极参与涉农国际规则、标准制定，承担国际标准化组织等工作，推进农业标准和农产品认证互认与合作。鼓励中国科技特派员到中亚、东南亚、非洲等地开展科技创业，引进国际人才到中国开展农村科技创业。

3. 完善农业对外合作服务体系

统筹农业对外合作资金渠道，加大农业对外合作支持力度。建设农业对外合作公共信息服务平台，强化行业协会、中介组织、企业联盟在推动和规范农业对外合作中的作用。支持大专院校加强农业国际合作教育，培养跨国农业研究、投资与经营管理人才。在"一带一路"沿线以及非洲、拉美等区域和国家，建立一批境外农业合作园区。

4. 提高农业引进来质量

加强先进技术装备引进，鼓励引进全球农业技术领先的企业、机构和管理团队。推行准入前国民待遇加负面清单管理模式，鼓励外资投向现代农机装备制造业、特色产业、农产品加工业、农业废弃物资源化利用。完善海外高层次农业人才引进支持政策，强化与世界一流涉农高等院校、科研机构、国际组织的人才合作。

（三）促进农产品贸易健康发展

1. 促进优势农产品出口

巩固果蔬、茶叶、水产等传统出口产业优势，建设一批出口农产品质量安全示范基地（区），培育一批有国际影响力的农业品牌，对出口基地的优质农产品实施检验检疫配套便利化措施，落实出口退税政策。鼓励建设农产品出口交易平台，建设境外农产品展示中心，用"互联网＋外贸"推动优势农产品出口。加强重要农产品出口监测预警，积极应对国际贸易纠纷。

2. 加强农产品进口调控

把握好重要农产品进口时机、节奏，完善进口调控政策，适度增加国内紧缺农产品进口。积极参加全球农业贸易规则的制定，加强粮棉油糖等大宗农产品进口监测预警，健全产业损害风险监测评估、重要农产品贸易救济、贸易调整援助等机制。加强进口农产品检验检疫监管，强化边境管理，打击农产品走私。

七、共享富农，着力增进民生福祉

共享是农业现代化的本质要求，必须坚持发展为了人民、发展依靠人民，促进农民收入持续增长，着力构建机会公平、服务均等、成果普惠的农业发展新体制，让农民生活得更有尊严、更加体面。

（一）推进产业精准脱贫

1. 精准培育特色产业

以促进贫困户增收为导向，精选市场潜力大、覆盖面广、发展有基础、有龙头带动的优势特色产业，实施贫困村"一村一品"产业推进行动。到2020年，贫困县初步形成优势特色产业体系，贫困乡镇、贫困村特色产业增加值显著提升，每个建档立卡贫困户掌握1～2项实用技术。

精准脱贫的"环球模式"

2. 精准帮扶贫困农户

支持有意愿、有实力、带动能力强的新型经营主体，扩大优势特色产业发展规模，与贫困户建立稳定的带动关系。支持有劳动能力的贫困人口就地转为护林员等生态保护人员。探索资产收益扶贫，通过财政涉农资金投入设施农业、养殖、光伏、水电、乡村旅游等项目形成的资产折股量化以及土地托管、吸引土地经营权入股等方式，让贫困户分享更多资产收益。

3. 精准强化扶持政策

贫困县可统筹整合各级财政安排的农业生产发展和农村基础设施建设资金，因地制宜扶持发展特色产业。加大扶贫小额信贷、扶贫贴息贷款政策实施力度。加强扶贫再贷款使用管理和考核评估，引导金融机构优先和主要支持带动贫困户就业发展的企业和建档立卡贫困户。鼓励金融机构开发符合贫困地区特色产业发展特点的金融产品和服务方式，鼓励保险机构在贫困地区开展农产品价格保险、特色产品保险和扶贫小额贷款保证保险，地方给予保费补贴支持。

4. 精准实施督查考核

动态跟踪贫困户参与产业脱贫信息，对产业扶贫进行精准化管理。建立产业扶贫考核指标体系，对重点部门、重点地区产业扶贫情况进行考核。加强对产业扶贫资金项目的监督检查，委托第三方机构对产业扶贫工作开展评估。

（二）促进特殊区域农业发展

1. 推进新疆农牧业协调发展

以高效节水型农业为主攻方向，适度调减高耗水粮食作物、退减低产棉田，做大做强特色林果产业，有序发展设施蔬菜和冷水渔业，加快发展畜牧业，努力建成国家优质商品棉基地、优质畜产品基地、特色林果业基地和农牧产品精深加工出口基地。

2. 推进西藏和其他藏区农牧业绿色发展

以生态保育型农业为主攻方向，稳定青稞生产，适度发展蔬菜生产，积极开发高原特色农产品，扩大饲草料种植面积，发展农畜产品加工业，保护草原生态，努力建成国家重要的高原特色农产品基地。

3. 推进革命老区、民族地区、边疆地区农牧业加快发展

以优势特色农业为主攻方向，突出改善生产设施，建设特色产品基地，保护与选育地方特色农产品品种，推广先进适用技术，提升加工水平，培育特色品牌，形成市场优势。

（三）推动城乡基础设施和基本公共服务均等化

1. 改善农村基础设施条件

实施农村饮水安全巩固提升工程，提高贫困地区农村饮水安全保障水平。实施新一轮农村电网改造升级工程，实现城乡电力公共服务一体化。强化农村道路建设，实现所有具备条件的建制村通硬化路、通客车。推动有条件地区燃气向农村覆盖，充分利用农村有机废弃物发展沼气。加大农村危房改造力度，全面完成贫困地区存量危房改造任务。

2. 建设美丽宜居乡村

分类分村编制乡村建设规划，合理引导农村人口集中居住。实施乡村清洁工程，加强人居环境整治，改善垃圾、污水收集处理和防洪排涝设施条件。加强农村河道堰塘整治、水系连通、水土保持设施建设，改善农村生活环境和河流生态。

3. 推动城乡基本公共服务均衡配置

把社会事业发展重点放在农村和接纳农业转移人口较多的城镇，推动城镇公共服务向农村延伸。加快农村教育、卫生计生、社保、文化等事业发展，全面改善农村义务教育薄弱学校基本办学条件，建立城乡统筹的养老保险、医疗保险制度，巩固城乡居民大病保险，

引导公共文化资源向农村倾斜。

4. 推进农业转移人口市民化

深化户籍制度改革，全面实行居住证制度，统筹推动农业转移人口就业、社保、住房、子女教育等方面改革，推进有能力在城镇稳定就业和生活的农业转移人口举家进城落户，保障进城落户居民与城镇居民享有同等权利和义务。实施支持农业转移人口市民化若干财政政策，建立城镇建设用地增加规模同吸纳农业转移人口落户数量挂钩机制，实现1亿左右农业转移人口和其他常住人口在城镇定居落户。

八、强化支撑，加大强农、惠农、富农政策力度

（一）完善财政支农政策

1. 健全财政投入稳定增长机制

在厘清政府和市场边界的基础上，将农业农村作为国家财政支出和固定资产投资的重点保障领域，建立健全与事权和支出责任相适应的涉农资金投入保障机制，确保国家固定资产投资用于农业农村的总量逐步增加。

2. 整合优化农业建设投入

统筹整合各类建设性质相同、内容相近、投向相似的固定资产投资资金，实施一批打基础、管长远、影响全局的重大工程。鼓励采取投入补助等方式实施建设项目。鼓励社会资本主导设立农业产业投资基金、农垦产业发展股权投资基金。

3. 调整优化农业补贴政策

逐步扩大"绿箱"补贴规模和范围，调整改进"黄箱"政策。完善农业三项补贴政策，将种粮农民直接补贴、农作物良种补贴、农资综合补贴合并为农业支持保护补贴。优化农机购置补贴政策，加大保护性耕作、深松整地、秸秆还田等绿色增产技术所需机具补贴力度。完善结构调整补助政策，继续支持粮改饲、粮豆轮作，加大畜禽水产标准化健康养殖支持力度，落实渔业油价补贴政策。健全生态建设补贴政策，提高草原生态保护奖补标准，开展化肥减量增效、农药减量控害、有机肥增施和秸秆资源化利用试点，探索建立以绿色生态为导向的农业补贴制度。完善主产区利益补偿政策，加大对产粮（油）大县、商品粮大省奖励力度，逐步将农垦系统纳入国家农业支持和民生改善政策覆盖范围。

（二）创新金融支农政策

1. 完善信贷支持政策

强化开发性金融、政策性金融对农业发展和农村基础设施建设的支持，建立健全对商业银行发展涉农金融业务的激励和考核机制，稳步推进农民合作社内部信用合作。针对金融机构履行支农责任情况，实施差别化的货币信贷政策措施。健全覆盖全国的农业信贷担保体系，建立农业信贷担保机构的监督考核和风险防控机制。稳妥推进农村承包土地的经营权和农民住房财产权抵押贷款试点，对稳粮增收作用大的高标准农田、先进装备、设施农业、加工流通贷款予以财政贴息支持。建立新型经营主体信用评价体系，对信用等级较高的实行贷款优先等措施。开展粮食生产规模经营主体营销贷款试点，推行农业保险保单质押贷款。

2. 加大保险保障力度

逐步提高产粮大县主要粮食作物保险覆盖面，扩大畜牧业保险品种范围和实施区域，探索建立水产养殖保险制度，支持发展特色农产品保险、设施农业保险。研究出台对地方特色优势农产品保险的中央财政以奖代补政策，将主要粮食作物制种保险纳入中央财政保费补贴目录。创新开发新型经营主体"基本险＋附加险"的保险产品，探索开展收入保险、农机保险、天气指数保险，加大农业对外合作保险力度。建立农业补贴、涉农信贷、农产品期货和农业保险联动机制，扩大"保险＋期货"试点，研究完善农业保险大灾风险分散机制。

（三）完善农业用地政策

新型经营主体用于经营性畜禽养殖、工厂化作物栽培、水产养殖以及规模化粮食生产的生产设施、附属设施和配套设施的用地，可按设施农用地管理。在各省（区、市）年度建设用地指标中单列一定比例，专门用于新型经营主体进行辅助设施建设。支持新型经营主体将集中连片整理后新增加的部分耕地，按规定用于完善规模经营配套设施。

（四）健全农产品市场调控政策

继续执行并完善稻谷、小麦最低收购价政策。积极稳妥推进玉米收储制度改革，综合考虑农民合理收益、财政承受能力、产业链协调发展等因素，建立玉米生产者补贴制度。调整完善棉花、大豆目标价格政策。继续推进生猪等目标价格保险试点。探索建立鲜活农产品调控目录制度，合理确定调控品种和调控工具。改革完善重要农产品储备管理体制，推进政策性职能和经营性职能相分离,科学确定储备规模,完善吞吐调节机制。发展多元化的市场购销主体。稳步推进农产品期货等交易,创设农产品期货品种。

九、落实责任,保障规划顺利实施

(一)加强组织领导

建立农业部牵头的农业现代化建设协调机制,统筹研究解决规划实施过程中的重要问题和重大建设项目,推进规划任务的组织落实、跟踪调度、检查评估,重大情况及时向国务院报告。根据国民经济和社会发展情况以及国内外市场形势,适时完善规划目标任务。各省(区、市)要建立规划落实的组织协调机制,统筹推进本地区农业现代化工作。

(二)逐级衔接落实

各地各部门要把推进农业现代化作为农业农村工作的重大任务。各省(区、市)要按照本规划提出的目标任务,抓紧制订本地区农业现代化推进规划或实施方案,落实规划任务,细化政策措施。各部门要根据规划的任务分工,强化政策配套,协同推进规划实施。加强规划监测评估,委托第三方机构对规划目标任务完成情况进行中期评估和期末评估,评估结果向社会公布。

(三)完善考核机制

完善粮食安全省长责任制和"菜篮子"市长负责制的考核机制,将高标准农田建设情况纳入地方各级政府耕地保护责任目标考核内容,把保障农产品质量和食品安全作为衡量党政领导班子政绩的重要考核内容。建立农业现代化监测评价指标体系,分级评价各地农业现代化进程和规划实施情况,定期发布评价结果。根据各地实际,探索将粮食生产功能区、重要农产品生产保护区和"农业灌溉用水总量基本稳定,化肥、农药使用量零增长,畜禽粪便、农作物秸秆、农膜资源化利用"等规划目标任务完成情况纳入地方政府绩效考核指标体系。

(四)强化法治保障

依法构建现代农业治理体系,加快保障国家粮食安全与农产品质量安全、健全农业支持保护体系、完善农村基本经营制度、保护集体与农民权益、保护农业资源环境等领域的立法修法工作。强化普法宣传,采取群众喜闻乐见的方式宣传贯彻农业法律知识,增强农村干部和农民群众尊法、学法、守法、用法意识和能力。深入推进农业综合执法,改善执法条件，建设执法信息化平台和指挥中心，促进依法护农、依法兴农。

思考题

1. 中国农业发展的现状和形势是什么？
2. 中国农业现代化的战略要求、指导思想、基本原则和发展目标是什么？
3. 中国农业现代化的具体措施有哪些？

参考文献

[1] 中华人民共和国农业部网站. 国务院印发《全国农业现代化规划（2016—2020 年）》确定农业现代化五方面发展任务.

http://www.moa.gov.cn/zwllm/zcfg/flfg/201610/t20161021_5313749.htm.

[2] 中华人民共和国中央人民政府网站. 强农惠民 筑牢根基——农业部部长就《全国农业现代化规划（2016—2020 年）》相关内容进行解读.

http://www.gov.cn/xinwen/2016-10/23/content_5123197.htm.

[3] 网易财经. 中共中央 国务院关于落实发展新理念加快农业现代化实现全面小康目标的若干意见.
http://money.163.com/16/0127/20/BEC4O3BL00252G50.html.

专题六　坚持"九二共识"　共创两岸关系未来

　　维护国家统一和领土完整，是每个主权国家的神圣权利，也是中华儿女的共同心愿。两岸同胞同根同源、同文同种，历来是命运与共的。在经济全球化深入发展、两岸联系日益密切的今天，两岸是割舍不断的命运共同体。面对新形势，国共两党和两岸双方要坚定信心、增进互信，维护两岸关系和平发展进程，携手建设两岸命运共同体。为此，两岸同胞应强化两岸命运共同体意识，心往一处想，劲往一处使，携手开创两岸关系新未来，实现中华民族伟大复兴。

一、两岸关系的历史背景

　　中国近代史是一部被侵略、被宰割、被凌辱的历史，也是中国人民为争取民族独立、维护国家主权、领土完整和民族尊严而英勇奋斗的历史。台湾问题的产生与发展，都与这段历史有着紧密的联系。台湾自古就是中国不可分割的领土，从 1949 年中华人民共和国成立与以蒋介石为首的国民党集团从中国大陆败退台湾，台湾问题由此产生。为了维护国家主权和领土完整，中国共产党和国民党曾经为了民族大业合作、再合作，最后两党关系破裂，几十年来，两党基于历史原因为推动两岸关系发展历经风风雨雨。

（一）国共两次合作

1. 第一次国共合作

　　1924 年 1 月，国共两党在广州实现了第一次合作，点燃了大革命的烈火，谱写了中国共产党领导中国人民进行反帝反封建革命的篇章。国民党一大的召开，标志着国民党改组的完成和第一次国共合作的正式建立。这是年轻的中国共产党开始实践民主革命纲领和统一战线政策的重大胜利，也是孙中山先生推动中国革命的历史功绩，标志着他一生最为重要的转变。国共合作的建立，使中国共产党能够公开宣传和组织群众，领导和推动工农运动蓬勃发展，为新的革命高潮的到来奠定了基础。

2. 第二次国共合作

面对日本对华侵略不断加深、民族危机空前严重的情况，1937 年 9 月国民党中央通信社公布《中共中央为公布国共合作宣言》，第二次国共合作历时近十年。第二次国共合作是在中国共产党倡导的抗日民族统一战线的旗帜下，国共两党捐弃前嫌、求同存异、相忍为国、相互做出妥协的结果，是中国近代史上的重大政治事件。第二次国共合作，对中华民族赢得抗日战争的伟大胜利，对推动中国的民主和进步，做出了极其重要的历史贡献，对新时期推进海峡两岸关系和国共关系发展也具有重要的现实启示。全面内战爆发，第二次国共合作破裂。抗战胜利后，蒋介石为了抢夺胜利果实，国民党在完成了全面挑起内战的准备之后，于 1946 年 6 月 26 日以 21 万余兵力进攻中原解放区，内战全面爆发。至此，国共两党的第二次合作彻底破裂了。

（二）"统一"成为两岸同胞的愿望

自 1949 年台湾问题形成以来，大陆始终把解决台湾问题、完成祖国统一大业作为自己的神圣职责，进行了长期不懈的努力。1978 年，十一届三中全会做出把党和国家工作中心转移到经济建设上来、实行改革开放的历史性决策，中国的发展从此进入历史新时期。《告台湾同胞书》就是在这个重要历史背景下发表的。

谈到统一，习近平主席在会见台湾和平统一团体联合参访团时指出，当前两岸关系虽然面临一些新情况、新问题，但和平发展的大趋势没有改变。国家统一是中华民族走向伟大复兴的历史必然。实现中华民族伟大复兴是近代以来中华民族最伟大的梦想。中华民族在探寻民族复兴强盛之道的过程中饱经苦难沧桑。习近平主席还强调"统则强、分必乱"，这是一条历史规律。中华民族伟大复兴与两岸同胞前途命运紧密相连。台湾的前途系于国家统一，台湾同胞的福祉离不开中华民族的强盛。当前，我们比历史上任何时期都更接近中华民族伟大复兴的目标，都更有信心、有能力实现这个目标。对台湾来说，这是福音、是历史机遇。希望台湾同胞同大陆同胞一道，在推进中华民族伟大复兴和实现国家和平统一的进程中，把握住机遇，相互扶持，紧密合作，为过上和平安宁、幸福美好生活，为在世界上共享中华民族尊严和荣耀而携手奋斗。

二、两岸关系和平发展的经验和启示

中国共产党对台方针政策经历了一个怎样的演变历程？当前及今后一段时间对台方针政策是怎么样的？只有理清了上述问题，我们才能更好地认识两岸关系的实质，从而更好地把握两岸关系发展的新形势。习近平主席讲两岸关系和平发展成果来之不易，经验弥足珍贵。两岸关系和平发展的经验和启示概括地说,就是要坚持走两岸关系和平发展道路,坚持"九二共识"、反对"台独"的政治基础,坚持开展两岸协商谈判、推进各领域交流合作,坚持为两岸民众谋福祉。

(一)大陆提出了一系列对台方针政策

推动两岸关系发展,实现祖国和平统一,最重要的是要遵循"和平统一、一国两制"的方针和现阶段发展两岸关系、推进祖国和平统一进程的八项主张,坚持一个中国原则绝不动摇,争取和平统一的努力绝不放弃,贯彻寄希望于台湾人民的方针决不改变,反对"台独"分裂活动决不妥协,中国共产党制定和实施的对台工作大政方针,顺应了时代潮流和历史趋势,把握了民族根本利益和国家核心利益,体现了尊重历史、尊重现实、尊重人民愿望的实事求是精神,反映了对两岸关系发展规律的深刻认识,从而推动两岸关系发展取得了历史性成就。我们要继续长期坚持和全面贯彻这些被实践证明是正确的大政方针,继续推动祖国和平统一进程不断向前迈进。

1. "和平统一,一国两制"的伟大构想

谈到政策,"和平统一、一国两制"是最佳方式。邓小平根据国际国内形势发展变化,从中华民族根本利益和国家发展战略全局出发,在毛泽东、周恩来关于争取和平解决台湾问题思想的基础上,创造性地提出"一国两制"伟大构想,为确立"和平统一、一国两制"的方针做出了历史性贡献。接着,中国共产党召开十一届三中全会,决定把党和国家的工作重心转移到现代化经济建

"一国两制"构想的
提出与实现

设上来。与此同时,海峡两岸的中国人、港澳同胞以及海外侨胞、华人,都殷切期望两岸携手合作,共同振兴中华。在这样的历史条件下,中国政府出于对整个国家民族利益与前途的考虑,本着尊重历史、尊重现实、实事求是、照顾各方利益的原则,提出了"和平统一、一国两制"的方针。"和平统一、一国两制"是建设中国特色社会主义理论和实践的重要组成部分,是中国政府一项长期不变的基本国策。

1949 年以来,两岸虽然尚未统一,但大陆和台湾同属一个中国的事实从未改变,也不可能改变。两岸复归统一,是结束政治对立,不是领土和主权再造。牢牢把握两岸关系和平发展的主题,真诚为两岸同胞谋福祉、为台海地区谋和平,维护国家主权和领土完整,维护中华民族根本利益。习近平主席表示,在涉及国家统一和中华民族长远发展的重大问题上,我们旗帜鲜明、立场坚定,不会有任何妥协和动摇。我们将以最大诚意、尽最大努力争取和平统一的前景,因为以和平的方式实现统一最符合包括台湾同胞在内的中华民族的整体利益。"一国两制"在台湾的具体实现形式会充分考虑台湾现实情况,充分吸收两

岸各界意见和建议，是能充分照顾到台湾同胞利益的安排。"和平统一、一国两制"是我们解决台湾问题的基本方针，我们认为，这也是实现国家统一的最佳方式。

2. 《告台湾同胞书》的顺势发表

1979 年元旦，全国人民代表大会常务委员会发表《告台湾同胞书》，郑重宣示了争取祖国和平统一的大政方针，两岸关系发展由此揭开新的历史篇章。《告台湾同胞书》明确提出，实现中国的统一，是人心所向，大势所趋；一定要考虑现实情况，完成祖国统一的大业，在解决统一问题时尊重台湾现状和台湾各界人士的意见，采取合情合理的政策和办法，不使台湾人民蒙受损失。《告台湾同胞书》明确提出，寄希望于台湾人民，也寄希望于台湾当局。《告台湾同胞书》明确倡议，通过商谈结束台湾海峡军事对峙状态，撤除阻隔两岸同胞交往的藩篱，推动自由往来，实现通航、通邮、通商，开展经济文化交流。《告台湾同胞书》的发表标志着解决台湾问题的理论和实践进入了一个新的历史时期。

《告台湾同胞书》发表以来，在两岸同胞和各界人士共同努力下，两岸关系发生重大变化。1987 年年底，两岸同胞长期隔绝状态被打破，两岸同胞交往日益密切，两岸经济合作蓬勃发展，形成互补互利的格局。

3. "九二共识"继往开来

1992 年 11 月，大陆的海协会和台湾的海基会就解决事务性商谈中如何表明坚持一个中国原则的态度问题，找到了解决办法，达成了各自以口头方式表述"海峡两岸均坚持一个中国原则"的共识，即"九二共识"。两岸达成"九二共识"，双方在此基础上举行首次"汪辜会谈"。2005 年，国共两党领导人实现历史性会谈，达成"两岸和平发展共同愿景"。2008 年 3 月，台湾局势发生积极变化，两岸关系迎来难得历史机遇。2008 年 5 月以来，本着建立互信、搁置争议、求同存异、共创双赢的精神，两岸协商在"九二共识"的基础上得到恢复并取得重要成果，两岸全面直接双向"三通"迈出历史性步伐。双方妥善处理一系列问题，保持两岸关系改善和发展势头，推动两岸关系展现出和平发展的前景。

今天，两岸同胞往来之频繁、经济联系之密切、文化交流之活跃、共同利益之广泛是前所未有的。中国人民维护台海和平、推动两岸关系发展、实现祖国和平统一的事业日益赢得国际社会理解和支持，世界各国普遍承认一个中国的格局不断巩固和发展。没有"九二共识"，两岸关系和平发展是不可想象的。"九二共识"的重要性有以下四点。

（1）确认。即对两岸关系历史演进和现实状况的共同确认。这种确认当然意味着两岸双方都无意于脱离两岸关系发展的既有轨道。这种确认也体现出两岸的相互尊重和平等对待，体现出两岸在分歧的立场中，有着重要的共同交集，即两岸同属一个民族——中华民族，同属一种文化——中华文化，两岸可以在这样的大格局下，在共同追求繁荣昌盛中，经由和平发展的过程，逐步寻找解决问题的方案。

（2）定位。即对两岸关系和平发展时期两岸的相互定位确立了重要的基础。曾任中国国民党主席的马英九多次在各种场合明确表示："两岸关系不是国与国的关系，而是地区与地区的特殊关系。"前美国在台协会理事主席卜睿哲在一场学术研讨会中重新兜售"两个中国"概念，马英九当局发言人当即表示："台湾的立场非常清楚，就是秉持一个中国，各自表述的'九二共识'，在'中华民国'宪法架构下，两岸互不承认主权，互不否认治权，努力求同存异、搁置争议，追求两岸的和平发展。"这样的定位为两岸关系和平发展提供了可能。

（3）双赢。"九二共识"为两岸平等协商、相互让步提供了理论依据和斡旋空间。经由互谅互让，它使一些看似无解的问题，获得了双方都能接受的解决。它使双方避免对抗和内耗，加强交流与合作，让两岸人民共享和平发展的红利。它为两岸双赢确立了基础，开辟了广阔的空间，展现了美好的愿景。

（4）务实。"九二共识"为两岸处理相关事务的行为准则奠定了基础。它不是纠缠于分歧，更不是扩大分歧，它本身就充分体现了搁置争议、求同存异的务实精神，因此，在"九二共识"基础上，经由两会协商，在短短三年间，双方即达成多项协议和共识，特别是 ECFA 的签署，更把两岸经贸关系带入双赢的更高境界。

"九二共识"虽然是各自以口头方式表述的共识，但其过程和内容均有明确的文件和文字记录，是任何人、任何政治势力都否定不了、歪曲不了的。我们要求台湾当局现任领导人明确承认"九二共识"，就是要求其回到"海峡两岸均坚持一个中国原则"的立场上来，求同存异、搁置政治歧见、面向未来、务实谈判。

4. "八项主张"继承和发展

1995 年 1 月 30 日，时任中共中央总书记、国家主席的江泽民在中共中央台办、国务院台办等单位举办的新春茶话会上，发表了题为《为促进祖国统一大业的完成而继续奋斗》的讲话。江泽民提出发展两岸关系、推进祖国和平统一进程的八项主张，丰富和发展了对台方针政策。

江泽民的这一重要讲话继承和发展了邓小平"和平统一、一国两制"的思想，充分体现了中国共产党和中国政府团结两岸同胞，共同完成祖国和平统一大业的决心和诚意，是解决台湾问题的纲领性文件，对发展两岸关系、推动祖国和平统一进程具有重大历史意义和现实指导意义。江泽民在这一讲话中，就发展两岸关系，推进祖国和平统一进程的若干重要问题提出了八项看法和主张。主要包括以下内容。

第一，坚持一个中国原则。第二，对于台湾同外国发展民间性经济文化关系，我们不持异议。第三，进行海峡两岸和平统一谈判。第四，努力实现和平统一，中国人不打中国人。第五，要大力发展两岸经济交流与合作，以利于两岸经济共同繁荣，造福整个中华民族。第六，中华文化始终是维系全体中国人的精神纽带，也是实现和平统一的一个重要基础。第七，台湾同胞不论是台湾省籍，还是其他省籍，都是中国人，都是骨肉同胞、手足兄弟。第八，我们欢迎台湾当局的领导人以适当身份前来访问；我们也愿意接受台湾方面的邀请前往台湾。

（二）两岸历史性的会晤

1. 汪辜会谈：两岸走向和解的历史性突破

"九二共识"为两会商谈和"汪辜会谈"奠定了基础。1993 年 4 月 27 日，海协会会长汪道涵与海基会董事长辜振甫，在新加坡正式举行第一次"汪辜会谈"。"汪辜会谈"对发展两岸关系、扩大两岸经贸、科技合作和人员往来、各项交流产生了积极的作用。这是海峡两岸高层人士在长期隔绝之后的首度正式接触，是两岸走向和解的历史性突破，是两岸关系发展的"重要里程碑"。"汪辜会谈"推动了两岸协商，也带动了两岸交流的蓬勃发展。但是，由于李登辉的"台独"行径，两岸会谈一度中断。直至 1998 年，在两岸同胞的共同努力下，两岸气氛有所缓和，辜振甫与汪道涵才再度会面。这次会晤开启了两岸政治对话，双方还达成了包括两岸继续进行政治对话及汪道涵会长应邀访问台湾的"四项共识"。

2. 江丙坤访问大陆：破冰之旅

2005 年 3 月，江丙坤以中国国民党副主席身份访问大陆，这是 56 年来中国国民党首次正式组团访问大陆。江丙坤表示，此次大陆之行既是"缅怀之旅"，也是"经贸之旅"。江丙坤大陆之行，被视作两岸间第一次"党对党"正式接触，台湾传媒更用"破冰之旅"来形容这次行程所代表的意义。同时，双方就加强两岸经贸等领域交流与合作广泛交换了看法，为进一步推动两岸关系起到积极作用。

3. 胡连会晤：60 年来国共主要领导人首次会谈

2005 年 4 月 29 日，时任国民党主席的连战与时任中共中央总书记的胡锦涛在人民大会堂会面，正式开始其在大陆的"和平之旅"。胡锦涛表示这是中国共产党和中国国民党关系史上的一件大事，两党共同迈出了历史性的一步。这是 60 年来国共两党主要领导人的首次会谈，标志着国共两党告别长达 70 年的恩怨史，在新的条件下开辟了两岸就"党与党"对话的新篇章。连战此次之行及随后的江丙坤、连战寻亲之旅，萧万长的融冰之旅，宋楚瑜的搭桥之旅，吴伯雄的雨过天晴之旅、双赢之旅，共同开启了 2005 年之后两岸关系有效沟通、坦诚交流的新局面，更为日后的台海交流和发展奠定了坚实的基础。

4. 胡萧会晤：两岸 1949 年以来首次最高层接触

2008 年 4 月，时任国家主席的胡锦涛在海南博鳌会见两岸共同市场基金会董事长萧万长。萧万长是当时赢得胜选的台湾地区领导人马英九的副手,即台湾地区副领导人。"胡萧会"被认为是 1949 年以来海峡两岸最高层的直接会谈,同时也预示着台海回暖。随后,国民党方面宣布,将以海基会与海协作为两岸谈判和对话的第一轨道,国共论坛和其他交流管道作为第二轨道,6 月重启两岸对话。同时,还正式公布了实施两岸"直航包机"的具体时间表。而内定将出任"海峡交流基金会董事长"的江丙坤更是表示,希望让两岸真正消除隔阂,加强双赢与互动。

5. 江陈会晤:两会时隔 10 年再协商

2008 年 6 月,江丙坤率海基会代表团前往北京,时隔近 10 年的海协会与海基会两会协商之门重新开启。这次复谈就"两岸周末包机"等议题展开协商,两岸协商大门于此正式打开。2008 年 11 月,海协会会长陈云林率领代表团赴台湾,针对两岸包机直航新航线及增加班次与航点、两岸海运直航、全面通邮等问题进行协商。这是海协会与海基会首度在台湾举行的协商谈判。本次协议内容生效后,两岸全面开启"大三通"。此后至 2012 年 8 月,海基会会长江丙坤与海协会会长陈云林共举行了 8 次会谈,签署了 18 项协议。8 次陈江会,为推动两岸经贸合作功不可没。

6. 习连会晤:描绘"两岸一家亲"的前景

2014 年 2 月 18 日,习近平总书记在北京钓鱼台国宾馆会见中国国民党荣誉主席连战及随访的台湾各界人士。台湾媒体对此给予高度关注和评价,认为"习连会"描绘两岸前景,习近平最新对台政策论述充满"两岸一家亲"的温情,充实并巩固"一中框架"的内涵。台湾"中央社"报道说,习近平发表 2014 年以来最重要的对台政策谈话,以中华民族复兴为主轴,重提"九二共识"。该社援引专家的话说,习近平最新对台政策谈话着重历史、血脉、命运、中华民族复兴,把"中国梦"与"两岸梦"相联结。

7. 习朱会晤:习近平盼思两岸未来

2015 年 5 月 5 日上午,中共中央总书记习近平与时任国民党主席的朱立伦在北京举行了会见。这被认为是两岸关系处于新的重要节点上的一次历史性会面。在国民党"执政"近 7 年后,岛内局势出现新的复杂局面,国民党在 2014 年"九合一"选举中惨败,岛内接连发生"反服贸协议"的"太阳花运动"以及反对加入亚投行的闹剧。这些岛内新问题也影响着两岸关系。习近平就建设两岸命运共同体提出 5 点主张,表示国共两党和两岸双方"不仅要求同存异,更应努力聚同化异"。习近平在"习朱会"上提出了一个问句:"两岸关系的路应该如何走?"这不是在问朱立伦,而是在问台湾社会。两岸确乎走到了另一个彷徨歧路的路口,"该如何走",每一个人都应该再问一问自己。就两岸间长期存在的政治分歧和难题,习近平提出应"虑善以动,动惟厥时"。援引自《尚书》的这句古语也在台湾引起媒体关注，冀望中国国民党主席朱立伦能承担政治责任，把握住历史时机，促进两岸政治问题的解决。习近平强调台湾参与区域合作要以一中为原则，并正面回应朱立伦所提台湾加入亚投行的细节。习近平主张国共探讨两岸和平制度框架，朱立伦呼吁区域合作、习近平盼思两岸未来。

8. 习马会晤：我们是打断骨头连着筋的亲人

2015 年 11 月 7 日下午，习近平同时任台湾方面领导人的马英九在新加坡会面，就进一步推进两岸关系和平发展交换了意见。这是 1949 年以来两岸领导人的首次会面。习近平强调，两岸同胞是打断骨头连着筋的同胞兄弟，是血浓于水的一家人。双方应该以行动向世人表明：两岸中国人完全有能力、有智慧解决好自己

先生会面

的问题，并共同为世界与地区和平稳定、发展繁荣做出更大贡献。两岸双方应该坚持"九二共识"、巩固共同政治基础，坚定走和平发展道路，深化两岸交流合作，增进两岸同胞福祉，共谋中华民族伟大复兴。马英九也提出了五项主张，分别是：第一，呼吁两岸巩固九二共识，维持和平现状；第二，呼吁两岸降低敌对状态，和平处理争端；第三，扩大两岸交流，增进互利双赢，包括陆客中转、两岸互设办事处；第四，设置两岸热线，在国台办、陆委会首长间设立热线，处理急要问题；第五，两岸共同合作，致力振兴中华。

9. 习洪会晤：坚定信心，勇于担当

2016 年 11 月 1 日，中共中央总书记习近平在北京与中国国民党主席洪秀柱会面。这是民进党在台湾全面"执政"，蔡英文不接受九二共识，两岸关系急冻后，国共两党领导人的首次会面。这次会面对继续保持国共两党高层互动、巩固共同政治基础，对维护两岸关系和平发展与台海和平稳定、维护两岸同胞福祉，具有重大积极意义。

习近平就两岸关系发展提出六点意见。习近平在会见中强调，面向未来，国共两党要对民族、对历史负责，坚定信心、勇于担当，牢牢把握两岸关系和平发展的正确方向，巩固"九二共识"政治基础，坚决反对"台独"分裂势力及其活动，持续推动两岸经济社会各领域交流合作，共同弘扬中华文化，不断增进两岸同胞福祉和亲情，为实现中华民族伟大复兴而努力奋斗。

习总书记的六点意见涉及政治、经济、社会、文化和两岸同胞的福祉方方面面，这六点意见新颖而全面，是对台湾的民情社意有了透彻了解、紧紧抓住了台湾主流民意之后提出的。这说明以习总书记为核心的党中央，对处理台湾问题的能力越来越强。尤其是，习近平提出了海峡两岸要共同致力于实现中华民族伟大复兴，这对两岸同胞都具有很大的鼓舞，也让台湾同胞具有参与感、获得感和荣誉感，使台湾同胞对两岸的和平发展更加有信心，也更加有动力。

习近平回顾了国共两党为两岸和平发展做出的重大贡献，并强调公道自在人心，国共两党为两岸关系和平发展做出的贡献已经写在历史上。习近平还表示，坚决反对"台独"分裂势力及其活动。"任何政党、任何人、任何时候、以任何形式进行分裂国家活动，都将遭到全体中国人民坚决反对"。

"公道自在人心"这句话是提醒国民党，要用长远的历史眼光来看待问题，不要因为短期的一些小小委屈而灰心丧气。习近平总书记提出八个字"坚定信心、勇于担当"比较有针对性，是为国民党打气，要继续努力，为两岸和平发展做出贡献，让两岸人民尤其是台湾同胞获得更多的福祉，这样，台湾同胞必定会支持国民党，使得两岸关系行稳致远。

洪秀柱致辞时强调，国民党新通过的和平政纲，就是为了对抗"台独党纲"，在深化"九二共识"的基础上，消除因"台独"分离主义引发的危险动荡，维护来之不易的两岸和谐与繁荣。洪秀柱表示，国共两党应继续在"九二共识"，反对"台独"的基础上，加强沟通机制，推动扩大两岸经贸和民间交流往来，促进两岸青年交流，发扬灿烂的中华文化，支持大陆台商发展，积极探讨推动两岸和平制度化，共同维护两岸关系和平发展，增进同胞福祉，开创中华民族复兴的光明前景。

三、新形势下两岸关系和平发展的机遇和挑战

当前有利于两岸关系和平发展的因素不断增加，但不利因素还有很多。2016年1月16日，蔡英文当选台湾新一届领导人，只要两岸双方有诚意并加以努力，未来两岸关系前景看好。但是受国际关系的影响以及台湾岛内"台独"势力的干扰，两岸关系和平发展依然面临挑战。

（一）新形势下两岸关系和平发展的机遇

1. 台湾对两岸关系和平发展的积极因素

台湾主流民意提供强大动力，认可支持两岸关系和平发展。岛内民众普遍赞同两岸关系和平发展，对发展两岸关系的期望增加，对"台独"分裂势力阻挠两岸关系发展的质疑增大。民调显示，马英九当局不独、不统、不武的大陆政策一直获得大多数民众支持，赞成两岸制度化协商的比例达70%左右，对"两会"签署各项协议协商结果满意度达60%以上。两项民调结果表明，认同"九二共识"、支持两岸关系和平发展成台湾主流民意，包括中南部在内的绝大多数台湾民众对大陆的看法发生积极变化，敌意降低、好感增加，"反中""仇中"心态有所淡化。岛内多数民众的认可和主流民意的支持，为两岸关系和平发展提供了强大的推动力量。

2. 大陆坚定不移创造两岸和平发展条件

1）党的十八大报告关于"全面贯彻两岸关系和平发展重要思想"

党的十八大报告作为新时期中央对台工作的指导思想和纲领性文件，向全党指明了未来巩固深化两岸关系和平发展的基本任务。新时期巩固深化两岸关系和平发展的性质首先应当界定为，在"一个中国框架"之内，两岸双方如何通过加强和拓展各领域的交流与合作，巩固和平、深化发展的一个系统性规划，其阶段性目标在于培育"两岸命运共同体"，认同、协商达成两岸和平协议，其现实路径包括夯实政治基础、明确主体逻辑、合理安排项目内容、创新制度与机制等主要方面。两岸关系和平发展成果来之不易，经验弥足珍贵。以习近平同志为核心的党中央认真思考处于"新的重要节点上"的两岸关系该如何走，概括地说，就是要坚持走两岸关系和平发展道路，坚持"九二共识"、反对"台独"的政治基础，坚持开展两岸协商谈判、推进各领域交流合作，坚持为两岸民众谋福祉。

2）"积极外交"为加快推进两岸和平发展创造有利国际环境

十八大后，随着新一届政府的上任，2013 年、2014 年两年，中国领导展开了积极外交，到 2015 年，政治、经济、文化等各方面都取得了很大成果。2015 年是中国外交的收获年，中国政府在外交上的这种积极态度给中国树立了国际"新形象"：负责、守信。这种积极的外交政策也在为中国搭建一个新的有利于发展的世界新格局。中国和俄罗斯的战略性合作伙伴关系、中国和美国的新型大国关系、中国和欧洲的多层次双边关系，这些有利于中国发展的外部环境，再加上中国提出的"一带一路"和亚洲基础设施投资银行即亚投行，都让中国发展面临一个新的机遇期，中国统一大业应借势推进，相信两岸的政党和两岸的同胞有能力、有智慧抓住历史机遇，为祖国统一大业贡献力量。

3）习近平发表重要讲话，为两岸关系指向定锚

2014 年 2 月 18 日，习近平总书记会见连战时，发表《共圆中华民族伟大复兴的中国梦》重要谈话指出，两岸同胞一家亲，谁也不能割断我们的血脉；两岸同胞命运与共，彼此没有解不开的心结；两岸同胞要齐心协力，持续推动两岸关系和平发展；两岸同胞要携手同心，共圆中华民族伟大复兴的"中国梦"。习近平总书记号召两岸同胞应共同致力于中华民族伟大复兴，强调"大家一起来干"，意味着两岸同胞拥有共同的"中国梦"，两岸人民应以实际行动来实现共同的民族复兴梦想。大陆同胞愿意并一直尊重台湾同胞自己选择的社会制度和生活方式，希望用真诚、善良拉近两岸同胞的距离。

2014 年 5 月 7 日，习近平总书记会见宋楚瑜时强调，推动两岸关系和平发展的方针政策不会改变，促进两岸交流合作、互利共赢的务实举措不会放弃，团结台湾同胞共同奋斗的真诚热情不会减弱，制止"台独"分裂图谋的坚强意志不会动摇，同时表示要积极创造条件，扩大两岸社会各界各阶层民众的接触面，面对面沟通，心与心交流，不断增进理解，拉近心理距离。中国复兴之路，就是让两岸同胞享有更大的福祉，因此要加快两岸经

济交流和进一步深化，推进两岸关系和平发展。两岸经济一体化的进程，标志着构建两岸关系和平发展框架率先在经济领域取得突破。经济上交流交往日益深化，为发展两岸关系增添了情感推力，有利于两岸克服未来可能面临的各种困难和障碍，解决可能衍生的各种问题和危机。中华民族伟大复兴的"中国梦"凝聚了两岸同胞的统一梦。

2014 年 9 月 26 日，习近平总书记会见台湾统派团体联合参访团时强调，绝不容忍任何分裂国家的行径；和平统一、一国两制是解决台湾问题的基本方针；一国两制在台湾的具体实现形式会充分考虑台湾现实情况，充分吸收两岸各界意见和建议，是能充分照顾到台湾同胞利益的安排。

2014 年 11 月 9 日，习近平总书记会见台湾两岸共同市场基金会荣誉董事长萧万长时强调，两岸关系和平发展成果得来不易，需要倍加珍惜。

习近平总书记的讲话共涉及大陆对台政策的五个层面：其一，基本方针是和平统一、一国两制；其二，政策底线是制止一切"台独"分裂图谋；其三，根本目标是两岸携手共圆"中国梦"；其四，当前任务是积极创造条件，加强两岸各阶层接触，拉近两岸同胞心理距离，实现心灵契合；其五，两岸共同珍惜得来不易的两岸关系和平发展成果。习近平总书记的重要讲话，是当前形势下如何巩固深化推进两岸关系和平发展的新思想、新论断，是对台政策的新发展，对当前及今后相当长时间内的对台工作极具理论与实践指导意义。

2016 年全国两会，习近平总书记也就两岸关系发展发表看法，既表明大陆方面坚持"九二共识"、遏制"台独"分裂的坚定立场，又饱含对台湾同胞的深挚情感，对两岸同胞携手实现中华民族伟大复兴寄予厚望。讲话中，习近平再次强调"九二共识"重要意义。他指出，"九二共识"明确界定了两岸关系的性质，是确保两岸关系和平发展行稳致远的关键。同时，我们将坚决遏制任何形式的"台独"分裂行径，维护国家主权和领土完整，绝不让国家分裂的历史悲剧重演。

（二）新形势下两岸关系和平发展的挑战

1. 国际空间上

国际形势有利于两岸稳定，但美日干扰也值得关注。一方面，美国一再强调希望维持"台海稳定"，甚至多次向民进党施压，促其在两岸政策上转型。而中国与韩国等先后签署 FTA 等协议，促使岛内担忧两岸经济关系深化进程，呼吁民进党放弃抵制思维。蔡英文当选后，美国表示了祝贺，并强调美国对两岸和平稳定有"深切的利益"。另一方面，美日插手两岸关系深化的动作不断，包括美方持续向台当局施压，阻止其在东海、南海等问题上与大陆合作；日本则随着其国内政治的日益右倾化，加强与民进党的联系，甚至有人鼓吹出台日本版"与台湾关系法"。

长期以来，两岸在对外关系上处于"零和"状态，直至 2008 年马英九执政后，两岸双方对抗的情形才开始化解，台湾得以派遣连战代表马英九出席亚太经济合作组织的高峰会，以"中华台北"名义、"观察员"身份参加世界卫生大会，争取到了"世界大学生运动会"的主办权。但接下来延伸到更广国际空间的开拓则比较困难。一旦国际空间问题的开拓，两岸未能有事先沟通或默契，那么新的一波两岸在对外关系上的冲突将构成和谐两岸关系发展的障碍。

2. 政治谈判上

十八大明确提出，"探讨国家尚未统一特殊情况下的两岸政治关系，做出合情合理安排；商谈建立两岸军事安全互信机制，稳定台海局势；协商达成两岸和平协议，开创两岸关系和平发展新前景。"大陆的态度很明确，希望进行两岸政治谈判。大陆自 1979年《告台湾同胞书》建议两岸结束军事对峙状态起，到 2007 年十七大报告提出两岸签署"和平协议"，再到十八大提出"协商达成两岸和平协议"，对台政策的一贯立场就是通过谈判，就"1949 年以来中国内战应予结束"的问题进行协商，以求最后达成协议。但是，台湾方面对两岸政治谈判仍有顾虑。比如，两岸触碰政治议题恐将陷入僵局，对两岸关系和平发展反而不利；台湾内部国、民两党在两岸议题上严重对立，政治谈判将促使国、民两党对立进一步激化。还有金融危机和欧债冲击，影响民众对两岸关系和平发展带来的红利的感受度；台湾民众对大陆"一国两制"的接受度不高；美、日对改变两岸现状并不乐见。

3. "台独"仍是两岸关系和平发展的隐忧

尽管"台独"主张在岛内正逐渐失去市场，"台独是一条走不通的死路"成为主流认知，但"台独"分裂势力仍有一定能量，还具备干扰破坏两岸关系的较强能力。2014 年 3月 18 日，以攻占"立法院"为开端的"太阳花"事件，从最初反对两岸服贸"黑箱谈判"到最后赤裸裸反对"两岸服贸"、反两岸关系发展的"台独"主张。最终，马英九当局做出重大妥协，包括将两岸协议监督法制化、同意逐条审查服贸协议、让未来尚未签订或签订后尚未送到"立法院"的两岸协议必须受到两岸协议监督机制的监督等。这不仅再次拖延了两岸服贸协议的生效时间，而且也严重冲击了两岸货贸协议的谈判进程，进而对两岸经贸关系的整体深化产生严重伤害。2016 年 1 月 16 日，台湾选举揭晓，蔡英文当选台湾新一届领导人，113 个立委席位中，民进党获 48 个席位，国民党仅获 16 个席位，台当局大陆政策受到严峻挑战，两岸关系和平发展面临新的不确定因素。

"台独"基本教义派仍不肯悔改，部分理性人士有所反思，骨干力量倾向维持既有立场，伴随而来的还有种种藏锋守拙、伺机东山再起的韬晦之策，但每逢两岸关系可能有所发展，特别是政治协商对话、经济合作开放、交流交往拓展、军事安全接触等方面运作的风声，即便是捕风捉影，他们仍立刻撕下反思的外衣，故态复萌，进行牵制干扰破坏。可见,"台独"分裂势力及其活动,仍然是两岸关系和平发展的最大挑战和破坏因素。正因为如此,大陆提出要"巩固大陆和台湾同属一个中国的框架,努力增进两岸政治互信,继续反对和遏制台独分裂活动,使台湾民众真正认识到台湾和大陆不能对立和分割,维护两岸关系继续稳定发展的宏观框架"。

(三)面对机遇和挑战两岸应如何应对

胡锦涛在党的十八大报告中全面阐述了两岸关系和平发展的基本主张,向全党指明了未来巩固深化两岸关系和平发展的基本任务,这是党中央新时期巩固深化两岸关系和平发展的行动指南和"路线图"。

1. 坚持"九二共识",坚定大陆和台湾同属一个中国

坚持"九二共识"、反对"台独"是两岸关系和平发展的政治基础,否认"九二共识",挑战两岸同属一个中国的法理基础,搞"一边一国""一中一台",就会损害民族、国家、人民的根本利益,动摇两岸关系发展的基石,就不可能有和平,也不可能有发展。我们始终把坚持"九二共识"作为同台湾当局和各政党开展交往的基础。国共两党应坚持对两岸关系的正确认识,旗帜鲜明反对一切损害两岸关系政治基础的言行,绝不能让来之不易的台海和平和两岸关系和平发展成果得而复失。为此,双方可以积极探讨构建维护两岸关系和平发展的制度框架。两岸双方要继续创造条件,扩大同胞直接交往。我们将适时实施进一步便利两岸同胞来往的措施。青年是民族的未来,也是两岸的未来,我们要更多关注两岸青年成长,为他们提供更多机会和舞台,让他们多交流、多交心,成为共同打拼的好朋友、好伙伴。

2. 汇聚两岸同胞智慧和勇气,积极探索解决之道

当前,两岸关系发展进入深水区,需要克服的困难和挑战势必更多地浮出台面,考验着两岸的智慧和勇气。对两岸间长期存在的政治分歧和难题,两岸都要勇于面对,关键是要"虑善以动,动惟厥时"。两岸同胞要以心相交、尊重差异、增进理解,不断增强民族认同、文化认同、国家认同。中华文化是两岸同胞共同的精神财富,也是两岸同胞血脉相连的精神纽带。两岸同胞要加强文化交流,发挥各自优势,共同传承中华文化优秀传统,建设共同精神家园,实现心灵契合。习近平总书记提出建设"两岸命运共同体"的5点主张,包括坚持"九二共识"、深化两岸利益融合、两岸人民"心灵沟通"、国共两党增进政治互信。习近平总书记还提出,两岸双方要着眼大局,本着相互尊重的精神,不仅要求同存异,更应努力聚同化异,不断增进政治互信。总书记的讲话对国民党寄予很大期待,希望其以国家和民族利益为重,该坚持的要大胆坚持,不要在岛内政治恶斗中迷失方向。希望两岸抓住时机，不惧挑战，果断推动两岸关系和平发展进程，为两岸共同利益而做出实质性努力，两岸共同促进中华民族复兴。

3. 提出"两岸利益融合"，为两岸人民添福祉

利益融合、互利双赢、同胞福祉是推动两岸关系和平发展的宗旨。深化两岸利益融合，共创两岸互利双赢，增进两岸同胞福祉，是推动两岸关系和平发展的宗旨。要充分考虑两岸双方社会的心理感受，努力扩大两岸民众的受益面和获得感，尤其要为两岸基层民众、中小企业、农渔民合作发展、青年创业就业提供更多机会，让两岸同胞参与越多受益越多。我们愿意首先同台湾同胞分享发展机遇，愿意优先对台湾开放，并且对台湾同胞开放的力度要更大一些。我们将继续维护在大陆投资的台资企业的合法权益，为他们的发展创造更好条件。在台湾参与区域经济合作问题上，两岸可以加强研究、务实探讨，在不违背一个中国原则的情况下做出妥善安排。台湾方面表达了加入亚洲基础设施投资银行的意愿，我们持欢迎态度。

4. 坚决抵制"台独"势力，实现祖国"统一"大业

民进党的"台独"立场由来已久，2014 年 3 月 18 日，民进党阻挠"立法院"审议两岸服贸协议，并导致反两岸服贸的"太阳花"事件爆发。蔡英文称不要因有人讨厌"台独"而排斥它。2014 年 9 月 26 日，习近平在会见台湾和平统一团体联合参访团时指出，"台独"势力并未善罢甘休，仍在竭力煽动两岸敌意和对立，阻挠两岸交流合作，仍然是两岸关系和平发展的最大现实威

2016 选举后"台独"
势力动作不断

胁。他强调，对于任何分裂国家的行径，我们绝不会容忍。历史已经并将继续证明，"台独"之路走不通。

2016 年 5 月 20 日，蔡英文在正式就任台湾新一届领导人的讲话中表示，将以现行的体制、两岸协商交流互动的成果以及民主原则与普遍民意，作为推动两岸关系的基础，致力确保海峡两岸关系维持和平稳定的现状。蔡英文在两岸同胞最关切的两岸关系性质这一根本问题上采取模糊态度，没有明确承认"九二共识"和认同其核心意涵。

2016 年 6 月 29 日，国务院台湾事务办公室在北京举行例行新闻发布会。发言人安峰山在答问中表示，台湾新执政当局迄今未承认"九二共识"、认同其核心意涵，动摇了两岸互动的政治基础，导致了国台办与陆委会的联系沟通机制、海协会与海基会的协商谈判机制的停摆，责任完全在台湾一方。

2016 年 7 月 16 日，中共中央台办、国务院台办主任张志军在北京出席第五届世界和平论坛并发表演讲，强调一个中国原则是两岸关系的定海神针，只有坚持这一原则，两岸关系才能稳定发展、台海才能保持和平安宁。背离这一原则，台海就会险象环生，就可能

出大乱子。"九二共识"的重要性在于它体现了一个中国原则，清晰界定了两岸关系的性质，表明两岸不是"国与国"的关系。它解决了两岸关系中双方是在和谁打交道的问题。它是过去八年两岸关系和平发展丰硕成果和台海和平稳定之关键。民进党当局领导人在两岸关系性质这一根本问题上态度模糊，拒绝承认"九二共识"和认同其两岸同属一中的核心意涵，破坏了两岸关系和平发展的政治基础。

李克强总理在 2017 年全国两会《政府工作报告》中指出，我们要深入贯彻对台工作大政方针，坚持一个中国原则，维护"九二共识"共同政治基础，维护国家主权和领土完整，维护两岸关系和平发展和台海和平稳定。坚决反对和遏制"台独"分裂活动，绝不允许任何人以任何形式、任何名义把台湾从祖国分裂出去。要持续推进两岸经济社会融合发展，为台湾同胞尤其是青年在大陆学习、就业、创业、生活提供更多便利。两岸同胞要共担民族大义，坚定不移推动祖国和平统一进程，共同创造所有中国人的幸福生活和美好明天。

四、两岸关系未来和平发展的战略思考

当前，两岸关系和平发展已经从最初的开创期进入巩固深化的新时期。党中央铭记历史，继往开来，在新形势下，积极推进两岸关系和平发展，为两岸关系未来做出了卓越的战略思考。

（一）十八届三中全会为两岸经济合作发展提供新的契机和动力

举世瞩目的中共十八届三中全会做出了全面深化改革若干重大问题的决定，对全面深化改革做出了系统部署，涵盖经济、政治、文化、社会、生态文明等领域。全会专门审议通过的《中共中央关于全面深化改革若干重大问题的决定》（以下简称《决定》），为全面深化改革制定了清晰的路线图。此次改革范围之广、力度之大，前所未有，不仅将对大陆的政治、经济、文化、社会等各层面、各领域带来深刻变革，也为两岸关系发展提供新的契机和动力。

1. 推动两岸经济与文化产业合作

在两岸经济合作与产业方面，随着改革的不断深入，在平等参与市场竞争、开放市场准入、科技创新扶持、知识产权保护等方面，台湾投资者将进一步享受改革红利，在更好的环境中持续健康发展。在两岸文化等领域的交流与合作方面，《决定》中有关推进文化和社会事业改革创新的内容，与包括台湾同胞在内的广大民众的利益息息相关，为两岸文化产业合作，以及台湾民众来大陆发展事业、就业创业、就学就医等提供更为广阔的空间、更多的机遇和更加健全的保障。

《决定》明确涉及台湾或两岸问题的只有一处，即第七部分"构建开放型经济新体制"中第25条"加快自由贸易区建设"部分，提出了"扩大对香港特别行政区、澳门特别行政区和台湾地区开放合作"。这预示了未来在大陆推进经济开放与改革进程中，尤其是在加快自由贸易区建设中，将与台港澳地区的开放经济合作列为重要内容，这也是以前三中全会不多见的内容点。可以说，中央已将对台港澳的开放与合作，列为国家整体范围内不同治理区域之间的经济合作新重点，也是一个新的政策亮点。

就海峡两岸而言，扩大与台湾地区的开放合作将成为中央长期性的对台重要政策部署。尽管中央还没有出台具体、明确的扩大对台开放合作政策，但未来政策的细化与规划是可以期待的。如何谱写扩大两岸经济开放与合作新篇章，是大陆对台经济工作的重要任务，也是海峡两岸共同努力的目标。当前，海峡两岸各界最关心的一个热点议题，就是如何推进两岸自由贸易园（港）区的合作与对接。《决定》在"加快自由贸易区建设"部分提出，"在推进现有试点基础上，选择若干具备条件地方发展自由贸易园（港）区"，为东南沿海地区设立旨在连接台湾或两岸合作的自由贸易区提供了想象空间，厦门等地正在加紧规划，前景可期。

2. 促进两岸自贸区合作

在大陆自由贸易区发展的刺激下，台湾方面也加快了推进建设自由经济示范区的步伐。在三中全会之后，台湾又批准了第9个自由经济示范区，与大陆各地纷纷争取设立自由贸易区一样，共同形成新的趋势与热潮。

海峡自由贸易区或自由经济示范区的建设，均旨在推进经济开放、经济自由化以及与国际经济接轨，正好提供了两岸一个新的合作着力点。台湾方面对这一点也非常重视，而且从一度的消极转为积极，从被动转为主动，更重视、更关注上海自由贸易区建设以及对台湾所带来的机会与竞争。如何推动两岸自由贸易园（港）区合作与对接，在特定区域内推进两岸经济的进一步开放与自由化，为未来两岸经济整合、建立中华民族经济（共同）体，实现生产要素在海峡两岸之间的自由流动创造条件，应是未来两岸经济合作的重大战略目标，需要海峡两岸的共同努力与奋斗，创造中华民族经济的新未来。

当前两岸交流蓬勃发展，两岸关系已是密不可分，而且双方相互影响、相互作用，大陆新一轮改革也必将深刻影响两岸关系。十八届三中全会所带动的大陆经济社会和各项事业新发展，必将为两岸经济合作乃至两岸关系发展提供更强劲的动力、更宽广的空间和更有利的条件。

的确，改革开放对两岸关系影响甚巨，这是被历史所证实了的。正是十一届三中全会以来改革开放30余年取得的巨大成果，有力推动了两岸关系的迅猛发展。特别是自2008年以来，两岸关系更加一发而不可收，取得了前所未有的大突破，海协会海基会签署了19

项协议，实现了全面"三通"，开放了大陆客赴台旅游，实现了大陆生赴台就学，签订了具有里程碑意义的《两岸经济合作框架协议》。两岸关系的发展和大陆改革的进程紧密相连，可以说，没有中国的改革开放，就不会有两岸关系当前的大发展局面。而十八届三中全会所带来的大陆新一轮全面深化改革，让人有理由对两岸关系的未来做更高期待。

随着两岸交流的不断深化，两岸关系也逐步进入了"深水区"，有些瓶颈问题亟待解决，如逆水行舟、不进则退，因此也可以说两岸关系发展正处于一个特殊的关键时期。十八届三中全会不仅制定了清晰的全面深化改革路线图，为大陆的可持续发展指明了方向，同时也是深化两岸关系发展的"及时雨"，有助于推动两岸关系突破瓶颈、顺利向"深水区"过渡。

（二）习近平涉台讲话为两岸未来明确定位

习近平总书记指出，两岸同胞同根同源、同文同种，历来是命运与共的。在经济全球化深入发展、两岸联系日益密切的今天，两岸是割舍不断的命运共同体。面对新形势，国共两党和两岸双方要坚定信心、增进互信，维护两岸关系和平发展进程，携手建设两岸命运共同体。

1．携手共建两岸命运共同体

2014 年，习近平总书记在会见台湾客人时，四次发表重要讲话，提出了一系列以"两岸一家亲、共圆'中国梦'"为核心的新思想、新论述，具有重要的理论价值和现实意义，是在新形势下大陆对台方针政策的进一步深化和发展，为两岸关系和平发展夯实了基础，指明了方向，注入了动力。尽管如此，由于"台独"分裂势力的蓄意干扰等因素，两岸关系正面临着节奏放缓、阻力增大的多重难题。对于两岸关系发展中的许多瓶颈性难题，习近平总书记也本着实事求是、务实自信的态度，直面应对，并且坚信"两岸中国人有智慧找出解决问题的钥匙来"。

1）警惕"台独"势力的分裂行径

长期以来，"台独"分裂势力一直是祖国和平统一的最大现实威胁，给两岸民众尤其是台湾同胞带来了严重伤害。习近平总书记在历次重要涉台讲话中，都会重申大陆坚持"一个中国"、反对"台独"的严正立场。2014 年 9 月 26 日，习近平总书记在会见台湾和平统一团体联合参访团时，更是通过历史的回顾，以较大篇幅向两岸同胞昭示了"台独"的巨大危害性，并再次表示大陆对于"台独"将坚决实行"零容忍"态度，大陆反对"台独"分裂势力的决心和意志不会发生任何动摇。

2）尊重两岸社会的制度差异

由于特殊的历史原因，两岸在社会制度的选择方面存在着较大的差异。习近平总书记多次表示，大陆尊重台湾同胞自己选择的社会制度和生活方式，愿意用真诚、善意和亲情拉近两岸同胞的心理距离。与此同时，习近平总书记也用台湾民众能够听得懂、听得进去的语言去谈情说理，既刚柔并济又温情细腻地呼吁台湾同胞也能够换位思考，将心比心地尊重大陆同胞的选择和追求。

3）正视两岸同胞的情感隔阂

由于特殊的历史遭遇和不同的社会环境，两岸同胞特别是台湾同胞逐渐形成了具有鲜明特色的情感意识，双方的交流不可避免地会出现一定的隔阂和错位。习近平总书记熟知台湾历史和两岸关系发展历程，也理解台湾同胞因其历史遭遇和社会环境所形成的特殊心态，多次表示大陆愿意用亲情去熨平创伤，用善意去化解心结。在具体实践中，习近平总书记也时刻牵挂着台湾同胞的福祉，一直关注着他们的现实遭遇。2015 年 2 月 4 日，台湾复兴航空一架 ATR72 轻型民航客机在执飞台北至金门航线时失事，坠于台北市与新北市交界处的基隆河。习近平总书记迅速做出重要指示，要求尽快准确掌握相关情况，积极协助开展伤员救治，做好家属安抚、善后处理等工作。习近平总书记在考察福建平潭综合实验区时，也特别表示要为台商创造良好的投资环境。

2. 推动两岸关系继续稳步前行

1）推动祖国统一的法治化建设

党的十六大以来，大陆就对台工作做出重大决策部署，提出一系列新主张新举措，赋予对台方针政策新的内涵。2005 年 3 月，《反分裂国家法》的制定和实施，把大陆关于解决台湾问题的大政方针法律化，表达了大陆坚持和平统一的一贯立场和最大诚意，同时表明了全中国人民坚决反对"台独"、捍卫国家主权和领土完整的共同意志和坚定决心。

2014 年 10 月 23 日，在习近平总书记的主持下，中共十八届四中全会通过了《中共中央公布关于全面推进依法治国若干重大问题的决定》，其中涉台部分明确提出，"运用法治方式巩固和深化两岸关系和平发展，完善涉台法律法规，依法规范和保障两岸人民关系、推进两岸交流合作。运用法律手段捍卫一个中国原则，反对'台独'，增进维护一个中国框架的共同认知，推进祖国和平统一。"这是继 2005 年颁布《反分裂国家法》后，再一次将推进祖国和平统一、反对"台独"分裂势力提升到法治化的高度，表明大陆未来在推进两岸关系的发展方面，不仅要强化两岸经济交流和人员往来，而且要从法律的高度进行顶层设计，为两岸关系深化发展提供制度性保障。

2）促进两岸同胞的心灵契合

关于国家统一的前景，习近平总书记在 2014 年的一次讲话中，提出了一个重大的理论创新，即我们所追求的国家统一，不仅是形式上的统一，更重要的是两岸同胞心灵上的契合。习近平总书记表示，大陆有信心去推动中华民族的伟大复兴，有耐心去抚平台湾同胞的心灵创伤，让两岸同胞都以做一个堂堂正正的中国人而感到骄傲和自豪。未来如何拉近两岸同胞的心理差异，如何抚平台湾同胞的心灵创伤，将成为大陆对台工作的重心之一，也将成为两岸社会文化交流的重要亮点之一。

3）确保台湾基层民众能够共享两岸和平红利

随着两岸经济交流和人员往来的不断深化，大陆的对台工作也在与时俱进地根据客观情况的变化，积极地做出相应调整。根据目前两岸关系发展中出现的新情况与新形势，习近平总书记提出，我们欢迎更多台湾同胞特别是台湾基层民众共同参与到推动两岸关系和平发展的行列中来，大陆愿意与台湾的中小企业、中低阶层和中南部民众等进一步强化各种交流。由于两岸青少年担负着开拓两岸关系前景和实现民族伟大复兴的重任，大陆愿意一如既往地推动两岸青少年之间的对话与沟通。对于那些以前由于特殊历史原因曾经提出不同主张的人士，只要他们认同"一个中国"框架、愿意参与到推动两岸关系和平发展中来，大陆也会表示热情欢迎。

（三）"和谐两岸"是两岸关系发展的战略目标

当前台湾岛内对两岸关系发展的最大疑虑就是两岸有可能因为两岸关系的发展而迅速进入统一的阶段，形成了"恐统症"，担心台湾很快就会被大陆"吞并"而丧失"主体性"。这个疑虑使台湾部分人对和平发展产生了恐惧的心理，因此对两岸关系的发展采取负面和消极的看法，给两岸关系增加了许多困扰和障碍，而这个疑虑在台湾仍然有其一定的社会客观基础，为了确保两岸关系和平发展的顺利展开，应确定两岸关系和平发展的目标就是建立和谐的两岸关系。

李克强总理在 2016 年全国两会期间指出："两岸关系的和平发展确实造福了两岸民众，两岸经济社会关系也在不断密切，而且需要良性互动。大陆明确对台湾投资企业已有的优惠政策不得改变。我们还会继续推出有利于两岸经贸合作的举措，当然前提是要保持两岸的和平发展，基石还是'九二共识'。只要遵循这一政治基础，大家都认同属于一个中国，可以说什么问题都好谈。我对两岸关系和平发展的前景是乐观的，我们之间的血脉是分不开的。我相信两岸经贸关系的发展也会造福两岸民众，改善民生。"

1．"和谐两岸"是两岸和平发展的目标

"和谐两岸"就是指避免冲突、和平共处、相互尊重、积极交往、平等协商、感情融洽的两岸关系。"和谐两岸"是两岸和平发展的目标，这是两岸关系签订和平协议、建立两岸关系和平发展框架后的一种基本状态。它必然是处在一个中国框架内，双方经过谈判博弈的一个必然结果，也是双方都能接受的一种状态。

2. "和谐两岸"是两岸迈向和平统一的必要过程之一

"和谐两岸"是两岸迈向和平统一的必要过程之一，"和谐两岸"能把两岸关系的矛盾和冲突尽可能控制在一定的范围内，能够在可控的范围内逐步得到和平解决，避免激发激烈冲突而危及两岸和平发展的局面，保证两岸关系的和平发展可持续下去。"和谐两岸"是两岸相互间有了同情的理解，相互间建立了基本的互信，不用担心大陆"吃了台湾"，也不用担心台湾脱离祖国，两岸可以放心地开展各项交流、交往、协商谈判，逐步形成命运共同体。

3. "和谐两岸"追求"和而不同"的统一境界

"和谐两岸"要让尽可能多的同胞能够接受，要让台湾各政治势力社会各阶层基本能够接受，也要让国际社会基本能够接受，以扩大两岸关系和平发展的民意基础和支持度，使两岸关系和平发展得到巩固和发展。"和谐两岸"源于中华文明中的和谐文化，这是中华文化区别于西方文化的一个重要因素。"和而不同""己所不欲勿施于人""推己及人""天人合一"，这是两岸建构共同价值观的重要基础。

我们所追求的国家统一不仅是形式上的统一，更重要的是两岸同胞的心灵契合。我们理解台湾同胞因特殊历史遭遇和不同社会环境而形成的心态，尊重台湾同胞自己选择的社会制度和生活方式，愿意用真诚、善意、亲情拉近两岸同胞的心理距离。同时，台湾同胞也需要更多了解和理解大陆 13 亿同胞的感受和心态，尊重大陆同胞的选择和追求。共创两岸关系未来，需要紧紧依靠两岸人民的力量和两岸人民的智慧，为实现祖国统一大业，实现祖国复兴之梦，让我们共创"和谐两岸"。

思考题

1. 建设两岸"命运共同体"对实现祖国统一有哪些伟大意义？
2. 青年们是两岸建设"命运共同体"的桥梁，如何才能发挥青年们的正能量？

参考文献

[1] 习近平就建设两岸命运共同体提出 5 点主张 [N]. 新华社，2015（05）.

[2] 萧师言. "习朱会"探讨两岸"怎么走"建设"命运共同体"[N]. 环球时报. 2015（06）.

[3] 杨冬磊. 十八大后巩固深化两岸关系和平发展的内涵和路径 [J]. 思想理论教育导刊，2013（09）.

［4］杨毅周. "和谐两岸"是两岸关系和平发展的战略目标［J］. 第六届和谐海峡论坛，2014（04）.

［5］国台办. 习近平就两岸关系提出四个坚定不移，2015（03）.

［6］新华网. 国共两党领导人会面引起两岸热议.

http://news.xinhuanet.com/tw/2016-11/02/c_129347033.htm.

专题七　国际形势复杂多变
中国外交成果丰硕

回顾 2016 年，国际形势可谓跌宕起伏，全球"黑天鹅"事件频发，国际格局经历了复杂深刻的调整与变化。面对复杂多变的国际形势，在以习近平同志为核心的党中央坚强领导下，中国外交工作攻坚克难，开拓进取，不仅在世界形势乱局中有力维护了中国发展的良好外部环境，而且在全球格局中的影响力不断扩大，在全球治理中的作用进一步提升。

一、英国脱欧及英国大选

（一）英国脱欧始末

由于历史与地理原因，19 世纪晚期以来，英国一直奉行对欧洲大陆事务不干预政策，被称为"光荣的孤立"。

英国并非欧元区国家，可以发行自己独立的货币，有利保持其出口竞争力，拥有自主的财政政策。但这使英国很难真正的加入欧洲大陆的事务处理。尤其是欧债危机的关键时期，由于各种利益分歧明显，这一传统强国正在逐步丧失其在欧盟中的地位与参与权。

英国保守党内部也有欧洲怀疑派，不仅如此，还认为欧盟内部的政策对于欧盟有负面作用，未来一些政策趋势也可能损害到英国的利益。而欧债危机的蔓延，不仅使英国的疑欧之心快速发酵，也加快了脱欧脚步。

英国通过全民公投决定脱离欧盟。这一结果，无论对英国、欧盟还是国际社会来说都是史无前例的重大挑战。

1. 英国脱欧创造历史

2016 年 6 月 23 日，英国选民陆续前往设在英格兰、苏格兰、威尔士以及北爱尔兰和直布罗陀的 382 个地方选区的投票站参与公投。投票结束后，英国公投选举委员会在全国各地连夜进行开箱计票工作。最终官方统计结果显示，在全部约 3 358 万张有效选票中，有超过 1 741 万张选票支持英国脱欧，脱欧阵营以 52%比 48%的优势赢得公投。英国通过公投决定脱欧，无论对英国自身还是欧盟来说，都是历史性的重大事件。

英国首相卡梅伦发表声明称，他将尊重民众的选择，离开欧盟，他本人也将辞去英国首相职务。卡梅伦表示，既然英国人民已经明确选择了与他所支持的道路完全不同的道路，他也不再适合担任"掌舵人"。时任内政大臣的特雷莎·梅将接替他担任英国首相。

2. 公投凸显英国社会分化

位于英格兰中部的伯明翰选区投票决定脱欧，给了留欧派致命一击，成为公投日当晚最大的意外。尽管伦敦和苏格兰坚定支持留欧，但仍无法阻挡英国其他选区民众出人意料的脱欧决心。

在这场全民公投中，自由开放的英国人输给了保守排外的英国人，而移民问题是关键变量。统计数据显示，年龄和受教育程度是影响选民立场的重要因素，具有大学以上学历的年轻人普遍支持英国留欧，而受教育程度较低的中老年选民则是"脱欧"派的主要拥趸。在牛津、剑桥、爱丁堡等受教育程度最高的地区，支持留欧的平均比例高达58%，而在教育相对落后的偏远地区，这一比例仅为39%。英国议会下院自由民主党议员克雷默说，英国年轻一代普遍支持留在欧盟，因为这将为他们提供更多的就业机会，而伦敦之所以成为英国和整个欧洲的金融中心，很大程度上得益于英国的欧盟成员国地位。

3. 选民对脱欧后果认识不足

尽管英国选民参与"脱欧"公投的热情空前高涨，但很多人对公投的历史性意义及其重大而广泛的影响却是一知半解。根据英国智库"选举革新会"的民调，只有33%的选民认为自己清楚或比较清楚脱欧公投的意义，39%的选民表示对公投缺乏足够了解，而其余28%的英国选民则承认并不明白此次公投到底意味着什么。

在这种情况下，选情很大程度上取决于两派政治力量的宣传攻势。留欧阵营主打经济牌，突出"经济优先，就业优先"。前首相卡梅伦不断强调：脱欧将严重损害英国经济，留欧则会让英国更强大。卡梅伦曾警告称，选择脱离欧盟就如同迈向未知的黑洞，对英国来说将是一个错误的选项。他说，脱欧只会造成"重获主权的幻觉"，而实际上英国将失去权利和影响力。脱欧阵营则紧抓难民问题。脱欧派代表人物、前伦敦市长鲍里斯·约翰逊声称，民主只有在人们有权换掉政府的时候才能生效，选择脱欧将使英国人民重新掌控民主和移民政策。

4. 脱欧带来多方面冲击

英国脱欧不仅给自身带来一系列不确定性，而且将对欧盟和国际社会造成多方面冲击。
受英国脱欧影响，国际市场出现较大波动。英镑呈现断崖式贬值，由1英镑兑换1.50美元的高位一路跌至1.346美元，跌幅超过10%，创下自1985年以来英镑的最低币值纪录。英国以及法国、德国等欧洲主要股市均出现剧烈波动，震荡幅度甚至超过2008年金融危机时期。在欧洲以外，美国道·琼斯指数、标准普尔 500 指数和纳斯达克指数，以及日本日经指数和香港恒生指数均出现 3% 至 5% 的不同程度下跌。北海布伦特原油价格也下挫 4%，跌至每桶 48 美元。受避险情绪影响，国际金价飙升 8%。

5. 欧盟首次面临成员退出

欧洲理事会主席图斯克在英国决定脱欧后发表声明称，他对英国公投结果感到失望和遗憾，但强调欧盟已经为此做好了准备，欧盟 27 国将坚定地团结在一起，应对各种挑战。图斯克强调，在英国正式脱离欧洲之前，不会出现法律和权利真空，即英国在脱欧谈判期间将继续享受欧盟权利并履行相关义务。图斯克坦言，最近几年是欧盟历史上最艰难的时刻，但他相信"国难兴邦"，希望欧盟各国对欧洲一体化前景保持信心。

英国脱欧对英欧双方来说都是一个棘手的难题。欧盟近年来饱受乌克兰危机、难民潮和恐怖袭击等多重危机困扰，英国脱欧无疑是雪上加霜，而且令欧盟遭遇有史以来最严峻的挑战。这是自欧盟成立以来，首次面临成员国退出的情况，双方分离的过程将不可避免地经历一系列艰难复杂的政治、经济、法律等各领域谈判。欧盟专家保守估计，英国脱欧过程最少需要两年时间。而英国一方面需要与欧盟分家，另一方面还要重新签订或修改与其他欧洲国家及域外国家的各领域协议。预计这一过程将更为困难，因为其他欧盟成员国政府不想给疑欧势力留下"脱欧很容易"的错误印象。

英国公投脱欧为其他欧盟国家开创了一个"先例"，将会起到"示范效应"。荷兰独立党党魁吉尔特·维尔德斯已经表示，荷兰也应就是否留在欧盟举行全民公投。维尔德斯在英国公投结果揭晓后发表的声明中说："荷兰也应该收回对财政、边境以及移民等政策的自主权，如果我当选首相，也将举行全民公投，让荷兰民众自己做出选择。"

（二）英国大选激战正酣

当地时间 2017 年 4 月 18 日，英国首相特雷莎·梅在毫无预兆的情况下突然宣布，希望于今年 6 月 8 日提前举行大选，这比原计划的 2020 年提前了 3 年。特雷莎·梅在声明中强调，新的选举"符合国家利益"。她"并不情愿做出这一决定，但这是脱欧公投后在英国与欧盟谈判期间，唯一能够确保英国明确性、稳定性的途径"。

特雷莎·梅表示，英国人民已开始团结起来应对脱欧，但议会却还没有团结一心。她批评某些人刻意玩弄政治游戏，增加了英国脱欧谈判的风险。"我的结论是，唯有提前大选，才能确保英国拥有更稳定、更有力的政府，撑过眼前这场风暴。"在她看来，当务之急是先稳定国内，再腾出精力与欧盟进行脱欧谈判以及更好地施政。

特雷莎·梅及其发言人此前多次表示不会在议会任期结束前举行任何大选，但批评者一再攻击她，称其并未得到民意授权来主导英国脱欧进程。

当地时间 2017 年 6 月 8 日，英国大选投票开始。这是 2016 年 6 月英国公投决定"脱欧"后举行的首次大选，选举结果将对英国"脱欧"进程产生影响。

英国大选是指议会下议院议员的选举。此次大选，英国选民将选出 650 名下议院议员。按规定，在下议院中获得多数席位的党派领袖将被女王任命为首相并负责组阁。按照相关规定，得票最多的党派如果无法获得单独组阁所需的 326 个议席，一般需联合其他小党组阁，届时英国将形成联合政府执政的局面。

英国舆论认为，特雷莎·梅领导的保守党在选举中胜出的可能性较大，但最终结果仍存在变数。投票前的最后一天，英国主要政党领导人马不停蹄地在英国多个选区竞选拉票。

英国首相、保守党领导人特雷莎·梅在当天的竞选中继续主打"脱欧"牌。她当天对选民说："你们更信任谁来组建强有力的、稳定的政府在脱欧中为英国争取最好的协议？因为'脱欧'很关键，它是其他所有问题的基础，我们必须实现'脱欧'，拿到最好的协议。"

保守党此前在竞选纲领中指出，未来五年将是对英国最具挑战性的时期，如果英国失败了，整个国家及其经济、普通民众的生活都将为此付出巨大代价；如果英国成功了，也将面临巨大机会。保守党主张英国"脱欧"后退出欧盟单一市场和关税同盟，但将寻求与欧盟签订自由贸易和关税协议。

对于主要反对党工党来说，工党领袖科尔宾在最后一天的竞选活动中则继续主打"民生"牌，他承诺加大对英国的医疗和教育系统的资金支持。此前，科尔宾曾被保守党批评似乎拥有一棵神奇摇钱树，可以支付各种福利开支。但是，科尔宾当天再次强调英国到了改变的时刻。他说："是时候改变了。换一个在全国范围内投入资金的政府，用来支持每个角落的民众，解决不平等和贫困等问题。"

根据工党此前公布的竞选纲领，如果胜选，工党政府将大幅增加对富人的征税，还将推动铁路系统、能源系统公有化，主张控制外来移民，但不会设定移民数字。

由于民调机构对 2015 年英国大选和 2016 年脱欧公投等投票结果的预测失误，包括英国广播公司，独立电视台和天空电视台等在内的主要电视媒体日前都宣布将不再联合民调机构针对本次大选做全国性民意调查，电视媒体也在大选报道中减少了对民调数据的引用和分析。但总体来看，英国舆论依然看好保守党。伦敦大学学院政治行为学专家詹妮弗·哈德森说："我们认为，大选的结果很大程度上由党派领导人的受欢迎程度决定。选民对特雷莎·梅普遍比较满意，她被认为是个自信的领导者，这一形象有助她赢得大选。除非有什么巨大或突然的变动，否则本次大选保守党会安全稳妥地胜出。"

但也有不少选民认为，保守党虽然一开始胜券在握，但由于竞选期间英国先后两次遭到恐怖袭击，保守党也出现了一些竞选失误，所以最终胜出也并非百分之百。

（三）中英"黄金时代"不会改变

2015 年开始，中英关系发展进入"黄金时代"，这是历史和现实因素的合力推动，可谓水到渠成。

从历史上来看，自 1972 年中英关系实现正常化以来，双方关系发展一直平稳顺利。2004 年，中英关系从"全面伙伴关系"提升为"全面战略伙伴关系"。虽然经历了 2012 年的一些波折，但总体上发展稳定。尤其是 2014 年之后，在顶层设计的战略指引下，中英关系逐渐驶入快车道。回到现实中来看，双方具有推动中英关系向前发展的强烈的政治意愿和坚实的基础，一致认为建立更为紧密的中英关系不仅符合两国的利益，也有利于世界的和平与繁荣发展。

英国政界不同政治派别在发展对华关系上拥有共识，这种共识在英国经历全球金融危机和欧洲主权债务危机的冲击后进一步加深。因为危机过后，振兴经济成为英国政府的首要目标。在此背景下，发展与新兴经济体特别是与中国的关系，利用中国的市场和投资促进本国的经济复苏与增长，自然成为英国外交的新重点。

无论是政治互信、经贸合作还是人文交流，中英双方都拥有紧密合作的坚实基础和发展空间。在制度层面上，中英已建立了总理年度会晤、战略对话、经济财金对话、高级别人文交流等一系列高层对话机制，就重大事务保持密切、及时和充分的沟通，确保双边关系稳健发展。英国不仅是申请加入亚洲基础设施投资银行的首个西方大国，也是第一个发行人民币主权债券、成立中国在亚洲地区以外的首个人民币清算中心的发达国家。

对于英国而言，"中国崛起不是威胁，而是机遇"。在经济层面上，中英经贸合作正在快速增长、经济互补性加大。英国现已成为中国在欧盟内的第二大贸易伙伴，也是在欧洲投资最快的国家。而中国是英国在欧盟外的第二大贸易伙伴。随着中国经济增长模式从投资导向向消费拉动转型，英国在金融等服务业中拥有的优势正在对中国产生越来越大的吸引力；而中国在核电、基础设施上拥有较为丰厚的资金、技术和经验，又是英国极力争取的资源。因此，中英双方在经济上具有很大的互补空间。

与此同时，中英的文化交流和教育合作也越来越活跃。英国已成为接受中国留学生和建立孔子学院最多的欧盟国家，分别达到了 15 万人和 20 余所。创意文化产业等创新合作也将成为中英合作的新亮点。

英国大选给英国政局带来不确定性，但不会对中英关系产生冲击。面对世界格局大势，无论英国政坛如何变幻，两国关系都将稳定向前发展。

过去一年，英国遭遇多事之秋。"脱欧"带来连锁反应，使英国社会裂痕加大，经济不确定性增加，前路波折。在此情形下，英国与中国的合作意愿增加，中英"黄金关系"必将保持并继续向前发展。

政治外交方面，英国积极参与去年以来中国主办的两次主场外交活动。2016 年 9 月，担任首相不久的特雷莎·梅出席二十国集团杭州峰会，进一步确认了中英关系"黄金时代"的大方向；2017 年 5 月，英国财政大臣哈蒙德作为首相特使参加在北京召开的"一带一路"国际合作高峰论坛。这些都显示出英国政府对华关系的重视程度和延续性。

大局定大势。无论哪个党派执政，中国都将是英国重要的合作伙伴。新形势下，两国关系发展迎来新机遇，处在"黄金时代"的中英关系必将继续保持成色，稳步向前。

二、法国大选及其影响

（一）法国大选触动全球

当地时间 2017 年 5 月 8 日凌晨，法国总统大选第二轮结果出炉。39 岁的马克龙在法国总统大选第二轮投票中击败极右派候选人勒庞，当选为法国新一任总统。

法国大选，
看看外国人怎么说

从多位重量级候选人在初选阶段出局，到轮流执政的社会党和共和党候选人未能进入第二轮，再到极右翼和极左翼在选战中的优秀表现，此次大选给法国留下了一道深刻的历史痕迹。与此同时，这也是一次影响广泛的法国国内政治事件，深刻触动着欧盟的未来。

1. 马克龙胜出：支持率 65.5%大幅领先

投票结果显示，马克龙以 65.5%的支持率大幅领先地击败了支持率为 34.5%的极右翼候选人勒庞，将成为法国历史上最年轻的总统。他同时也将成为自 1958 年法国现代共和政体原理形成后，首位来自于法国传统两大党派之外当选的总统。

在欧洲遭遇民粹主义浪潮冲击的情况之下，以"非左非右"的姿态出现的独立候选人马克龙，以一种有悖直觉的立场展开竞选，对全球化、移民和欧盟采取接纳态度，而后在首轮投票中旗开得胜，并在第二轮投票中获得最终胜利。

勒庞在承认竞选失败后"祝愿马克龙成功"。她对支持者们说，法国社会现在被分为两大派别，分别是"全球化主义者和爱国者"。分析称，尽管"国民阵线"未能实现目标，但一股足以取代旧有政党的政治力量已经诞生，每个人都谈论民族主义，"我们虽然寡不敌众，但仍然取得丰硕成果。"

2. 一波三折：竞选过程悬念丛生

本届法国大选戏剧性场面迭出，包括前总统萨科齐在内的诸多极有影响的政治人物，在党内预选阶段中就已经接二连三出局。而大选首轮中丑闻频爆，也给选战增添了诸多波折。

在竞选初期，共和党候选人菲永曾是最热门人选之一。然而，菲永为妻儿虚设议员助理职位以领取高薪的"空饷门"遭曝光后，菲永的民意支持率大幅度滑落。

随后，极右翼的玛丽娜·勒庞领跑民调。不过，勒庞也受到"空饷门"困扰。她涉嫌虚设欧洲议会议员助手职位，让两名助手"冒领"薪资。此外，她还因涉嫌散播极端组织处决民众的血腥画面受到指控。

而在大选中期，中间派的马克龙突然爆发，开始对领先的勒庞穷追不舍，最终实现超越，问鼎首轮投票。而在第二轮中，马克龙团队的竞选文件于投票日前夕被泄露。马克龙团队称遭到了黑客攻击，泄露文件中真假混杂，试图"挑拨选民和发出错误信息"。

3. 恐袭阴影：投票当天安保严密

近几年，法国的安全局势不容乐观。过去两年中，极端分子在法国制造多起恐袭，造成 200 余人死亡。2015 年 11 月 13 日，巴黎发生连环恐袭事件后，法国一直处于紧急状态。总统选举竞选活动鸣锣后，多名涉恐嫌疑人被捕。

为了保证大选"决赛"的安全，法国进入最高安全戒备状态。5 万多警察和宪兵部署在全国，与执行反恐"哨兵行动"的军人和市政警察一起负责大选投票的安全。法国内政部说，他们的任务是保证法国本土 66 546 个投票站的安全，并在出现突发事件时，迅速干预处理。

巴黎大区是重点安保地区，当局部署了 12 000 名警力。这些警察和宪兵除了要保证投票站的安全之外，还准备在投票后应对庆祝胜利的集会和抗议失败的示威。

在投票当天，法国本土投票站 7 日上午 8 时开放，最晚于当晚 20 时关闭。据法国内政部消息，本次选举法国登记选民人数超过 4 700 万，在法国本土、海外领地和境外共设立 6.9 万个投票站。

4. 法国大选，为何触动全球

马克龙与勒庞对决的法国总统大选为什么触动全世界？较深层的原因在于：他们之间的政治对决已成为西方世界思想潮流斗争的一部分，因此世界其他地区怀着强烈兴趣密切关注此次法国大选的投票过程和结果。

英国金融时报网曾发表专栏作家吉迪恩·拉赫曼的文章，称法国总统选举第一轮投票确认了国际政治中的一种新趋势。在一个又一个国家，最重要的政治分界不再处于左翼与右翼之间，而是处于民族主义者与国际主义者之间。

对民族主义者而言，2016 年是突破性的一年：英国公投决定退出欧盟，唐纳德·特朗普赢得美国总统选举。民族主义政党在波兰和匈牙利掌握了政权，而欧盟的创始核心成员仍在努力抵制着民族主义潮流。

而马克龙的获胜，将被视为法国及欧洲大陆大部分国家将继续留在国际主义一边的迹象。

（二）马克龙的政治思想与中法关系走向

马克龙的胜出进一步遏制了欧洲极右政党上位的趋势，不过他对法国政治经济结构性改革的愿景能否实现尚有待观察，他的外交部署也才刚刚起步。

在这次大选之后，"国民阵线"并没有从法国政坛退场，它拥有的选民基础也依旧存在。从 2002 年至今，"国民阵线"的崛起受到以下几方面因素的综合影响：经济全球化对社会福利分配、就业等问题造成的负面影响让民众日益不满，近期恐怖主义也在法国乃至欧洲蔓延，民众对传统建制派政党执政乏力感到普遍失望。

不过，当前"国民阵线"也正面临来自内部的挑战：首先，"国民阵线"的领袖玛丽娜·勒庞如同她的父亲在 2002 年的选战结局一样，被证明难以当选国家领袖。其次，勒庞家族内部正经历动荡，"国民阵线"议员、玛丽娜·勒庞的外甥女玛丽安·勒庞与党内高层政见不合，决定放弃议会席位的连任角逐。在 2017 年 6 月中旬的议会大选中，"国民阵线"的候选人会在第二轮投票中面对来自马克龙的前进党以及传统建制派共和党候选人的竞争，后两者就很可能击败"国民阵线"的代表，使得"国民阵线"进一步丧失议会席位。

马克龙奉行的中间派思想是"无论政治派别、任人唯贤"，这一姿态在法国的政治文化中其实是很不寻常的。目前，民调显示马克龙享有 62% 的支持率，与 2012 年奥朗德就职时 61% 的支持率相当，高于 2002 年希拉克就职时 59% 的支持率。

马克龙善于辩论并且准备充分，而勒庞则对经济改革方案细节知之甚少。在 5 月底的 NATO 峰会和 G7 峰会上，马克龙的表现也可圈可点。这对于一个年仅 39 岁的"政坛新秀"而言已经算是成功。在第二轮大选中 66% 的选民支持亲欧盟的马克龙，也证明了目前法国社会并不热衷于退欧，更不会脱离欧元区。"打退欧牌"正是勒庞竞选策略中的主要失误。目前，法国民众在经济全球化议题上的分歧更大，因为尽管法国市场日益开放、大企业业绩攀升，但一些法国民众并没有从中受益。这是马克龙政府亟须面对的议题，也是他能否被选民认可的关键。马克龙需要将精力集中在国内治理上。

勒庞的经济政策纲领十分混乱，难以服人。如果法国真的离开欧元区，法国金融环境将会蒙受灾难性影响，这会显著影响外国在法国的投资。与之相比，马克龙不拘泥于政治派别，广纳贤才的思路正是法国当下需要的。建制派政党在过去往往一直加剧政治阵营之间的对立，但马克龙则唤起人们对法国爱国主义和民族自豪感的认同：法国应当在欧盟、欧元区内扮演重要角色，并且在国际舞台展现领导者的形象。法国人民对此也产生了共鸣。勒庞所代表的民族主义情绪则容易使人们忽视了一个现实：法国需要在国际社会发出强有力的声音，而非退缩至国界背后。

经济全球化对法国民众而言并非"百利而无一害"，不少法国人都对经济全球化持负面印象，马克龙也需要将此纳入政策考量。须知，法国有强烈的叛逆政治文化传统，不少左翼人士反对开放国界，对进一步拥抱全球化和自由贸易持保留态度，因为那意味着"法国模式"的终结。应当说，欧盟是适合法国的国际合作模式，法国需要在其中更多地与其他关键国家协调合作，尤其是德国。在英国退欧之后，法国和德国携手可以重新塑造欧盟。以上种种愿景在未来有望进一步明晰。但是，这并不意味着欧洲会变成一个任由外国机构、企业或个人前来施加影响力的大陆，欧洲人也不会接受这样的局面。

马克龙在奥朗德政府时期担任了两年经济顾问、两年经济部长，这一经历已经超越了一些主要国家的领导人。在担任经济顾问期间，马克龙参与了主要经济峰会过程中的法国方面的准备工作；在担任经济部长时他也频繁出访。马克龙在外交领域上或许不如专业外交人员经验丰富，但他的内阁中有一批极富外交经验和战略眼光的幕僚，如前驻德国和欧盟大使、现任外交顾问菲利普·埃蒂安，以及曾担任法国国防部长、现任外交部长的勒德里安等。值得留意的是，现任法国总理菲利普在担任勒阿弗尔市长时，曾负责举办年度中欧商务会议，与中国有直接打交道的经验。因此，马克龙政府的对外政策（包括对华政策）应当会与前任政府保持一定的连续性。

三、德国大选近况

德国将于 2017 年 9 月 24 日举行大选。德国大选是选联邦议员，由新的联邦议院超半数的政党（或政党联盟）决定总理人选，同时组阁。

本次德国大选，关注度较高的候选人有基民盟/基社盟（CDU/CSU）的安格拉·默克尔、社会民主党（SPD）的马丁·舒尔茨，以及不太可能胜选，但较为吸引眼球的德国另类选择党（AFD）的佩特里。

默克尔作为现任德国总理，本次大选是默克尔寻求第四次连任。若其成功连任，则德国会延续当前在欧洲一体化、难民等问题上的政策。

舒尔茨自 1994 年起担任欧洲议会议员，2012—2017 年担任欧洲议会议长，其中 2012 年代表欧盟领取诺贝尔和平奖，是一个能言善谈的精明政治家。2017 年 1 月 19 日，舒尔茨宣布将在 9 月的大选中角逐总理一职，并公布以公平和信任为主题的竞选纲领，包括促进税收公平，提高雇员福利，实行教育免费等，颇受弱势群体的欢迎。

在难民政策方面，舒尔茨支持德国实施人道主义难民政策，但同时也强调要在非洲和中东地区消除难民问题的根源。自舒尔茨宣布参加竞选以来，社民党的民调支持率迅速上升，赶上并超过了默克尔所在基民盟/基社盟，形成"舒尔茨效应"。

弗里克·佩特里被称为"德国的女特朗普"，其所在的德国另类选择党是右翼（到极右）民粹主义政党，反对欧元和进一步的欧洲一体化，主张停止接纳难民。随着德国国内难民问题的不断发酵，许多对默克尔难民政策失望的选民转而支持德国另类选择党，使该党近年来支持率不断上升。

受默克尔政府难民政策的影响，基民盟/基社盟支持率走低，另类选择党支持率则不断上升。从当前民调支持率来看，自德国政府允许难民进入德国以来，潮水般涌入德国的难民给德国的财政、社会治安等造成巨大挑战，期间发生的科隆性侵案等难民犯罪事件更是给德国政坛带来震动。

四、特朗普时代中美关系展望

2017年1月20日，唐纳德·特朗普（Donald Trump）在美国首都华盛顿宣誓就职，正式成为美国第45任总统，美国开启新一轮政治周期。特朗普在竞选期间以"美国优先"为口号，鼓吹保护主义和孤立主义，上任伊始就着手推翻奥巴马政治遗产，特朗普在大国关系问题上一系列"颠覆"美国外交传统的言论使大国关系格局充满了不确定性。特朗普时代中美关系何去何从？可以肯定的一点是与民主党人奥巴马执政时期相比，共和党特朗普政府的美国外交政策包括对亚太地区与对华政策，都会出现比较大的调整。

（一）竞合博弈的中美关系

中美作为世界大国，两者关系错综复杂，相互依靠却又矛盾重重，在政治经济、文化等各方面都有紧密的联系。毫无疑问，中美关系是当今世界最重要的双边关系之一。中国是世界上最大的发展中国家，全球第二大经济体；美国是世界上最大的发达国家，是全球第一大经济体。中美关系的好坏，不仅关系两国之间的切身利益，也关乎世界的和平与发展。中华人民共和国自成立以来，尤其是中美两国自1979年正式建交以来的中美关系，可谓是一波三折，艰难前行。在中美关系发展过程中，始终存在一个现象，即每当美国的政治权力在政党之间轮替时，权力更迭总会造成了中美关系的周期性波动，凸显了双边关系的不成熟和脆弱性。

在过去的几十年里，中美关系磕磕绊绊一路走来，大致可以划分为两个阶段：2001年"9·11"事件以前，美国以其强大的综合国力和苏联解体以后唯一超级大国的地位傲视群雄，以俯视的眼光在看待中国，频频向中国台湾出售武器，轰炸中国驻南斯拉夫大使馆，南海上空撞毁我军机……使中美关系处于极其脆弱的时期；"9·11"事件以后，美国开始意识到阿拉伯世界的反美情绪和世界范围内恐怖活动日渐猖獗，加之美国在阿富汗和伊拉克难以脱身，而中国又在日渐崛起，这使得美国不得不重新审视中国，改变对华战略，谋求与中国建立长期稳定的合作伙伴关系，使中美关系走出困境。

近年来，虽然中美两国之间在一些敏感问题上仍然存在分歧，但中美关系总体上是朝着健康稳定的方向发展，其主要原因有以下几个方面。

第一，中美之间贸易互补性增强，共同利益扩大。中国是美国第二大贸易伙伴、第三大出口市场、第二大进口国和最大的国债持有国，美国是中国第二大贸易伙伴国、第一大出口市场国和第二大直接投资国。所以，不管双方在贸易领域存在多大冲突，巨大的贸易总额足以说明两国在经济和民间层面的相互需求和利益共生关系。自中国加入世贸组织以后，美国的金融业、保险业和信息产业等将以更大的步伐迈进中国市场。美国企业给中国带来了资金、先进技术和管理经验，而中国丰富的人力资源和广阔的市场也给美国企业带来了巨大商机，并且，中国企业还给美国消费者提供了大量价廉物美的消费品。尽管中美两国之间在经贸合作过程中还会存在这样那样的摩擦，譬如美方指责中方的贸易顺差、操纵汇率等问题，但是中美之间贸易的长期合作和深入发展的趋势不可逆转。两国的大战略都是不约而同地把经济发展放在突出的地位，发展经济是中国大战略的核心目标，也是美国的三大战略目标之一。

第二，中美两国之间良好的沟通机制已经形成。近几年里发生的一系列事件，如"9·11"事件、伊拉克战争、国际金融危机等，加速了中美关系崭新结构的形成。随着中美关系的发展，两国之间的合作领域越来越广阔，相互之间的信赖也在加深。两国迄今已建立6大类60多个对话和磋商机制，涵盖了政治、经济、军事、科技、教育、能源、环保、航空等多个领域。这不仅为两国在战略层面进行沟通提供了新的平台，也起到了消除双方猜疑、培育政治互信等积极作用。虽然美国的战略家们认为，中国模式和中国力量都意味着是对美国的一种强有力的挑战；但是美国政府方面却认为来自中国方面的威胁并不是迫在眉睫的，应对金融危机、打击恐怖主义、防止核扩散、安抚俄罗斯和伊斯兰的愤怒情绪是当务之急。而美国政府在解决上述问题的时候，基本上都离不开中国所给予的支持。中美关系的日益制度化使一些问题可以通过沟通协商渠道得到解决，避免因某一领域问题的争端而导致两国关系出现倒退，使中美关系日益走向成熟。

第三，中美之间力量对比发生了变化。经过改革开放30多年的发展和积累，中国的综合国力明显增强。特别是在进入21世纪以来，中美之间的差距明显缩小，速度之快几乎超出所有人的想象。国家能力的内涵并非仅仅指经济水平，还包括政治制度、军事国防、文化环境、国民素质、抗御风险的能力、外部关系等诸多方面，中国正在全面赶上并超越美国。中美双方力量对比的变化意味着美国单方面改变中美关系的能力下降，而中国主动塑造两国关系的能力上升。中国对美关系的重要目标是着眼于维持两国关系的总体稳定，尽量减少美国对中国现代化进程的干扰。因此，中国方面把中美关系定义为稳定，这有助于我们充分把握好战略机遇期，加速实现中国实力的质变，赢得更大的战略主动权。

第四，台湾问题在中美关系中的敏感度有所降低。台湾问题长期以来都是横亘在中美关系之间的一道重要屏障。美国方面始终把台湾当作一个政治筹码，来与中国政府讨价还价。而自从2008年马英九在台湾执政以后，两岸关系总体趋向缓和，两岸之间的博弈已经从主权之争转向治权之争。两岸关系的改善，也使得台湾问题在中美关系的天平上筹码的分量大为减轻。在美国方面，虽然它并不支持台湾"独立"，但它也同样不支持中国政府对于台湾的主权诉求，而只是含糊地承认台湾是中国的一部分。并且，美国还会继续在售台武器等问题上刺激中国的神经，使中美关系遭受影响。2008 年，美国政府宣布将向台湾地区出售价值 65 亿美元的先进武器和军事装备，一度导致中美军事交流的中断。但总体上来说，美国在涉台问题上将会继续奉行一个中国的政策，信守中美三个联合公报的原则，两国在遏制激进台独的问题上仍然会保持战略默契。两岸关系的改善使得台湾问题对中美关系的冲击力度大为降低。

第五，美国对中国的尊重日益提升。2001 年的"9·11"事件对所有美国人是一个沉重的打击，美国人的优越感一夜之间荡然无存。时任美国亚太事务的助理国务卿佐利克当时向布什政府提交了一份报告，要求美国尊重中国的大国地位，同时要求中国承担起作为大国的相应责任。美国总统奥巴马在首轮中美战略与经济对话的开幕致辞中直言，中美关系将塑造 21 世纪。这意味着美国对中国的重视达到了前所未有的高度，而这种重视将随着中国战略地位的提升更加凸显出来。美国国务卿希拉里表示，"中国在改变世界版图方面正扮演着关键性角色，美国正在寻求与中国建立积极合作的关系。"可以说，重视并尊重中国已经成为美国战略界的共识。正是在这一共识的影响下，美国逐渐提升了中美关系在其外交布局中的战略地位，并将中美关系定位为世界上最重要的双边关系。

但是，由于中国的崛起直接撼动了美国的霸主地位，再加上两国之间在社会制度和意识形态等领域的差异，使得中美两国不得不面对彼此之间的一些冲突和摩擦。中美两国之间的矛盾焦点主要会集中在以下几个方面。

第一，领土主权问题。中美两国之间相距甚远，虽然没有地缘政治方面的争端，但是台湾、西藏和新疆以及领海群岛的主权问题依旧会是持续的话题，也会是美国遏制中国的筹码。能源危机的到来更使这一问题显得尤为突出。

第二，贸易摩擦。在中美双边贸易中，中国始终处于顺差地位，这让美国感到十分恼火。美国一直在指责中国政府方面给予出口企业太多补贴，造成美国企业的产品失去了市场竞争力；中国则回应是因为美国对华采取技术封锁，致使许多美国的高端产品不能输入中国。美国指责中国是"汇率操纵国"，敦促人民币升值，等等。

第三，环境问题。中美两国作为世界上碳排放量最大的两个国家，在世界环境改善层面的博弈将会愈演愈烈。美国正在加紧研制新能源，力图在未来占据新能源技术的制高点，而中国在这方面还有较大差距，如果不加紧赶上，必将在未来的争夺中处于下风。

第四，软实力竞争。在不远的将来，中美两国将在文化等领域展开对攻，争夺国际上的话语权。随着中国文化走出国门，也提高了中国的国际影响力。

第五，地区安全以及核扩散问题。当前地区安全的突出问题集中表现在东亚、西亚、北非等地区，核扩散问题则集中在朝鲜、伊朗等国家，在这些问题上，中美两国需要保持一致，发出相同的声音。但是，也不能排除两国利用这些问题来作为讨价还价的筹码，互相牵制。

第六，美国战略东移。自 2011 年下半年以来，美国加紧其重返亚太战略。美国通过加强军事存在，与南中国海周边国家加强能源合作，密切与东南亚国家的多边合作等渠道介入南中国海问题，试图构建南中国海多边机制，从战略上遏制中国。

（二）中美关系展望

2017 年 1 月 20 日唐纳德·特朗普在美国首都华盛顿宣誓就职，成为美国第 45 任总统。就职当天，特朗普发表的就职演讲一再强调美国优先、振兴美国，开出一长串雄心勃勃的愿望清单。

在随后发表的"美国优先"的政策声明中，特朗普阐述了有关外交、经贸、国防、能源等问题的政策与立场。其中，强调将奉行"以实力换和平"的外交政策，击败伊斯兰国等极端恐怖组织；退出跨太平洋伙伴关系协定，重谈北美自贸协定，对违反贸易协定的国家说"不"；重建军队，扩充海空军力量，保持美国的军事优势，优先发展网络司令部防御和进攻能力，开发先进的导弹防御系统；加强能源开发；打击非法移民，加强边境执法等。

美国新政府的治国方略已成为影响中美关系的最大变数，国际社会有一种担心：中美关系在 2017 年将进入多事之秋，其确定和不确定性何在？这是一个国际社会主流并不愿意看到的局面，因为一个健康稳定的中美关系是世界之福。为避免中美关系重走曾经有过的一波三折的老路，美国各界纷纷发出"劝诫"特朗普的理性声音。

美国战略学家、前国务卿基辛格指出，中美合作给两国带来"集体利益"，使两国关系出现"革命性变化"的可能性不大，"合作之道会占上风"。自 20 世纪 70 年代以来，美国更换了 8 位总统，每位总统都基本认同"对华关系是美国外交重要组成部分"的思路，这表明美国对华政策是跨党派政策。基于此，基辛格也对特朗普时代的美中关系发展趋势表示乐观，认为存在"美中两国在行动上同步的非同寻常机遇"。关于美中之间最重要、最敏感的"台湾问题"，基辛格认为无论执政的是民主党政府还是共和党政府，几十年来都遵循一个中国政策，损害这一政策并非明智之举，"而如果因为台湾问题酿成美中之间重大危机，那将会扰乱双边关系长期架构"。

里根时期的总统国家安全事务助理麦克法兰表示，尽管特朗普在竞选期间发表了很多"谴责中国"的言论，但是鉴于两国各层面关系的重要性与互惠性，"相信美中将建立一种稳定关系"。

华盛顿智库布鲁金斯学会桑顿中国研究中心主任李成认为，如何塑造美中关系，从不取决于美国单方面意愿和能力，所以不必急于表达悲观看法，而是应当"脚踏实地、充满希望并奋力前行，积极促进美中关系持续健康发展"。

多年来，经贸合作一直是美中关系的"压舱石"。由于宣称"要对来自中国的进口产品收取 45%关税"的特朗普当选，有关美中经贸合作能否顺利发展的质疑声越来越大。

麦克法兰确信，美中建立良好贸易关系，将为双方都带来巨大好处，这是驱动两国关系稳定的决定性因素，"在寻求美国利益最大化过程中，新总统将最终与伙伴找到基于规则的合作途径"。他认为，特朗普将不会真的要对中国进口产品征收高额关税以及宣布中国为"汇率操纵国"。

　　黑石集团董事长兼首席执行官苏世民乐观地表示，在美国政府过渡时期发展经贸关系尤为重要，"虽然美中经贸时有摩擦，但态势将积极向上"。

　　彼得森国际经济研究所高级研究员拉迪认为，鉴于特朗普非常重视双边贸易协定，美中尽早达成双边贸易协定、促进两国经贸合作至关重要，可对美国企业及美国国内就业产生巨大推动作用。

　　越来越多的美国人认识到，人文交流是美中关系的"润滑剂"。美国前驻中国大使骆家辉指出，美中两国关系不仅体现在政府层面，也存在于人民之间，美中双方在文化、教育、旅游等人文领域中的交流特别重要。

　　著名智库伍德罗·威尔逊中心的基辛格美中关系研究所所长戴博表示，鉴于美中关系的重要性，培养一批在不同行业、能够说中文并且理解中国文化的美国人，事关"美国国家利益"。

　　长期国际关系实践证明，全球与地区合作不仅将使美中两国受惠，也使世界受益。

　　由于特朗普一段时间以来热衷缓和美俄关系、冷落美中合作，使得美国新政府即将推行"联俄抗中"政策的言论甚嚣尘上。对此，基辛格博士的论断掷地有声：如果美中进行对抗，整个世界都将分裂，因为每个国家都将不得不"选边站队"；如果两国合作，在双方共同利益有望彰显的同时，也有机会应对一些美中及世界需要共同面对的挑战。

　　卡特时期的总统国家安全事务助理布热津斯基指出，美国应当在美中俄"三角关系"中追求最大利益，即进一步密切美中合作关系，迫使不甘受到冷落的俄罗斯人紧跟并效仿，"美国不会从美中对抗中获得任何重大战略利益"。为此他提出建议，美国新政府不应短视地抛弃美中合作。

　　联合国城市与气候变化问题特使布隆伯格特别强调，美中两国应继续在应对气候变化等领域展开合作。美驻华大使博卡斯说，美中两国的伙伴关系不仅有利于双方，也将引领世界。而李成则预言，美中将在应对国际力量平衡、维和、气候变化、核不扩散等全球挑战方面取得更多合作成果。

　　美国国内乃至国际社会主流期待美中关系向前发展，反对美国新一届政府采取对华强硬政策。维护和发展健康稳定的中美关系，已成为美国国内和国际社会的主流共识和普遍期待。

　　2017 年，对于中美关系而言，将是一个关键之年。中国一贯主张中美两国不冲突、不对抗，相互尊重，合作共赢。2016 年，中美双边货物贸易额达到 5 196 亿美元，比两国 1979 年建交时增长了 207 倍。目前，中国是美国除北美地区市场外增长最快的出口市场，中美在经济上早已形成你中有我、我中有你的格局，双方的共同利益远远大于分歧。同时，日益频繁的旅游、留学等民间交流，也为中美友好奠定了深厚的民意基础。一系列全球性挑战更加需要中美合作发挥引领作用。

为推动新时期中美关系更好发展，中国展现出大国的战略思考和自信气度。

2016年11月，特朗普当选美国总统后，习近平主席致电祝贺，指出发展长期健康稳定的中美关系，符合两国人民根本利益，也是国际社会普遍期待。5天之后，习近平主席同特朗普通电话，指出作为最大的发展中国家、最大的发达国家、世界前两大经济体，中美需要合作和可以合作的事情很多。

2017年2月10日，习近平主席同特朗普第二次通话，强调中美两国发展完全可以相辅相成、相互促进，双方完全能够成为很好的合作伙伴。特朗普表示，美中作为合作伙伴，可以通过共同努力，推动双边关系达到历史新高度。他盛情邀请习近平主席到海湖庄园举行会晤。

2017年4月6日至7日，国家主席习近平在美国佛罗里达州海湖庄园同美国总统特朗普举行会晤。这次会晤是美国新政府就职以来中美元首首次面对面沟通，坦诚相见，两国元首达成重要共识，为新时期中美关系发展指明了方向，推动开启合作共赢新篇章。

双方认为这次中美元首会晤是积极和富有成果的。此番会晤取得了如下几方面成果。

一是确认了中美关系的发展方向和原则。同意在新起点上推动两国关系取得更大发展，更好惠及两国人民和各国人民。倡议双方要集中精力做大合作蛋糕，制定重点合作清单，争取多些早期收获。双方一致同意，通过共同努力扩大互利合作领域，在相互尊重的基础上管控分歧。

二是规划了双边合作优先领域和机制。中美双方同意推动双向贸易和投资健康发展，推进双边投资协定谈判，探讨能源、基础设施等领域务实合作。中方阐明两国经贸互利双赢的本质，重申不刻意追求贸易顺差，希望美方放宽对华出口限制，进一步平衡双边贸易。军事安全互信是中美战略互信基础，双方愿加强两军交往，用好将建立的联合参谋部对话机制新平台。双方愿深化执法司法、网络安全等领域合作。国之交在于民相亲，双方期待扩大人文交流，筑牢中美关系的地基。

三是中美元首宣布两国建立外交安全对话、全面经济对话、执法及网络安全对话、社会和人文对话等4个高级别对话机制，这是此次海湖庄园会晤的重要成果。会晤期间，双方率先启动了外交安全对话、全面经济对话，彼此深入交流，商定了工作议程，明确了努力方向。会晤期间，双方启动了外交安全、全面经济两个对话机制，重点讨论了机制运作方式和工作重点。双方同意尽早启动其他两个对话机制。双方将开展各领域其他级别的对话接触，鼓励各部门加强交流合作。

四是加强了国际地区事务沟通和协调。会晤期间，两国元首就朝鲜半岛核问题等共同关心的国际和地区问题深入交换意见，同意拓展在地区和全球层面合作，为维护地区和世界和平、稳定、繁荣多做贡献。特朗普说，美中两国作为世界大国责任重大，双方就重要问题保持沟通协调，可以共同办成一些大事。

五是特朗普愉快地接受习近平主席邀请，将于年内对中国进行国事访问。

六是两国元首还商定通过会晤、通话、通信等方式保持密切联系。

2017 年 11 月，美国总统特朗普应国家主席习近平邀请对中国进行了为期三天的国事访问。期间，中美两国领导人就共同关心的重大问题再次进行战略性沟通，在海湖庄园会晤、汉堡会晤基础上达成新的重要共识，加深相互了解和友谊，促进两国各领域交流与合作，为新时代中美关系发展描绘蓝图。

"习特会"十大关键词

中美友好，世界太平，中美合作，全球安稳。中美新型大国关系的目标是合作共赢。这不仅是两国的共赢，也是国际社会的共赢。特朗普时代中美关系更好发展，将对两国、亚太地区和世界的和平、稳定和繁荣做出重大贡献。

习近平主席多次说过，"宽广的太平洋有足够的空间容纳中美两个大国。中美双方应该加强对话，增信释疑，促进合作，确保中美关系始终不偏离构建新型大国关系的轨道。"把中美关系的大厦建设得更牢、更高、更美，习近平主席与特朗普总统在海湖庄园的会晤，掀开了中美关系新的一页。

五、韩国政局突发动荡

（一）韩国总统亲信干政事件

2016 年 10 月 24 日晚，韩国 JTBC 电视台报道，并无任何官职的朴槿惠亲信崔顺实曾收到过包括 44 份总统演讲稿在内的 200 多份文件，其中部分演讲稿的打开时间在总统演讲前，而且崔顺实在总统演讲前曾修改过演讲稿。

2016 年 10 月 25 日，韩国总统朴槿惠就其亲信崔顺实审阅、修改总统演讲稿丑闻向全体国民发表致歉讲话。讲话中，她承认了亲信崔顺实曾经给予她很多帮助，包括审阅修改总统演讲稿。她指出，崔顺实曾经在 2012 年总统竞选中给予她很多关于演讲与公关事务的建议，以及在 2013 年发表就职演说后，她也不时向崔顺实征求过意见。

2016 年 10 月 30 日 7 时 30 分，崔顺实从英国伦敦希思罗机场搭乘一家英国的航空公司航班返回国内。朴槿惠接受了总统府秘书室长、民政首席秘书、宣传首席秘书等 8 名核心幕僚的辞呈，紧急对总统府进行改组。2016 年 10 月 31 日，韩国检方宣布紧急逮捕"亲信干政"事件当事人崔顺实。

2016 年 11 月 20 日，韩检方认定朴槿惠与崔顺实共谋作案。2016 年 11 月 26 日，为抗议"朴槿惠亲信干政"事件，韩国民众的反对声浪持续高涨，预计参与集会游行的人数将达到 200 万，再次创韩国集会规模之最。这是"崔顺实干政事件"曝光以来，韩国第五次大型示威。

2016 年 12 月 9 日下午，韩国国会针对总统朴槿惠的弹劾动议案投票表决。299 人投票，同意 234 票。总统朴槿惠将被停止执行职务，由国务总理黄教安替代主政。弹劾案通过后，议案将交付宪法法院裁决。宪法法院最迟需在 180 天内做出裁决。若宪法法院裁决弹劾案成立，朴槿惠将被取消总统职务，此后 60 天内将举行新的总统大选。

2017 年 3 月 10 日上午，韩国宪法法院通过了对总统朴槿惠的弹劾案。朴槿惠将立即被免去总统职务，成为韩国历史上第一位被成功弹劾下台的总统。

（二）韩国总统大选

从"五人对阵"到"双雄争霸"，再到"一马当先"，经历了攻防之战和纵横联合，大选结果渐渐明朗。

原本支持率不相上下的"两强"候选人文在寅和安哲秀差距突然拉大，前者支持率领先十余个百分点。文在寅与安哲秀两强相争、难分伯仲的局面持续了一段时间后，选情再次发生变化。文在寅最新支持率为 41%，一马当先；而其主要竞争对手安哲秀支持率则下跌 7%，降至 30%。其他三位候选人——洪准杓、沈相奵和刘承旼的支持率均不到 10%。

韩国中央选举管理委员会最终确认共同民主党候选人文在寅当选新一届总统，文在寅由此正式开启自己的总统任期。文在寅作为总统同时还接收了韩国军队的统帅权。

不过，文在寅所在的共同民主党在国会目前有约 120 个席位，没有超过半数。因此，要实现每年新增 50 万个就业岗位、破除财阀特权等竞选承诺，必须联合其他政党。

由于前总统朴槿惠遭弹劾下台，总统位置处于空缺状态，文在寅也成为韩国历史上担任"当选总统"时间最短的人。

（三）新任总统"朝小野大"挑战多

文在寅就任总统，为韩国保守派过去十年的执政画上句号。分析普遍相信，虽然前总统朴槿惠因丑闻倒台，但保守势力的影响仍在，尤其是自由韩国党洪准杓及正党刘承旼在大选的表现并不太差，或令文在寅日后施政之路困难重重。

保守派的洪准杓和刘承旼在大选分别取得 24%及 7%选票，令保守阵营仍掌控近 1/3 选民的支持。

外界猜测，原本从自由韩国党分裂出来的政党，有可能与自由韩国党重修旧好。大选完结后，两党合并压力增加，成事的话，自由韩国党将成为国会最大党，而文在寅的共同民主党在 300 个议席中仅得 119 席。

另外，国民之党的安哲秀在多大程度上愿与文在寅合作，仍是未知数。至于保守势力何时才能完全融合，则视乎其领导权之争。"亲朴"派系可能试图与洪准杓争夺自由韩国党的领导地位，令该党陷入新一轮权斗。

随着执政满月日子来临，韩国总统府青瓦台也对文在寅担任总统以来的成绩做出盘点，同时对新政府的工作进行自评。

民调机构盖洛普韩国公司的一项民调结果报道，84%的受访者认为，文在寅"干得不错"。根据盖洛普韩国公司的说法，文在寅目前的支持率创下韩国历任总统的最高纪录。此前，这一纪录由前总统金泳三保持，他于1993年6月和9月两次获得83%的支持率。

文在寅执政以来一直努力顺应民意，过去一个月是执政为民的一个月。文在寅政府在"朝小野大"的格局下火速上台，甚至无暇组建总统工作交接小组。在这一背景下，执政首月的艰难在意料之中，但也在克服当中。

文在寅刚一上任，在野党阵营就在总理提名人选上给了他一个"下马威"。在野党议员挖出总理提名人李洛渊的"黑历史"，包括他本人偷税漏税、其子被免除兵役、其妻的画作以较高价格售出以及其母涉嫌房地产投机。

最终，文在寅亲自表态求谅解后，三大在野党才对李洛渊"开绿灯"。此外，副总理兼企划财政部长官、外交部部长和宪法法院院长等提名人选也被在野党方面曝出"污点"，组阁进程遭拖延。

在"萨德"部署问题上，青瓦台方面指责国防部故意瞒报，还试图把环境评估"大事化小"。文在寅目前处于执政"蜜月期"，接下来的支持率走向将取决于他能否兑现竞选承诺。

六、2017年中国外交成就和特点

纵观全球，世界和平发展的大势未变，但各种乱象还将继续发展。面对2017年世界局势，中国外交保持定力、趋利避害，主动引领世界秩序新变革，拓展互利合作的国际空间，为党的十九大胜利召开和全面建成小康社会营造了良好外部环境，为世界和平与发展事业做出了更大贡献。

（一）中国的多边外交

1. "一带一路"国际合作高峰论坛

2017年5月14日至15日，中国在北京主办"一带一路"国际合作高峰论坛。这是各方共商、共建"一带一路"，共享互利合作成果的国际盛会，也是加强国际合作，对接彼此发展战略的重要合作平台。国家主席习近平出席论坛并主持领导人圆桌峰会，带着对世界形势和人类命运的观察思考，同与会各方共商"一带一路"建设合作大计，共绘人类命运共同体的美好画卷。

2. 金砖国家峰会

2017年9月3日至5日，金砖国家领导人第九次会晤将在福建厦门举行，主题是："深化金砖伙伴关系，开辟更加光明未来"。目前，金砖合作已经步入第二个"黄金十年"。

厦门会晤

从2006年中国、俄罗斯、印度、巴西四国外长在联合国大会期间举行首次会晤，到2010年南非加入金砖国家合作机制，金砖国家扩大为五国。10年来，金砖国家经济总量在全球经济中的占比从12%提升到23%，贸易总额的占比从11%升至16%，对外投资比重从7%上升到12%，对世界经济增长率贡献达到50%。金砖国家在贸易和投资领域具有广阔的合作前景，已成为全球治理的重要力量。

中国国际经济交流中心总经济师陈文玲告诉中国经济时报记者，南北关系发生了深刻演化。现在新兴经济体、发展中国家整体崛起，不仅表现在GDP的总量超过全球50%，也表现在国际舞台上的分量、话语权在迅速提高。金砖国家要真正成为"金砖"，成为含金量更高的金砖国家组合体，今后要推进更加开放和紧密的合作，在国际社会上发挥更大的作用。

（二）中国的双边外交

继2016年之后，习近平主席在2017年又对多个国家进行了重要访问。习近平主席年初对瑞士进行国事访问并出席达沃斯论坛年会，4月对芬兰共和国进行国事访问，7月对俄罗斯联邦、德意志联邦共和国进行国事访问并出席二十国集团领导人第十二次峰会。值得我们关注的是，十九大之后习近平主席应邀赴越南岘港出席亚太经合组织（APEC）第二十五次领导人非正式会议，并对越南、老挝进行国事访问。

2017年1月15日至18日，国家主席习近平对瑞士进行国事访问，出席世界经济论坛年会并访问在瑞士的国际组织。习近平主席2017年首次出访，出访了欧洲中心瑞士、"世界经济风向标"达沃斯、重要多边外交中心日内瓦。面对世界经济低迷不振，逆全球化暗流涌动，国际形势动荡多变，习近平主席登上达沃斯和日内瓦讲坛，紧扣时代命题，讲述中国故事，提出中国主张，贡献中国智慧。在访问期间，两国主席共举行了八场重要双边活动，密集互动，在双方关心的领域进行了深入的交流。双方正式会谈结束后，两国主席共同见证了创新、自贸、海关、文化、环境、体育、教育等10个双边协议的签署，访问成果丰硕，反响十分积极。

2017年4月4日至6日，应芬兰共和国总统尼尼斯托的邀请，国家主席习近平于对芬兰共和国进行国事访问。访问期间，中芬两国元首一致确认建立和推进中芬面向未来的新型合作伙伴关系，强调构建更加具有前瞻性、战略性、时代性的中芬关系符合两国和两国人民根本利益。芬兰各界人士在接受本报记者采访时表示，习主席此访为两国深化合作共赢指明了方向，也有助于打造中欧和平、增长、改革、文明四大伙伴关系。

2017年7月，习近平主席访问了俄罗斯联邦、德意志联邦共和国，并参加出席了在德国汉堡举行的二十国集团领导人第十二次峰会。在G20峰会上，习近平主席发表题为《坚持开放包容　推动联动增长》的重要讲话，强调二十国集团要坚持建设开放型世界经济大方向，为世界经济增长发掘新动力，使世界经济增长更加包容，完善全球经济治理，推动联动增长，促进共同繁荣，向着构建人类命运共同体的目标迈进。习近平在讲话中指出，当前，世界经济出现向好势头。同时，世界经济中的深层次问题尚未解决，仍然面临诸多不稳定不确定因素。面对挑战，杭州峰会提出了二十国集团方案：建设创新、活力、联动、包容的世界经济。汉堡峰会把"塑造联动世界"作为主题，同杭州峰会一脉相承。我们要共同努力，把这些理念化为行动。

2017年11月10日至11日，习近平主席赴越南岘港出席亚太经合组织（APEC）第二十五次领导人非正式会议，并于11月12日至14日对越南、老挝进行国事访问。这是中共十九大胜利闭幕后，中国领导人首次出席国际多边会议和出访，具有重要意义，受到国际社会高度关注。

七、开拓新时代中国特色大国外交新局面

党的十九大报告系统阐述了新时代中国特色大国外交面临的新形势、新任务、新要求，明确提出中国特色大国外交要推动构建新型国际关系、推动构建人类命运共同体，是新的历史起点上推进对外工作的政治纲领和行动指南。我们要以习近平新时代中国特色社会主义思想为指引，深入贯彻落实党的十九大精神，不断开创对外工作新局面，为党和国家工作全局创造良好外部环境，为推进中国特色社会主义伟大事业做出应有贡献。

（一）新时代对外工作面临新形势、新任务、新要求

党的十九大科学分析国内国际形势及其发展趋势，准确把握中国历史方位和国际地位，系统回答了中国推动建设什么样的世界、构建什么样的国际关系等重大问题，明确了对外工作的目标使命、中心任务、方针原则和战略部署，为新时代中国特色大国外交做出了顶层设计、开辟了前进道路。

1. 科学判断新时代中国外交面临的国际形势

十九大报告全面客观辩证地分析了中国所处的国际环境，做出了世界正处于大发展大

变革大调整时期、和平与发展仍然是时代主题、中国发展仍处于重要战略机遇期等重大论断。这是我们谋划开展对外工作的基本出发点和立足点。

和平与发展仍然是时代主题。世界各国越来越成为相互依存、你中有我、我中有你的命运共同体，没有哪个国家能够独自应对人类面临的各种挑战，也没有哪个国家能够退回到自我封闭的孤岛。求和平、谋发展、促合作、图共赢，是各国人民的共同期待，也是不可阻挡、不可逆转的时代潮流。

当今世界正在发生前所未有的深刻变革。世界多极化、经济全球化、社会信息化、文化多样化深入发展，新兴市场国家和广大发展中国家快速崛起，推动国际力量对比更趋均衡，也日益重塑国际关系理论和实践。加强全球治理、推动全球治理体系变革既是形势所需，也是大势所趋。

世界面临的不稳定性不确定性突出。世界经济增长动能不足，贫富分化日益严重，地区热点问题此起彼伏，恐怖主义、网络安全、重大传染性疾病、气候变化等非传统安全威胁持续蔓延，人类面临许多共同挑战。这些既是影响世界稳定安宁的主要因素，也凸显各国携手共建人类命运共同体的必要性和紧迫性。

综合判断，当前和今后一个时期，国际形势将继续处于深刻复杂变化之中，中国发展仍处于重要战略机遇期，前景十分光明，挑战也十分严峻。我们要坚定信心、锐意进取、居安思危、奋力前行，在风云变幻的国际局势中始终保持战略定力，掌握战略主动。

2. 明确提出新时代中国外交的目标使命

十九大报告指出："中国共产党是为中国人民谋幸福的政党，也是为人类进步事业而奋斗的政党。中国共产党始终把为人类做出新的更大的贡献作为自己的使命。"这宣示了新时代中国特色大国外交的目标使命，表明中国外交不仅以为中国人民谋幸福为己任，也将为人类社会共同进步展现更大担当。

实现中华民族伟大复兴、带领人民创造美好生活是我们党矢志不渝的历史使命和奋斗目标。新时代中国特色大国外交就是要紧紧围绕党和国家工作大局，坚定维护国家主权、安全、发展利益，为和平发展创造更加有利的国际环境，维护和延长中国发展的重要战略机遇期，为实现"两个一百年"奋斗目标、实现中华民族伟大复兴的中国梦、实现人民对美好生活的向往提供有力支持和保障。

中国人民的梦想同各国人民的梦想息息相通，中国梦造福中国人民，也造福世界人民。中国将在新的发展征程中，为世界和平与发展做出应有的贡献。我们将通过自身稳定发展和对外开放，为世界发展提供新动力；通过中国特色社会主义道路、理论、制度和文化建设，为人类政治文明进步做出新探索；通过建设性参与解决国际地区问题，为世界变局注入更多稳定性和确定性；通过推动全球治理体系变革，为世界长远发展贡献更多中国智慧和力量。

3. 深入阐明新时代中国外交的中心任务

十九大报告明确提出，中国特色大国外交要推动构建新型国际关系、推动构建人类命运共同体，并将坚持推动构建人类命运共同体作为新时代坚持和发展中国特色社会主义的14条基本方略之一。

构建人类命运共同体，就是各国要同心协力建设持久和平、普遍安全、共同繁荣、开放包容、清洁美丽的世界。这一思想为人类社会实现共同发展、持续繁荣、长治久安绘制了蓝图，反映了中外优秀文化和全人类共同价值追求，指明了国际社会的前进方向，对中国和平发展、世界繁荣进步都具有重大而深远的意义。这一思想继承和发展了中华人民共和国不同时期重大外交思想和主张，是当代中国外交重大创新成果，是中国对世界的重要思想和理论贡献，已多次被联合国文件引用，产生日益广泛而深远的影响。

推动建设相互尊重、公平正义、合作共赢的新型国际关系，是通往人类命运共同体的基本路径。构建新型国际关系，就是要倡导各国秉持相互尊重原则，共同追求国际关系和国际秩序的公平正义，携手合作、同舟共济、互利共赢。相互尊重是前提，公平正义是准则，合作共赢是目标。构建新型国际关系的实质，就是要走出一条国与国交往的新路，为构建人类命运共同体开辟道路、积累条件。

4. 丰富发展新时代中国外交的方针原则

十九大报告重申，中国将高举和平、发展、合作、共赢的旗帜，恪守维护世界和平、促进共同发展的外交政策宗旨，坚定奉行独立自主的和平外交政策，坚定不移在和平共处五项原则基础上发展同各国的友好合作。这些外交方针原则充分体现了中国对外政策的稳定性和连续性，顺应时代潮流，经过实践检验，是中国外交必须长期坚持的基本方针。

同时，十九大报告针对新的形势变化和时代特征，进一步丰富和发展了和平发展战略思想。不仅强调中国始终不渝走和平发展道路、奉行互利共赢的开放战略，还突出坚持正确义利观，树立共同、综合、合作、可持续的新安全观；中国绝不会以牺牲别国利益为代价来发展自己，也决不放弃自己的正当权益，任何人不要幻想让中国吞下损害自身利益的苦果；中国无论发展到什么程度，永远不称霸，永远不搞扩张，始终做世界和平的建设者、全球发展的贡献者、国际秩序的维护者。这是中国向世界做出的庄严承诺，反映了中国人民坚持和平发展的坚定决心、战略抉择和真诚愿望，是新时代中国外交的重要遵循和依归。

5. 全面深化新时代中国外交的战略部署

十九大报告对新时代对外工作重点任务做出了战略部署，提出了明确要求。

不断完善外交布局，打造全球伙伴关系网络。推进大国协调和合作，构建总体稳定、均衡发展的大国关系框架，按照亲诚惠容理念和与邻为善、以邻为伴周边外交方针深化同周边国家关系，秉持正确义利观和真实亲诚理念加强同发展中国家团结合作。这是中国不结盟政策的继承和发展，打破了非友即敌、结盟或对抗的冷战思维，为引领国家间关系提供了新思想、新模式。

坚持不懈推进"一带一路"建设，进一步深化全方位对外开放格局。坚持对外开放的基本国策，坚持打开国门搞建设，把"一带一路"与构建人类命运共同体更加紧密结合起来，与落实 2030 年可持续发展议程紧密结合起来，打造国际合作新平台，增强共同发展新动力。这将有力促进区域经济一体化和区域合作，为世界提供更多互利共赢的合作契机。

深度参与全球治理，积极引导国际秩序变革方向。秉持共商共建共享的全球治理观，推动全球治理体系朝着更加公正合理方向发展。倡导国际关系民主化，支持联合国发挥积极作用，支持扩大发展中国家的代表性和发言权。这体现了中国作为现行国际体系的参与者、建设者、贡献者的价值取向，是中国作为负责任大国对世界做出的重要贡献。

上述形势判断、目标使命、中心任务、方针原则和战略部署五位一体，构成新时代中国特色大国外交的基本架构体系，其中推动构建人类命运共同体、坚持正确义利观、遵循共商共建共享原则、推进"一带一路"建设等核心内容已写入党章，成为习近平新时代中国特色社会主义思想的重要组成部分，指引中国外交不断乘风破浪、胜利前进。

（二）以党的十九大精神为指引，开创新时代对外工作新局面

学习宣传贯彻党的十九大精神是当前和今后一个时期全党全国的首要政治任务，是外交外事战线一切工作的中心主线。要以习近平新时代中国特色社会主义思想为指引，深入贯彻落实党的十九大精神，更加积极有为地推进中国特色大国外交，为不断推动党和国家事业迈上新台阶营造良好国际环境。

1. 坚持政治统领，更好用党的十九大精神武装头脑

要牢固树立"四个意识"，不断坚定"四个自信"，自觉同以习近平同志为核心的党中央保持高度一致，坚决维护核心、拥戴核心、服务核心。深刻领会和全面贯彻习近平新时代中国特色社会主义思想，着力在学懂弄通做实上下功夫，将其转化为推动对外工作的强大力量。始终坚持外交大权在以习近平同志为核心的党中央，不断加强党对对外工作的集中统一领导和全方位统筹协调，确保党中央对外大政方针和战略部署得到有力贯彻执行。大力宣传党的十九大新思想、新理念、新论断，增强国际社会的理解认同，不断提升中国国际影响力和感召力。

2. 加强战略谋划，更好聚焦服务党和国家中心工作

要以习近平新时代中国特色社会主义思想为行动指南，在党中央总体部署框架内，形成对外工作的具体战略、政策和举措。立足中国发展新的历史方位和"两步走"新的战略安排，统筹国内国际两个大局，谋划制定相适应的对外工作规划，为国内发展营造和平的国际环境和稳定的国际秩序。继续以打造全球伙伴关系网络为统领，加强与大国、周边和发展中国家等的交往与合作，不断深化完善对外战略布局。强化忧患意识和底线思维，有效防范抵御国际局势中的重大风险挑战，坚定维护国家主权、安全和发展利益。

3. 强化使命担当，更好增强对外工作主动性创造性

要坚持推进外交理论和实践创新，以构建新型国际关系、构建人类命运共同体为核心引领，不断推动中国与世界关系发展、不断深化对中国特色大国外交的规律性认识。准确把握习近平新时代中国特色社会主义思想的继承性、创新性、时代性，积极探索对外工作新思路新方式新举措，不断增强中国特色大国外交的生机活力。紧密结合中国对外工作实践，更加积极深入参与全球治理体系改革和建设，提出更多新理念、新倡议、新方案，为国际社会贡献更多中国智慧和力量。

4. 夯实战略保障，更好提高对外工作的能力和水平

要根据新形势、新要求，提高对外工作战略性和前瞻性，善于把握内外全局，善于统筹不同领域，善于驾驭复杂局面，有效应对和处理对外工作中的新问题和新挑战。充分发挥各部门各地方积极性和能动性，增强大局观念和协调意识，切实形成相互配合、协同发力的良好工作局面。从国家治理体系和治理能力现代化的高度，扎实推进对外工作体制机制改革，为对外工作不断提质增效提供有力支撑。进一步加强人才培养和组织能力建设，打造一支政治过硬、业务精湛、勇于担当、忠诚干净的外交外事干部队伍。

习近平总书记强调，中国特色社会主义进入了新时代，新时代要有新气象，更要有新作为。党的十九大胜利闭幕后不久，习近平总书记同访华的美国总统特朗普及俄罗斯等国领导人在北京会晤，赴越南岘港出席亚太经合组织第二十五次领导人非正式会议并对越南、老挝进行国事访问，取得重要丰硕成果，谱写了新时代中国特色大国外交辉煌的新篇章。

思考题

1. 英国脱欧的影响有哪些？
2. 法国大选对欧洲产生了哪些影响？
3. 怎样理解中美之间是竞合博弈的关系？
4. 2017 年中国外交有哪些重大成就？
5. 中国特色社会主义进入新时代后，中国对外工作面临哪些新形势新任务新要求？

参考文献

［1］凤凰资讯．英国大选进入最后冲刺 保守党胜出存在变数．

　　http://news.ifeng.com/a/20170608/51211204_0.shtml?_zbs_baidu_dk．

［2］中国新闻网．法国大选触动全球 马克龙大幅领先当选新任总统．

　　http://www.chinanews.com/gj/2017/05-08/8217870.shtml．

［3］大公网．"马克龙主义"与中法关系走向．

　　http://news.takungpao.com/paper/q/2017/0606/3457962.html．

［4］新华网．中英"黄金关系"不受英国政局变化影响．

　　http://news.xinhuanet.com/world/2017-06/10/c_1121120466.htm．

［5］人民网．韩国保守势力影响仍在 文在寅施政之路困难重重．

　　http://korea.people.com.cn/n1/2017/0511/c407881-29268492.html．

［6］人民网．文在寅当选韩国新任总统 欲搬离青瓦台．

　　http://korea.people.com.cn/n1/2017/0511/c407881-29268611.html．

［7］第一黄金网．舒尔茨抱团追赶默克尔 2017 德国大选也许比法国大选更精彩．

　　http://www.dyhjw.com/gold/20170411-05158.html．

［8］新华网．解读中英关系发展的"黄金时代"．

　　http://news.xinhuanet.com/world/2015-10/21/c_128343282.htm．

［9］人民网．执政迎满月 韩新总统凭啥获史上最高支持率？．

　　http://world.people.com.cn/n1/2017/0609/c1002-29330065.html．

专题八　聚焦国际热点
关注周边安全

　　周边安全环境是中国进行社会主义现代化建设最重要的外部条件。在亚太地区，美日等国同盟强化，地区安全不稳定因素不减反增。朝鲜核试震惊世界，余波持续。朝鲜力图实现其所称的"两弹合一"，引起联合国安理会新的制裁，也给美日韩在东北亚加强军事部署提供借口。日韩达成《军事情报保护协定》，进一步提升了美日韩军事同盟关系。

　　中东秩序重建举步维艰，前景扑朔迷离。"阿拉伯之春"自六年前在北非和西亚发生以来，先后波及突尼斯、埃及、利比亚、也门、叙利亚等国。中东局势复杂严峻，成为时刻易爆的"火药桶"。

一、朝鲜半岛局势或将升温

　　2016 年年初，朝鲜不顾国际舆论相继进行氢弹试验和卫星发射的行为彻底震惊了国际社会。朝鲜反复折腾，引发四邻不安，招致美、日、韩三国强烈反弹，导致朝鲜半岛乃至东北亚再度紧张，也对中国的东北边境安宁和国家安全利益构成严峻挑战。最近，朝鲜半岛局势再度升温激化，摆在我们面前有两种前景：一种是任由对抗持续升级，最终走向冲突甚至战乱；一种是各方都冷静下来，共同把半岛核问题拉回到政治外交解决轨道。

（一）朝鲜核试验及国际态度

1. 朝鲜第一次核试验

　　2006 年朝鲜核试验，为朝鲜民主主义人民共和国首次核试验，据传此次试爆于当地时间 2006 年 10 月 9 日上午 10 时 35 分 27 秒，时间大约在朝鲜官方宣布准备核试验的一周之后。核试验造成了一次规模相当于里氏 3.6 级的人工地震，相当于 800 吨三硝基甲苯炸药（TNT）爆炸产生的烈度，规模比以往其他国家的初次核试都小。

　　2006 年 10 月 14 日，联合国安理会一致通过了关于朝鲜核试验问题的第 1718 号决议，对朝鲜核试验表示谴责，要求朝方放弃核武器及核计划，立即无条件重返六方会谈，并决定针对朝方核、导等大规模杀伤性武器相关领域采取制裁措施。同月 9 日，朝鲜宣布成功进行一次地下核试验。

2. 朝鲜第二次核试验

2009 年 4 月 5 日，朝鲜宣布发射了"光明星 2 号"卫星。安理会发表主席声明谴责这次发射活动，同时，联合国朝鲜制裁委员会发表了新的制裁措施。对此，朝鲜立即宣布退出六方会谈，中断与国际原子能机构的合作，并在 4 月 29 日宣布将进行核试验和洲际弹道导弹试射。

2009 年 5 月 25 日大约上午 9 时 50 分，朝鲜再次进行了地下核试验。据朝鲜中央通信社新闻公报称，这次核试验是"应科技人员的要求"进行的，也是"千方百计加强自卫的核遏制力的一项措施"。这次核试验在爆炸力和操纵技术方面有了新的提高，进一步加强了核武器的威力，解决了不断发展核技术的科技问题。朝鲜地下核试验引发了 4.5 级地震。核试验地点距离中国吉林省延边朝鲜族自治州延吉市 180 公里，延边各县市均有震感。据韩国估计此次爆炸当量达到 1 000 至 20 000 吨 TNT 炸药。朝鲜并于 25 日发射了 3 枚射程 130 公里的地对空导弹，26 日发射 3 枚短程导弹。

美国助理国务卿库尔特·坎贝尔 2009 年 6 月 10 日重申，美国不会接受朝鲜为有核国家。他还强调，美国将对日本和韩国提供保护。

2009 年 6 月 12 日，联合国安理会通过第 1874 号决议，该决议依据《联合国宪章》第七章对威胁国际和平与安全的行为规定，对朝鲜进行核试验，提出进一步的经济制裁，加强管制朝鲜除轻型武器以外的武器进出口，并授权各国可拦检朝鲜的可疑船只及货物，并要求朝鲜今后不再进行核试验或使用弹道导弹技术进行任何发射。朝鲜则回应会继续强化核弹制造计划，并警告美、日、韩，朝鲜半岛可能会爆发核战。

2009 年 6 月 12 日，中国常驻联合国代表张业遂在联合国安理会发言说，中国支持安理会对朝鲜核试验问题做出适当、平衡的反应。中国外交部发表声明，表示坚决反对朝鲜核试验，强烈要求朝鲜信守无核化承诺，停止可能导致局势进一步恶化的相关行动，重新回到六方会谈的轨道上来。在联合国安理会一致通过的朝鲜核试验问题第 1874 号决议上，中国投了赞成票。

3. 朝鲜第三次核试验

2012 年 12 月 12 日，朝鲜在没有提前告知的情况下突然发射了"光明星 3 号"卫星。联合国安理会于 2013 年 1 月 23 日通过 2087 号决议，决定对朝鲜执意进行发射活动给予制裁。

2013 年 1 月 24 日，中国外交部发言人洪磊在例行记者会上表示，维护朝鲜半岛和平稳定、实现半岛无核化符合各方共同利益。当前半岛局势复杂敏感，中方希望有关各方都能保持冷静，谨言慎行，不要采取可能导致地区局势紧张升级的举措。洪磊表示，中方一贯主张朝鲜半岛应实现无核化，各方应共同努力维护朝鲜半岛和平稳定。

2013 年 2 月 12 日，朝鲜宣布成功进行了一次地下核试验，并称此次试验的是小型轻量的原子弹，同时多国宣布检测到了可能与此相符的地震。对此，日本要求联合国安理会召开紧急会议，韩国提升了军队的警戒程度。此外，美国和日本还紧急出动飞机来确认辐射特征。

2013 年 2 月 13 日，韩国官员表示，韩国不打算以军事手段反制朝鲜最新核试验。同时，韩国将加快建设防空体系和用导弹打击朝鲜全境的能力。

2013 年 2 月 15 日，日本参议院通过决议，一致要求日本政府针对朝鲜进行核试验对其实施有效的制裁。决议称，"朝鲜进行核试验是对国际社会的严重挑衅，日本作为唯一一个遭受过核武器攻击的国家，决不允许这样的行为"，"日本应对此表示强烈抗议，并要求朝鲜迅速放弃所有核活动。"

2013 年 3 月 7 日，联合国安理会一致通过第 2094 号决议，严词谴责朝鲜进行第三次核子试爆，并加强和扩展了对朝鲜的多项制裁措施，包括禁止游艇、名车、珠宝等奢侈品进口朝鲜，要求各国对怀疑运载违禁品到朝鲜的飞机实施禁飞，并加强监视朝鲜外交人员的非法活动，限制非法金融交易及切断用作武器发展的资金转移等。

在决议通过后，朝鲜宣布废除与韩国缔结的互不侵犯协定，并切断与韩国在板门店设立的热线。朝鲜强调若丝毫领土、领海与领空受侵袭，朝鲜将"毫不留情地展开报复性打击"。

2015 年 10 月，美国总统和韩国敦促朝鲜重启六方会谈。而在 2015 年 12 月，朝鲜最高领导人金正恩表示朝鲜已是拥有原子弹和氢弹的核强国，但遭到韩国官员和白宫的质疑。

在朝鲜第三次核试验之后，美国国防部长帕内塔在新闻发布会上说，朝鲜已经对美国在东北亚的利益、该地区的美国盟友及美国本土构成威胁。朝鲜核试验是一次"严重挑衅行为"，明显违反联合国安理会相关决议及朝鲜在六方会谈中做出的相关承诺，这一行动让核扩散风险加剧，同时进一步孤立了朝鲜。朝鲜已对美国利益、地区稳定与全球安全构成"真实威胁"。

4. 朝鲜第四次核试验

2016 年 1 月 6 日，朝鲜宣布成功进行了氢弹试验，并在此后不顾国际社会的普遍反对，执意于 2 月 7 日以弹道导弹技术发射了"光明星 4 号"卫星。这次新的核试验及随后的卫星发射引发了新一轮矛盾冲突和局势紧张升级。对此日本首相安倍晋三表示，朝鲜核试验是对日本安全的重大威胁，绝不能容忍。时任韩国总统朴槿惠表示要让朝鲜为核试验付出相应的代价。

2016 年 1 月 7 日，中国外交部发言人华春莹在回答记者提问前就此事宣读外交部声明：今天，朝鲜民主主义人民共和国不顾国际社会普遍反对，再次进行核试验，中国政府对此表示坚决反对。实现半岛无核化、防止核扩散、维护东北亚和平稳定。是中方的坚定立场。我们强烈敦促朝方信守无核化承诺，停止采取任何恶化局势的行动。维护半岛即东北亚和平稳定符合各方共同利益。中方将坚定推进半岛无核化目标，坚持通过六方会谈框架解决半岛核问题。

在进行此次核试验后，朝鲜最高领导人金正恩称，朝鲜的氢弹试验是一个"保障朝鲜半岛和平与区域安全的自卫性措施"，是主权国家的合法权利，也是堂堂正正的行为。1月8日（即金正恩的生日），朝鲜发动民众在金日成广场上庆祝朝鲜氢弹试验成功。朝鲜民间对发布消息的方式及核试验的巨额花费普遍存在不满情绪。实验过后，朝鲜劳动党中央委员会下达了"彻底切断边境地区非法渡江和电话通话"的指示，道国家安全保卫部、道人民保安局、边境警备队展开联合行动加强了边境地区的警戒，取缔跟中国的电话通信。

2016年2月23日下午举行的联合记者会上，时任中华人民共和国外交部部长王毅表示：为维护国际核不扩散体制，中美双方都不接受朝鲜的核导计划，双方都不承认朝鲜的"拥核地位"。

2016年3月2日，联合国安理会通过决议，决定实施一系列制裁措施，遏制朝鲜的核、导开发计划。安理会以15票赞成一致通过了由美国提交进一步制裁朝鲜的决议草案。决议规定联合国成员国必须对朝鲜的全部进出口货物进行强制检查；实行金融禁令；限制朝鲜战略物资的出口；禁止向朝鲜提供航空燃料等。决议还将朝鲜16个个人、12个实体和31艘船只列为制裁对象。

5. 朝鲜第五次核试验

2016年9月9日8点30分，朝鲜（北纬41.40度，东经129.10度）发生5.0级地震，震源深度0公里。朝鲜中央电视台随后称，朝鲜"成功进行核试验"，朝鲜民主主义人民共和国核武器研究所也通过朝中社发表声明，证实了此消息。朝鲜当天迎接国庆68周年。这是朝鲜第五次对外宣布的核试验。

朝鲜民主主义人民共和国不顾国际社会普遍反对，再次进行核试验，中国政府对此表示坚决反对。实现朝鲜半岛无核化、防止核扩散、维护东北亚和平稳定，是中方的坚定立场。我们强烈敦促朝方信守无核化承诺，遵守安理会相关决议，停止采取任何恶化局势的行动。中方将同国际社会一道，坚定推进半岛无核化目标，坚持通过六方会谈解决有关问题。

面对朝鲜半岛的复杂紧张局势，中国从维护自身安全利益和半岛稳定的大局出发，一方面，在坚持朝鲜半岛无核化原则不动摇、反对朝鲜拥有和发展核武器的同时，适度发展与朝鲜的经贸关系；另一方面，着力提升与韩国的合作水平，包括签署自贸区协定，推进安全合作机制建设等，把加强中韩关系作为稳定朝鲜半岛大局的重要抓手。应该说，中国的这种做法有利于维护朝鲜半岛大局的稳定。

但是，朝鲜半岛的根本性矛盾依然存在，随时都有爆发的危险。毫无疑问，朝鲜半岛问题的根源在于美国的对朝政策和朝美关系，但朝鲜试图通过大幅度提升核武水平向美国施压、把美国逼到谈判桌上来的做法是一步险棋。朝鲜靠核武立国，发展远程战略导弹，不仅美国不会接受，也遭到东北亚国家及全世界的普遍反对，它搅乱了东北亚地区的安全秩序，危及了其他国家的利益，包括中国在内的有关各方都不会接受一个拥核的朝鲜。同时，朝鲜试图抛开中国摆脱其困难处境的做法，是一厢情愿的徒劳努力，只会使其变得更加孤立，更加远离国际社会。

（二）美韩推进"萨德"部署

为了应对朝鲜的威胁，韩国前总统朴槿惠表示将尽一切努力寻求一切外交途径制裁朝鲜，同时更是考虑要引进美国的末段高空区域防御系统（简称"萨德"反导系统）。

文在寅谈"萨德"问题

在东北亚特定地缘环境下，"萨德"在韩国实施"前沿部署"后，其雷达监控范围可深入覆盖东北亚腹地，平时可摄取该地区国家诸多情报、积累目标特征数据，战时则充当早期识别与跟踪工具、提升导弹拦截概率。这就使"萨德"不局限于充当单纯的被动防卫性"盾牌"，还具备了相当的攻势防御能力，从而远远超出了朝鲜半岛防卫的需求，其将大幅提高美国对中国战略导弹发射试验的监测精度，进而提高其拦截中国战略导弹的能力。极大危害到东北亚地区国家的战略安全利益。

一旦萨德落户韩国，美国便在东北亚地区拥有了完整的导弹防御系统，从此该地区的攻防战略平衡或将被彻底打破，而美国、日本、韩国也将成为东北亚的小北约。这对中国的安全环境来说，是个极大的威胁。中国外交部副部长张业遂就美韩可能在韩部署末段高空区域防御系统表明严正立场，指出此举不利于缓和当前紧张局势，不利于维护地区和平稳定，损害中国战略安全利益，中方对此严重关切并明确反对，希望有关方慎重处理。

2016 年 7 月 8 日，美国和韩国正式宣布将在韩国部署"萨德"反导系统，引发韩国国内巨大争议以及本地区国家强烈不满，中国海军航空兵部队 17 日在黄海和渤海海域组织 12 个机型，41 架战机展开对海对地打击演习。这是中国首次在与黄海邻近的地方举行了大规模军事演习。

2017 年 6 月 9 日，韩国总统府国家安保室室长郑义溶在青瓦台召开记者会时就"萨德"争议表示，韩国政府无意从根本上改变韩美同盟之间约定的事项。郑义溶指出，将秉持有关原则处理"萨德"问题。他说，决定部署"萨德"是出于保护韩国及驻韩美军免受朝鲜核导"威胁"的考虑，新一届政府绝不轻视该决定，并将与美方继续就此密切协商。郑义溶表示，韩方希望在确保民主正当性和程序透明性的同时，落实部署"萨德"所需的国内程序，特别是要合理合法、透明公开地进行环评。郑义溶强调，将把国家利益和国防需要放在首要位置。

这套"萨德"系统共包含六辆发射车，目前已在韩国东南部的星州郡部署了两辆，雷达也已部署。韩国称，这些装置将不会被搬走。

郑义溶还称，以往朝鲜发射近程导弹时，韩国通常不召开国家安全委员会会议，但日前总统文在寅罕见地亲自主持国安委全体会议，意味着政府将朝鲜不断"挑衅"视为迫在眉睫的"严重威胁"。

郑义溶在记者会上说，将推迟部署"萨德"系统的其余部分，直到环境评估完成。在竞选过程中，韩国总统文在寅承诺重审由其保守派前任朴槿惠领导的政府所做出的部署"萨德"的决定。文在寅的办公室6月7日称，在进行可能会耗时超过一年的环境评估期间，另外四辆发射车的部署工作将会暂停。

（三）日本防卫省讨论部署"萨德"系统

为了加强导弹防御系统，日本防卫省将在近期成立以防卫副相若宫健嗣为首的讨论委员会，将讨论包括引进"萨德"终端高空区域防御系统等美军的新装备产品。

据报道，日本将在2017年夏季之前敲定导弹防御的"蓝图"。报道指出，如果日本自卫队部署萨德系统，将有可能与宙斯盾舰配备的海基型导弹"SM3"以及地对空拦截导弹"爱国者3（PAC3）"形成共同拦截防御网。现在其2段拦截的导弹防御系统将升级为3段拦截。

此外，日本防卫省还将讨论引进将美国海军宙斯盾舰的雷达和SM3导弹移至陆上的"陆基宙斯盾系统（Aegis Ashore）"。这是在导弹处于较高高度的"中段阶段"进行迎击的系统，美军已经在东欧部署。

（四）中方坚持半岛无核化和对话商洽

关于朝鲜半岛核问题，中方的态度十分明确，不论形势怎么改变，都应一直坚持两个根本方向：第一，坚持无核化既定方针——中方坚决反对朝鲜研发和拥有核武器，坚决履行安理会各项涉朝决议；第二，坚持对话商洽的处理路途——半岛核问题的进程表明，只要对话商洽仍在进行，半岛形势就能坚持根本安稳，反之则会走向失控。中国不是半岛问题的直接矛盾方，处理半岛核问题的钥匙也不在中国手里。可是多年来，中国作为半岛近邻，本着对半岛平缓和区域安稳负责任的态度，为推进商洽处理半岛核问题做出了不懈努力，发挥了积极作用。

依据半岛形势的发展，在"双轨并行"的思路以外，中国近来又提出了"双暂停"建议。"双轨并行"旨在依照同步对等准则，并行推进完结半岛无核化和树立半岛平缓机制两条轨迹，终究予以一起处理。"双暂停"建议则是通过朝鲜暂停核导活动，美韩暂停大规模军演，推进两边回到商洽桌前。半岛核问题发展到今天，不是哪一方独自形成的，也不能总想把处理疑问的责任独自压给哪一方。呼吁各方，尤其是半岛核问题的直接当事方，也即是朝鲜和美国，展现对话诚心，重启对话进程。中方坚决反对美国在韩国布置"萨德"

反导体系。这一举动严峻损害了中国和本区域其他国家的战略安全，一起也冲击了各方在半岛问题上的信赖与协作。

二、维护南海和平稳定

在以习近平同志为核心的党中央坚强领导下，中国成功推动各方翻过南海仲裁案一页，引导南海问题回到直接当事国对话协商轨道。中国将坚定维护国家主权和海洋权益，坚持通过对话谈判解决南海问题的正确方向，使南海真正成为和平、友好、合作之海。

（一）南海概况

南海，又称南中国海，是亚洲三大边缘海之一，包括东沙、西沙、中沙和南沙四大群岛。南沙群岛位于南中国海南部，是南海诸岛中距离中国大陆最远，分布最广，包括岛礁最多的一个群岛，总面积约 24.4 万平方海里（约 82 万平方公里），约占中国南海海域面积 1/3 海区，地理位置十分重要。南沙群岛共由 550 多个岛屿、沙洲、暗礁、暗沙、暗滩组成，其中高潮时露出水面的岛、礁、沙洲有 36 个，面积最大的岛是太平岛（面积约 0.43 平方公里）。南沙群岛及其周围海域的自然资源特别是油、气蕴藏十分丰富，南海油、气资源总储量估计可达 1 000 亿吨，其中在我海疆线内约 420 亿吨，是中国巨大的资源宝库之一，被称为第二个波斯湾。

南沙群岛及其海域的战略地位也十分重要。它地处太平洋和印度洋的咽喉，是扼守两洋海运的要冲。东北越台湾海峡与东海相通；隔巴士海峡与太平洋相连；南经巽他海峡出印度洋；西南接马六甲海峡西出安达曼海，沟通印度洋。南海是中国同东南亚各国交往的重要纽带，南沙群岛是拱卫中国南大门的第一道海上战略屏障，也是保卫海上通道安全的前沿阵地。南海诸岛及相关海域自古以来就是中国领土，大量的证据已经证实这一历史事实。中国对南沙群岛及其附近海域拥有无可争辩的主权。

（二）南海问题的由来

中国最早发现、命名南沙群岛，最早并持续对南沙群岛行使主权管辖。对此我们有充分的历史和法理依据，国际社会也长期予以承认。第二次世界大战期间，日本发动侵华战争，占领了中国大部分地区，包括南沙群岛。《开罗宣言》和《波茨坦公告》及其他国际文件明确规定把被日本窃取的中国领土归还中国，这自然包括了南沙群岛。1946 年 12 月，当时的中国政府指派高级官员赴南沙群岛接收，在岛上举行接收仪式，并立碑纪念，派兵驻守。日本政府于 1952 年正式表示"放弃对台湾、澎湖列岛以及南沙群岛、西沙群岛之一切权利、权利名义与要求",从而将南沙群岛正式交还给中国。对于这一段历史经纬。各国都是十分清楚的。事实上,在此后的一系列国际会议和国际实践中,美国一直承认中国对南沙群岛的主权。

第二次世界大战后相当长时期内,并不存在所谓的南海问题。南海周边的地区也没有任何国家对中国在南沙群岛及其附近海域行使主权提出过异议。越南在 1975 年以前明确承认中国对南沙群岛的领土主权。菲律宾和马来西亚等国在 20 世纪 70 年代以前没有任何法律文件或领导人讲话提及本国领土范围包括南沙群岛。美国与西班牙 1898 年签订的巴黎条约和 1900 年签订的华盛顿条约曾明确规定了菲律宾的领土范围,但并未包括南沙群岛。1953 年菲律宾宪法、1951 年菲美军事同盟条约等也对此作了进一步确认,而马来西亚只是到了 1978 年 12 月,才在其公布的大陆架地图上将南沙群岛的部分岛礁和海域标在马来西亚境内。

不少国家政府和国际会议的决议也承认南沙群岛是中国的领土。例如,1955 年在马尼拉召开的国际民航组织太平洋地区航空会议通过的第 24 号决议,要求中国台湾当局在南沙群岛加强气象观测,会上没有任何一个代表对此提出异议或保留。许多国家出版的地图也都标注南沙群岛属于中国。例如,日本 1952 年由外务大臣冈崎胜男亲笔推荐的《标准世界地图集》,以及 1962 年由外务大臣大平正芳推荐出版的《世界新地图集》,1954 年德意志联邦共和国出版的《世界大地图集》,1956 年英国出版的《企鹅世界地图集》,1956 年法国出版的《拉鲁斯世界与政治经济地图集》等都明确标注南沙群岛属于中国。越南 1960 年、1972 年出版的世界地图及 1974 年出版的教科书都承认南沙群岛是中国领土。20 世纪以来,许多国家权威性百科全书,如 1963 年美国出版的《威尔德麦克各国百科全书》,1973 年的《苏联大百科全书》和 1979 年日本共同社出版的《世界年鉴》都承认南沙群岛是中国领土。

20 世纪 70 年代开始,越南、菲律宾、马来西亚等国以军事手段占领南沙群岛部分岛礁,在南沙群岛附近海域进行大规模的资源开发活动并提出主权要求。对此中国政府一再严正声明,这些行为是对中国领土主权的严重侵犯,是非法的、无效。这些国家所谓法律依据是根本站不住脚的。

(三)南海争端现状

近年来,南海海上安全形势基本处于可控状态,但存在较为严峻的挑战。岛礁被侵占、海域被蚕食、资源被掠夺的局面没有得到根本改善,域外大国插手南海争端的态势愈演愈烈,中国维护海洋权益面临巨大挑战。目前形成了六国七方(中国、越南、菲律宾、马来西亚、文莱、印度尼西亚和中国台湾)的争端局面,是当今世界上最复杂的岛屿主权和海洋管辖权争议问题。

1. 周边国家加紧蚕食中国海上领土

自 20 世纪 70 年代以后，南海周边国家却开始陆续侵占瓜分南沙群岛各主要岛礁，分割海域，掠夺油气资源，严重侵犯了中国的领土主权和海洋权益。

首先，菲律宾侵占中国南沙多个岛礁及其所谓的"南海仲裁案"。

菲律宾先后非法侵占了中国南沙群岛的 8 个岛礁，分别是马欢岛、费信岛、中业岛、南钥岛、北子岛、西月岛、双黄沙洲和司令礁。

2013 年 1 月 22 日，菲律宾就中菲有关南海"海洋管辖权"的争端提起诉中国仲裁案，菲律宾主张，中国在南中国海所主张的九段线，已违反了《联合国海洋法公约》（以下简称《公约》），因而诉请仲裁。2014 年 12 月 7 日，中国发布《中国政府关于菲律宾所提南海仲裁案管辖权问题的立场文件》，阐明仲裁庭对于菲律宾提起的仲裁没有管辖权，不就菲律宾提请仲裁事项所涉及

菲律宾为什么提出
南海仲裁案？

的实体问题发表意见。南海部分岛礁的领土主权问题，超出《公约》的调整范围，不涉及《公约》的解释或适用；以谈判方式解决有关争端是中菲两国通过双边文件和《南海各方行为宣言》所达成的协议，菲律宾单方面将中菲有关争端提交强制仲裁违反国际法；即使菲律宾提出的仲裁事项涉及有关《公约》解释或适用的问题，也构成中菲两国海域划界不可分割的组成部分，而中国已根据《公约》的规定于 2006 年做出声明，将涉及海域划界等事项的争端排除适用仲裁等强制争端解决程序。

此后，中国政府多次郑重声明，中国不接受、不参与菲律宾提起的仲裁。

2015 年 10 月 29 号，南海仲裁案仲裁庭就这些问题的管辖权和可受理性做出裁决。中国外交部 2015 年 10 月 30 日做出回应：南海仲裁案仲裁庭就有关问题的裁决是无效的，对中方没有拘束力。2016 年 5 月 6 日，外交部边海司司长欧阳玉靖进一步明确中国政府对菲律宾仲裁案的立场非常明确，那就是不参与、不接受、不承认。2016 年 7 月 12 日，菲律宾诉中国南海仲裁案仲裁庭做出非法无效的所谓最终裁决。

其次，越南的大肆占岛与填海造岛。

目前，越南是南海周边国家中侵占中国南沙领土最多的国家，1975 年 4 月 26 日，越南当局派兵侵占了我南沙群岛中的南子岛、敦谦沙洲、鸿庥岛、景宏岛、南威岛、安婆沙洲等 6 个岛礁。20 世纪 70 年代至今，越南共侵占我南沙群岛岛礁 29 个，并基本上控制了南海的主要航道。美国战略与国际问题研究中心（CSIS）所设的亚洲海事透明倡议（The Asia Maritime Transparency Initiative，简称 AMTI）网站公布的卫星图像显示，越南正推进在南海的南沙群岛非法填海造岛。越南对实际控制的 10 个岛礁进行了非法填埋，填埋面积超过 0.48 平方千米（约 48 公顷）。亚洲海事透明倡议网称，中国被越南侵占的南威岛是越南在南海实际控制的岛屿中面积最大的，在 2016 年 1 月的统计中，南威岛总面积

约 29.3 公顷，填埋面积已扩大至 15 公顷。

此外，马来西亚至今已先后派兵占领了我南海礁、光星仔礁和弹丸礁等 5 个岛礁；另外，1980 年以来，印度尼西亚和文莱也对我南沙海域提出主权要求。

南海周边各国在侵占我南沙现有各主要岛屿的同时，还肆意分割我南海海域，自 1966 年起，纷纷宣布其领海、大陆架主权和专属经济区，划出所谓的开发"矿区"，侵占中国海域面积 80 多万平方公里，其中，菲律宾 41 万多平方公里，马来西亚 27 万多平方公里，越南 7 万多平方公里，印度尼西亚 5 万多平方公里。不仅如此，上述这些国家还划出自己的大陆架和 200 海里专属经济区界线，造成不但与中国传统海疆线相重叠，而且其他南海周边国家也相互重叠的复杂局面。而且，这些国家竟然背着中国政府，双方私相授受，在我海疆线以内划定其所谓大陆架和 200 海里专属经济区界线。

更有甚者，南海周边各国目前还竞相在南海开采石油、天然气，掠夺我海洋资源，侵占我海洋权益。据不完全统计，南海周边各国目前在南海区域的采油量，几乎相当于中国一年的石油开采量的 1/3，是中国海上年开采石油量的数倍。由此可见，中国在南沙海域主权的现状是岛礁被侵占，海域被瓜分，资源被掠夺，形势十分严峻。

进入 21 世纪以来，随着《国际海洋法公约》（以下称《公约》）中有关专属经济区、大陆架划界问题条款的深入实施，南海周边国家掀起了海域"划界"热潮。越、菲等国利用《公约》相关条款仅笼统规定大陆架、专属经济区划分原则，未能充分照顾相关国家所拥有的历史性海洋权利的漏洞，采取各种方式加紧侵占、蚕食中国的传统海域，试图以既成事实迫使中国做出让步。

在南海周边国家当中，越南是对整个西沙、南沙提出全部主权要求的国家，并提出所谓的历史依据。菲律宾则是依据《公约》，称南沙相关岛礁在菲专属经济区内，以所谓地理临近原则，圈海占岛。其他国家也依据《公约》提出主权和管辖权要求。

事实上，这些国家都对南海地区是没有资格提出主权要求的。在 1958 年 9 月 4 日，越南总理范文同照会周恩来总理，郑重表示越南民主共和国政府尊重中国发表的声明，即尊重中国政府 12 海里领海宽度的规定适用于包括西沙群岛、南沙群岛以及属于中国的岛屿。而且越南教科书一直到 1974 年都承认中国拥有对西沙、南沙群岛的主权。而如今越南竟一改往常的说法，否定了以前的说法，更否定了越南总理范文同的郑重表示，显然这与国际法上通行的"禁止反言"原则相违背，不应该得到国际社会的认可。20 世纪 70 年代以前，菲律宾任何法律文件在关于其领土范围的规定中都没有提到南沙群岛属该国所有，这是对中国拥有南沙主权的默认。1990 年 2 月 5 日，菲律宾驻德国大使比安弗吉尼曾明确表示："据菲国家地图和资源信息部的数据，黄岩岛不在菲领土主权范围以内。"1994 年 10 月 18 日，菲律宾国家地图和资源信息部再次确认"菲领土边界和主权是由 1898 年 12 月 10 日《美西巴黎条约》第三款规定，黄岩岛位于菲领土边界之外"。中国对南海诸岛的主权主张也得到广泛的国际承认。如 1943 年中美英三国在《开罗宣言》中宣布，日本应当归还的中国领土包括西沙、南沙群岛。第二次世界大战后，苏联外长葛罗米柯曾指出西沙群岛和南沙群岛是中国的"不可分割的领土"。1987 年，联合国教科文组织亦曾委托中国在南海建立南沙海洋观测站。由此可见，菲律宾等国对中国拥有南海诸岛领土主权的默示和明确承认是无可争辩的历史事实。

2016 年 10 月 18 日，菲律宾新任总统杜特尔特应邀对中国进行国事访问，明确表示坚持通过双边对话解决南海问题，反对他国插手，争取实现南海问题"软着陆"。作为挑战中国南海政策的急先锋，菲律宾自 2011 年以来的诸多军事挑衅严重恶化了南海局势，以牺牲中菲两国政治关系和经济合作为代价选择了向美国靠拢。那么在 5 年之后，菲律宾政府的政策转向虽然并不等于南海争端就此能够平息，但至少说明在成本与收益的理性权衡面前，只有通过合作与对话才能更好地维护国家利益，实现共赢的结果。以此为契机，南海争端有望在 2017 年进入沟通与对话的缓和通道。

中国一向坚决反对一些国家对中国南沙群岛部分岛礁的非法侵占及在中国相关管辖海域的侵权行为。中国愿继续与直接有关当事国在尊重历史事实的基础上，根据国际法，通过谈判协商和平解决南海有关争议。中国愿同有关直接当事国尽一切努力做出实际性的临时安排，包括在相关海域进行共同开发，实现互利共赢，共同维护南海和平稳定。

2. 美日等域外大国介入使南海争端更加复杂化

随着中国的加速崛起，美、日等国对我战略焦虑心理加重，为此不惜指鹿为马，混淆视听。如，中方在属于自己的南海岛礁和管辖海域开展建设工程本属合情、合理、合法的活动，但美国却担心岛礁建设将强化中国在南海及其周边地区的实际存在，进而"威胁"美国航行自由和安全等利益。为此，美试图通过外交手段绑住中国的手脚，延滞我岛礁建设进程，在 2014 年 8 月抛出"各方不再夺取岛礁与设立前哨站、不改变南海的地形地貌、不采取针对他国的单边行动"的"冻结南海行动倡议"。该倡议表面看似公平对待争端各方，实质上却对菲律宾长期以来修岛造房、军舰坐滩、增加武备等行为网开一面，最终目标是将国际社会关注的焦点从南海主权争端转换为改变南海岛礁现状问题，并将中国塑造为改变现状的"罪魁祸首"，企图置中国于南海争端国乃至整个国际社会的对立面，引发国际社会"公愤"，进一步恶化中国的周边海洋安全环境。美多次指责我南海"断续线不符合国际法"，要中国予以澄清，并与越南开展战略对话，密集举行双边使节外交活动，强化两国军事合作，声称"渴望建立更全面、更深入和更稳定的关系"。

日则与菲签署《防卫合作及交流备忘录》，将双边国防部长会谈及副部长级磋商等交流合作机制化，并考虑通过政府融资等方式降低武器出口门槛，以向越、菲等与我有南海争端的国家出售武器。

除美日外，印度也是介入南海争端的外部势力。印度借南海问题增加中印边界谈判与中国讨价还价的筹码，拖住中国进入印度洋的步伐，增强其在东亚地区的政治影响力。在区外大国的干预下，南海地区局势更趋复杂，主要表现在以下几个方面。

一是加速推动南海问题东盟化、国际化。一方面，美、日、印等域外大国出于与中国争夺海权、资源、地区主导权等多重考虑，蓄意推动南海问题东盟化；另一方面，越、菲等争端国极力推动南海问题国际化，积极谋求美、日等域外大国介入。域外大国的插手无疑将使南海问题东盟化与国际化形成相互推动、恶性循环的局面。

二是削弱中国的话语权。一方面，中国南海维权舆论环境更趋恶化。随着南海问题不断升温，一些国家置疑中国南海断续线的法理基础，美、印、加等国还多次举办南海国际研讨会，矛头直指南海断续线，南海划界法理斗争不断发酵。菲律宾高官宣称，中国拒绝将南海问题诉诸国际仲裁实为"藐视国际法""底气不足"。而美防长帕内塔则高调回应，"中国在南海问题上必须遵守国际法"，彼此呼应，将中国置于国际法的对立面。另一方面，中国所坚持的当事方通过双边谈判解决争端的主张将进一步遭到削弱。美国助理国务卿拉塞尔在 2014 年年初国会听证会上要求中国就南海九段线做出明确说明，并指出中国划设防空识别区是向错误方向迈出的严重一步。2014 年年底美国务院再次置疑中国九段线的效力，进而否定中国拥有的正当主权权益。

三是增加南海摩擦冲突的可能性。2014 年 5 月 6 日，中国两艘琼籍渔船在半月礁附近作业，其中 11 名渔民被菲律宾抓扣。2014 年 5 月中旬，越南打、砸、抢、烧严重暴力事件冲击中国、新加坡、韩国等千余企业，造成至少 4 位中企员工死亡，百余人受伤。2015 年 5 月日本、菲律宾首次在南海联合军演；美国 P-8A 反潜巡逻机对中国南沙岛礁进行挑衅活动后，《华盛顿自由灯塔报》称，美方无人机在中国南沙群岛上空执行侦察任务时，遭到中国地面发射的无线电干扰。

总之，目前，域外大国对南海争端的介入正由虚向实发展，逐渐从外交、舆论的"软声援"转向执法和军事力量建设"硬支持"。未来，相关国家介入南海问题虚实结合、软硬兼施的可能性正不断增大，这势必对我陆海平衡的战略设计、统筹南海维权和维稳的能力、如何发展中美邻关系，及化解中国崛起面临的周边安全困境的战略运筹提出更高要求。

（四）"双轨思路"的提出及意义

针对南海复杂的现状，中国政府从睦邻友好的大局出发，在美菲再次试图以南海问题"围困"中国的东盟外长系列会议上，提出了积极解决南海问题的新思路。

1. "双轨思路"的提出过程

2014 年 8 月 9 日，中国外长王毅在缅甸内比都出席中国—东盟（10＋1）外长会后举行的记者会上表示，中方赞成并倡导以"双轨思路"处理南海问题。即有关争议由直接当事国通过友好协商谈判寻求和平解决，而南海的和平与稳定则由中国与东盟国家共同维护。王毅指出，南海局势总体是稳定的，南海航行自由也没有发生任何问题。中国东盟关系更是保持着良好发展势头。中方不赞成有人渲染甚至炒作所谓南海紧张，并呼吁警惕其背后的意图。

王毅说，中方之所以倡导"双轨思路"，一方面是因为，由直接当事国通过协商谈判解决争议是最为有效和可行的方式，符合国际法和国际惯例。另一方面，南海的和平稳定涉及包括中国和东盟各国在内所有南海沿岸国的切身利益，我们双方有责任也有义务共同加以维护。多年来的事实证明，只要坚持"双轨思路"，两者相辅相成，相互促进，中方完全可以既有效管控和妥善处理具体争议，同时又能保持本地区和平稳定与合作的大局。

3个月后，在东亚合作领导人系列会议上，李克强总理数次进一步明确提出和阐释"双轨思路"。除了"双轨思路"，李克强总理还在3场会议数次开诚布公地阐述了中方关于南海问题原则立场的另外两层意思：一是中国与东盟国家就全面有效落实《南海各方行为宣言》，保障南海航行自由和安全；二是同意积极开展磋商，争取在协商一致的基础上早日达成"南海行为准则"，努力让南海成为造福地区各国人民的"和平之海""友谊之海""合作之海"。

2015年3月29日，博鳌亚洲论坛南海分论坛在博鳌举行。本次论坛由博鳌亚洲论坛秘书处与中国南海研究院共同主办，以"南海：'双轨思路'与合作共赢"为主题，来自南海区域内外10多个国家与地区的近百名专家及学者就处理南海问题的"双轨思路"、南海沿岸国合作等议题展开了讨论，达成广泛共识。

2. "双轨思路"的含义

"双轨思路"，即有关争议由直接当事国通过友好协商谈判寻求和平解决，而南海的和平与稳定则由中国与东盟国家共同维护。外交学院国际关系研究所董越认为，"双轨思路"蕴含着下面四个方面的政策含义。

1）有关争议通过双边协商解决的立场不会改变

"双轨思路"中，其中一轨就是有关争议由直接当事国通过友好协商谈判寻求和平解决，这表明中国一贯坚持的通过双边谈判解决南海争议的立场没有发生改变。南海问题的核心是南沙群岛的主权问题以及附近海域的管辖权问题，对于此类主权与主权权利问题，中国始终主张通过和平方式和双边谈判途径解决，王毅提出的"双轨思路"再次表明，在南海问题的核心和本质内容上，中国坚持的双边解决的立场并没有发生改变，也表明中国不会将南海问题泛化为其他问题，而是牢牢抓住"主权"这一南海问题的本质。

2）反对域外国家干预南海问题的态度更加鲜明

"双轨思路"提出，南海的和平与稳定由中国与东盟国家共同维护，这一规则将企图插手南海问题的域外国家排除在外。中国一贯坚持与相关国家共同努力，维护南海的和平与稳定，同时反对任何外部势力介入，"双轨思路"则明确指出南海的和平与稳定由中国与东盟国家共同维护，更加鲜明地表达了中国反对域外国家干预南海问题的态度。域外国家常常以"南海和平与航行自由"为借口，试图介入南海问题，使南海问题复杂化，并把南海问题作为遏制中国发展的切入点。此次外交部部长王毅提出的"双轨思路"则使这些域外国家借口全无，和平与稳定无须任何域外国家"操心"，而由中国与东盟国家共同维护。

3）争取通过和平方式解决争议的努力不会放弃

中国一贯主张通过和平方式解决南海争议，"双轨思路"则是中国为和平解决南海争议提出的又一建设性思路。该思路的新颖之处在于，第二轨"南海的和平与稳定由中国与东盟国家共同维护"，能够对第一轨"有关争议由直接当事国通过友好协商谈判寻求和平解决"的和平方向加以保障，这种保障不是对争议问题本身的干涉，而是对争议问题解决方向的规定和限制，即南海的和平与稳定要求双边当事国通过和平方式解决争端。中国一贯主张"和平解决"，也做出了很多实际性的努力，反观其他当事国，常常通过扣押渔民甚至武力挑衅等行为攫取利益，这些行为既无益于双边争议的解决，也不利于南海的和平与稳定。在这种情况下，"双轨思路"是中国为和平解决南海问题做出的又一努力，希望通过第二轨的和平责任约束任何当事国的挑衅倾向，保障第一轨也就是双边解决的和平方向，当然，第二轨的和平责任不能侵蚀和干预第一轨的双边解决方式。

4）南海和平与稳定维护者的身份定位更加明确

"双轨思路"的提出，进一步树立了中国在南海问题中的建设性形象，也明确了中国作为南海和平维护者的身份定位。在维护南海和平与稳定问题上，"双轨思路"吸收了多边主义精神，但它与部分当事国所强调的"多边主义"有本质区别，"双轨思路"包含的是一种真正的多边主义精神。部分当事国强调，要通过多边主义的方式解决南海问题，其实际目的是通过多边主义方式掩盖南海问题的本质，将南海问题所包含的主权问题模糊化乃至泛化为其他性质的多边问题并从中获利，他们口中所谓的"多边主义"不是真正的多边主义，而是一种"以多制少"、强调实力的对抗方式。相比之下，在维护南海和平与稳定问题上，"双轨思路"所吸收的是一种真正的多边主义精神，是一种强调和平对话、强调合作的精神，目的是维护地区和平与稳定而不是一己私利，这与其他当事国所谓的对抗性"多边主义"是有本质不同的，这就凸显了中国的建设性角色，表明中国是南海和平与稳定的倡导者和维护者。

3. "双轨思路"提出的意义

（1）"双轨思路"的提出有助于中国在处理南海争端中掌握主动权。"双轨思路"的提出，意味着中方处理南海争议的方法发生了微调，从拒绝通过任何多边渠道解决南海问题，转向承认可以在有限多边场合、寻求部分涉及多边利益的问题的解决之道。主动谈南海，不回避矛盾，而是直面现实问题，显示了中国政府在处理南海问题上积极争取主导权。

（2）有助于保持南海的稳定和发展。"双轨思路"开创性地提出了"一分为二"的处理方法，既有利于解决双边问题，也照顾到了多边的关切。在尊重现实的基础上，体现了灵活性和针对性相结合的特征，为推进南海问题的持续化解，起到了一个很好的铺垫和基础性的作用。

双轨思路才是解决
南海问题正道

（3）有助于避免区域外势力干扰南海，使外国势力不得以任何理由和借口介入南海问题插手南海争端。

三、中东地区局势动荡

近年，中东局势依旧复杂严峻，成为时刻易爆的"火药桶"。美俄等国加紧投棋布子，叙利亚逐渐演变成大国政治深度博弈的牺牲品。俄罗斯军事介入叙利亚，企图扭转被美欧挤压的战略困境。各方虽高擎"打恐"大旗，但心思各有不同。美俄激烈较量的同时但互不触及对方底线，保持合作妥协的余地。政治解决叙利亚问题进程虽已起步，但围绕巴沙尔政权去留问题仍各持己见。以沙特为代表的逊尼派和以伊朗为代表的什叶派两大阵营相互敌视，多线抗衡。伊核协议已开始执行，但伊美矛盾重重。岁末，阿勒颇战事引起安理会争执；摩苏尔被围及"伊斯兰国"元气大伤，但标本兼治的反恐仍是国际社会长期任务。特朗普胜选后，普京展现善意。美俄在叙利亚问题能否取得某种妥协，有待观察。

战火·纷争·这一年

（一）中东地区动荡的主要成因

1. 宗教冲突引爆地区局势

中东地区是世界三大宗教犹太教、基督教和伊斯兰教的发源地，虽然三教出自同门，但彼此间的争执、冲突一直延续千余年。宗教间的不包容和极强的排他性，使中东地区自古就被打上了动荡的烙印。

首先，巴以问题不解决，中东难有宁日。巴以问题一直是中东地区稳定所面临的首要问题。以色列凭借美国的支持，在本地区始终占据优势，其与阿拉伯国家的关系一直处于紧张的状态，这也促使中东地区的民族矛盾不断升级。

其次，伊斯兰教派之争使中东动荡局势加剧。中东地区除以色列外，其他国家大多以伊斯兰教为本国的第一大宗教，伊斯兰教又分成逊尼和什叶两大教派，这两大教派间的纷争、冲突千余年来未曾中断，至今仍在继续。叙利亚内战难以平息、伊拉克局势不断加剧，均源于什叶派执政的当局与反政府的逊尼派武装之间的冲突；什叶派的伊朗与逊尼派执政的沙特、巴林之间的龃龉难以消除；甚至沙特和巴林内部也存在什叶派和逊尼派之间的矛盾，不能排除两国政坛出现动荡的可能性。

此外，伊斯兰教势力与世俗势力间的难以调和也使得一些阿拉伯国家陷入动荡。埃及穆兄会通过选举掌权，随后被世俗军方势力赶下政坛，颇令埃及伤筋动骨，也加剧了本地区的紧张局势。

2. 域外势力不断插手

中东地区战略位置极其重要并且油气资源十分丰富，一直为世界大国所重视并力图将其控制。冷战时期，美国和苏联就在中东形成了泾渭分明的两个战线。苏联解体后，一家独大的美国改变了其依靠代理人以色列制衡阿拉伯国家的常规，亲自出马向宗教色彩极为浓烈的中东地区国家强行输出西方民主模式。美国在十几年间，两次挥兵攻打伊拉克，一次兵犯阿富汗，至于美国帮助反对派颠覆地区国家的实例更是比比皆是。

阿拉伯媒体曾披露，欧盟一直觊觎中东丰富的油气资源，也不断染指中东。据披露，欧盟曾有意大量购进卡塔尔天然气以使自身的油气供应呈多元化，摆脱过渡依靠俄罗斯天然气的被动局面。欧盟与卡塔尔甚至试图铺设一条由卡塔尔途径叙利亚，再经土耳其，最终将天然气送至欧洲的管道。但叙利亚出于维护与俄罗斯传统友好关系的战略考虑予以拒绝，由此激怒了卡塔尔和欧盟。因此欧盟和卡塔尔不遗余力地支持叙反政府武装推翻叙利亚现政府，除了价值观上的差异，其与阿萨德政权在现实利益上的分歧也是重要因素。

3. 阿拉伯国家内部相互猜忌，难以包容对方

阿拉伯民族号称是一个大家庭，并且还成立了一个协调各国立场的阿拉伯国家联盟（阿盟），但成员国间的相互指责、谩骂甚至冲突并没有因此减少。埃及指责卡塔尔支持穆兄会，伊拉克和叙利亚则批评沙特、卡塔尔等海湾国家资助反对派武装，沙特、阿联酋、巴林因为对卡塔尔的不满愤然召回大使，等等。在颐指气使的以色列和动辄颠覆阿拉伯国家政权的美国面前，阿拉伯国家全无"兄弟阋于墙，外御其侮"的理智和大局观，只是醉心于内部争斗，使中东丧失了稳定的基础。

（二）影响目前中东局势的地区国家因素

中东局势目前看似眼花缭乱，复杂难测，实则有迹可循。埃及、沙特、以色列、伊朗四个地区强国，无论内政还是外交均对本地区产生较大影响，是影响地区的主要大国；叙利亚、伊拉克虽曾有过地区强国的辉煌，但当下内乱严重，当局自身难保，尚无力他顾，只是本国的战乱极有可能殃及邻国以及其他国家，但这也只是当事国非本意的战火外溢；

外部势力尤其是美国插手中东，使中东局势更趋紧张；其他域内国家由于国小力微，对整个地区局势影响不大。而当下，也门危机是中东地区所面对的主要问题，如处理不当，甚至会导致整个地区的剧烈动荡。

1. 也门因素

也门前总统萨利赫于 2011 年 11 月 23 日在沙特首都利雅得签署权力移交协议后，并未将实权真正交到副总统哈迪手中。在萨利赫时期，政府军和胡塞武装是"官匪"关系，政府军多次对胡塞武装进行围剿，甚至还击毙了胡塞现任领导人阿卜杜勒·马利克·胡塞的父亲和兄长。但下台后的萨利赫试图东山再起，重掌权柄，便与背后有伊朗支持的胡塞组织暗通款曲，利诱胡塞武装大举攻击哈迪政府，致使包括也门首都在内的大部地区被胡塞占领。其实胡塞部落总人口不足百万，仅占也门人口的 5%左右。属于什叶派的萨利赫与胡塞为了共同利益走到一起，取得了极大成功，距呼之欲出重新掌权几近半步之遥，如任其发展下去，也门则很可能为伊朗所掌控，如此一来，沙特将面对的局面是：北部是亲伊朗的叙利亚、伊拉克什叶派政权；南面则是亲伊朗的也门；而东面就是伊朗，逊尼派执政的沙特实际上将处于伊朗势力的三面包围之中，这是沙特万万不愿意看到的。于是，沙特不顾国际法，也不经过联合国授权，突然空袭胡塞武装和支持萨利赫的军队。现在的也门问题实际上已经不由也门人决定了，最终还要看伊朗、沙特的角力或讨价还价的结果。

以沙特为首的联军对也门的轰炸，客观上还为基地组织的壮大提供了难得的肥沃土壤。2015 年 4 月 4 日，驻守在也门东部省会城市木卡拉的亲萨利赫军队在未受到空袭的情况下，突然撤出木卡拉，基地组织武装旋即占领该城，并从监狱里释放了 300 多名囚犯，其中包括也门基地组织指挥官哈立德等许多基地组织重要成员，基地组织势力迅速壮大。更为可怕的是，支持萨利赫的军队在撤离时，遗留下大量的武器装备，甚至包括坦克、大炮等重型武器。这些先进的武器装备，是也门基地组织之前从未有过的，其战斗力必获惊人提升。联军发言人艾哈迈德·阿西里也承认此事后果严重，"也门将因此处于不稳定状态中"。其实，岂止是也门，就是整个中东也难保证不遭到来自也门基地组织的袭击。

2. 埃及因素

埃及是阿拉伯世界的政治和文化大国，无论是和以色列的战争，还是率先承认以色列，埃及对整个中东局势的影响十分巨大，即使埃及由于穆兄会和埃及军方势力为争夺国家最高领导权而发生直面冲突陷入混乱的境地，其在中东地区的作用也难以令人忽视。但埃及军方推翻穆兄会政权，尤其是将穆尔西判处死刑的过激行动，已经引发了骚乱，穆兄会的报复行为加剧，埃及局势短期内难呈平静。

穆兄会在 2012 年通过选举上台执政，立刻引起了全球关注。穆兄会在埃及掌权及其势力日渐扩大，势必削弱沙特在伊斯兰世界的宗教地位，这使沙特惶恐不已。所以，沙特不遗余力地资助埃及军方世俗势力打压穆兄会。2013 年 7 月，埃及军方推翻穆兄会穆尔西政权不久，沙特便牵头与阿联酋、科威特联合向资金极为拮据的埃及临时政府提供超过百亿美元的援助，以稳定埃及日益下滑的经济，帮助军政权获取民心。沙特还承诺为塞西与俄罗斯签订的总额接近 30 亿美元的军购协议合同埋单，希望借埃及军方之手打压穆兄会并防止其东山再起。

3. 沙特因素

沙特是全球石油大国，在中东地区的能量不能忽视。并且由于依靠美国在背后撑腰，经常在地区事务中"任性"作为。其置联合国与国际法于不顾，挑头空袭也门便是实例之一。

沙特以最正牌的伊斯兰教大国自居，一直怀有成为地区第一伊斯兰国家的梦想，但现实是其近邻伊朗是什叶派国家并且综合国力还在沙特之上，沙特防伊朗胜过防以色列。沙特和伊朗两国一直是冤家对头，而沙特东部地区的什叶派群体也时常有反政府的游行示威等行为。因此，沙特最担心的并不是以美国为首的西方"民主价值观"向中东地区的输出，而是伊朗和什叶派执政的伊拉克与叙利亚，这也是沙特积极支持叙利亚和伊拉克的逊尼派反政府武装的原因。

4. 伊朗和以色列因素

美国搞乱中东，明面上帮助了以色列，暗地里无意间成就了伊朗，这是美国始料未及的，伊朗和以色列是动荡地区的受益者。美国推翻逊尼派的萨达姆，实际上为伊朗和以色列除掉了一个劲敌。而在美国占领下成立的伊拉克政府又是什叶派执政，历来亲伊朗，就此意义而言，伊朗比以色列所得实惠更多。阿拉伯世界所发生的所谓"阿拉伯之春"，都没有实现政局稳定、经济增长，相反使当事国陷入动荡，结局是伊朗和以色列趁势坐大。

伊朗已经成功打造了一个从巴林、伊朗、伊拉克延伸至叙利亚和黎巴嫩的什叶派"新月地带"，对中东局势的影响举足轻重。伊朗 2015 年 4 月 2 日与相关六国就核问题达成框架协议。2015 年 7 月 14 日，经过多年艰苦谈判，伊朗核问题最后阶段谈判终于达成历史性的全面协议。西方对伊朗的制裁将逐步解除，伊朗与西方的关系将缓和，其综合实力将继续增加，对本地区的影响力将随之上升，伊朗因素将愈发重要。

以色列目前处于前所未有的有利时机。阿拉伯国家内乱不止，阿拉伯民族的综合实力被极大削弱，对手伊朗正饱受制裁之苦，土耳其与以色列关系良好。以色列的应对策略是乐见阿拉伯分裂、争斗，并利用有利时机进一步发展壮大自己。但在原则问题上，以色列依然保持强硬，比如数度空袭叙利亚境内目标、打击巴勒斯坦哈马斯等。中东乱象似乎与以色列无关，但实际上以色列与阿拉伯世界的纠葛一直是中东最难解的问题。

（三）中东地区动荡的缩影：叙利亚局势

1．风暴眼中的叙利亚

叙利亚位于亚洲大陆西部、地中海东岸，是处于阿拉伯世界"心脏地带"的"核心"国家之一。叙利亚虽为小国，但自古以来就是大国博弈、逐鹿中东的重要目标。

长期以来，叙利亚与伊朗、黎巴嫩真主党、哈马斯之间关系莫逆，被以美国为首的西方国家视为眼中钉。一些海湾国家则试图通过改变叙利亚国内的教派权力格局，使伊朗什叶派政权进一步陷入孤立。叙利亚总人口的约15%为信仰什叶穆斯林的阿拉维派，阿萨德家族便来自这一派穆斯林。在自视正统的逊尼派眼里，包括阿拉维派在内的什叶派教义与他们相距甚远。因此，一些海湾国家恨不得除之而后快。

始于2010年的"阿拉伯之春"，携风挟雨横扫了几乎整个阿拉伯世界。这为以美国为代表的西方势力乘势在叙利亚策动政权更替提供了难得的契机。他们打着"民主和自由"的旗号，大力扶持叙利亚的反对势力，煽动起民众对巴沙尔政府的愤怒与不满，以达到让巴沙尔下台的目的。

2011年3月15日，风暴正式降临，叙利亚首都大马士革爆发了大规模的反政府游行示威活动。这原本是为几个调皮的学生涂鸦反政府内容被逮捕而引发的骚乱，结果事件持续发酵、示威规模不断扩大，导致叙利亚政府不得不出动军警维安，逐渐演变成武装冲突，叙利亚最终进入内战状态。

巴沙尔曾在一次接受采访中直截了当地指出，示威游行一开始，就有一些军警在现场被打死、打伤，而在政府试图控制局面时，那些号称进行和平游行的"平民"却又在第一时间获得了武器。如果不是早有预谋，这些现象无法解释。

因此，巴沙尔始终认为叙利亚危机的起因绝非是示威升级成武装对抗，而是西方一些国家长期酝酿颠覆叙利亚政权的必然结果。

2．内外交困，叙利亚局势不断恶化

2011年5月，时任美国总统的奥巴马下令对包括叙总统巴沙尔·阿萨德在内的7名叙政府高官实施制裁。随后多国驱逐叙利亚外交官。西方大国的打压不断加剧，叙利亚的生存状况不断恶化。

2013年9月，美国以叙利亚政府在冲突中使用了化学武器为由，准备对叙利亚政府采取军事行动，随后英法等15国明确表态支持美国对叙动武，美国对叙利亚的军事行动一触即发。后经俄罗斯从中斡旋，叙利亚政府同意交出化学武器，这才使一触即发的危机得以戏剧性化解，但西方反巴沙尔政权的呼声却愈演愈烈。

当西方国家将矛头一致指向叙利亚，企图将颠覆伊拉克和利比亚的剧本再一次在叙利

亚上演的时候，很难想象这位个头高瘦的叙利亚总统是如何扛过这场危机，至今屹立不倒。

萨达姆、卡扎菲的悲惨结局让巴沙尔很清楚，在中东只有政治强人才能对抗极端宗教势力和如狼似虎的国际利益集团。要想在夹缝中生存，必须拼命抗争。

在这场殊死搏斗中，巴沙尔面对的敌人不仅是美国、沙特、土耳其这样实力雄厚且掌握着国际社会话语权的国际势力，还有从伊拉克窜逃至叙利亚，并且不断坐大的极端势力"伊斯兰国"。

随着叙利亚局势的不断加剧，原本在伊拉克"发家"的"基地"分支乘机逃窜至叙利亚，一边吞并收编"基地"组织武装，一边与叙利亚各方武装争夺领土资源。

用"三国演义"来形容"伊斯兰国"进入叙利亚后的局势或许再合适不过了，叙利亚境内的力量呈现出政府军、反政府武装和"伊斯兰国"三方割据的状态。

外有西方大国的打压，内有反政府武装和"伊斯兰国"的不断壮大，叙利亚政府军的力量急剧收缩，甚至一度被"伊斯兰国"打到了大马士革的郊区。唯有借助外部力量的介入与援助，才是扭转叙利亚局势的唯一希望。

历史上，俄叙关系不错，叙利亚一直奉行亲俄政策。更重要的是，叙利亚是俄罗斯在中东唯一设有军事基地的国家，保住了巴沙尔政权，就等于保住了其在地中海沿岸地区的唯一据点。

2015年9月30日，俄罗斯应叙利亚政府请求对叙境内的"伊斯兰国"等极端组织目标发动空袭。在俄空天部队支援下，叙政府军在风云突变的战场上实现了攻守易形，不仅把反政府武装赶出了大马士革城区，而且在北部多条战线赢得胜利。

同时，原本气焰嚣张的"伊斯兰国"在叙利亚境内接连受挫，控制区域不断受到压缩，国际舆论对"伊斯兰国"覆灭充满期望。不得不说，俄罗斯在叙利亚战场上的挺身而出为巴沙尔的政治命运带来了转机。

2015年10月22日，巴沙尔"闪电访问"俄罗斯，这也是他自叙利亚内战爆发以来的首次出访。他在一片猜忌声中强化了与俄关系，大有投桃报李的意味。他感言：感谢俄罗斯政府与人民为叙利亚的统一和独立挺身而出。

而对于俄罗斯而言，地缘政治是其助力巴沙尔的最重要因素。中东局势的变化关系到俄罗斯的国家安全。当前，俄罗斯西部面临北约的战略挤压，以及欧洲导弹防御系统的威胁，如果中东地区的唯一立足点再被夺走，俄罗斯不仅失去南下印度洋的通道，未来还很可能被美国战略合围。除此之外，普京还可以通过"反恐"策略促使美欧减轻对俄罗斯的地缘政治压力。

3. 一场难分胜负的战争

如今，叙利亚政府已经将阿勒颇、霍姆斯、哈马、大马士革和拉塔基亚五大主要城市控制在手中。作为叙利亚总统，巴沙尔最艰难的时刻已经挺过去了，然而，叙利亚内战却远远没有结束。

叙利亚内战即将进入第 6 个年头,拥有 4 000 年文明史的叙利亚已沦为大国博弈的"坟场",受多年战乱所累,叙利亚的人道主义危机异常严峻。曾经的叙利亚人以热情好客著称,大马士革南郊的耶尔穆克难民营曾生活着 100 多万巴勒斯坦人;黎巴嫩爆发内战时,叙利亚也曾接纳过大量的黎巴嫩人。而现在,叙利亚成了全球最大的难民输出国,放眼望去,剩下的唯有断壁残垣和生死别离。

巴沙尔近日在接受俄罗斯媒体访问时感慨:"战争输或赢不是最重要的,最终是夺回还是失去你的祖国,这是叙利亚的存亡问题。这就是为什么你无暇顾及自己的痛苦,你能做的只有战斗,只有抵抗。"

如今,大国博弈仍在继续,战斗远远没有结束,叙利亚人只能拼死去换回昔日的民族尊严和国家前途。当叙利亚人付出了尸横遍野、血流成河的惨重代价后,这场战争对他们来说,却难言胜利。

2017 年 1 月 24 日,在俄、土、伊三国推动下,叙政府和反对派在阿斯塔纳举行和谈。会后俄土伊三国宣布,建立叙利亚停火联合监督机制以确保停火协议的执行。随后,俄、土、伊三国在阿斯塔纳主持举行了叙利亚问题联合行动小组第一、二、三、四次会议。

2017 年 5 月,俄土伊作为担保国在叙利亚问题会谈期间签署了备忘录,决定在叙利亚境内建立 4 个冲突降级区。在将要举行的叙利亚问题会谈中,各方将就该备忘录执行事宜进行磋商。

2017 年 11 月 22 日,俄、土、伊三国总统在俄罗斯索契举行叙利亚问题三方会谈,此次会议主要议题是叙利亚问题的最新进展和地区局势。随着阿布卡迈勒被叙政府军重新收复,以及在 21 日伊朗总统鲁哈尼、伊拉克总理阿巴迪纷纷表示极端组织"伊斯兰国"已经被剿灭,中东即将进入"后 IS"时代。此次索契会谈无疑将会对未来叙利亚乃至中东局势走向产生巨大影响。

(四)中东大乱局迎来拐点,美俄角逐更趋复杂

一是,叙利亚问题"美退俄进"。叙政府军在俄军支援下于 2016 年 12 月全面收复北部重镇阿勒颇,并于年末宣布停火,俄罗斯还在哈萨克斯坦开辟解决叙问题的政治谈判新渠道。

二是,土耳其在 2016 年 7 月未遂军事政变后加快外交转向,政变被指与居住在美国的土耳其宗教领袖居伦有关,美、土同盟裂痕日渐加深。土耳其总统埃尔多安为加大反恐向普京靠拢,土俄关系加速改善,12 月的俄驻土大使遇袭身亡事件助推俄土反恐合作。

三是,伊拉克政府军联合库尔德武装等推进摩苏尔战役,直指"伊斯兰国"巢穴。"伊斯兰国"遭多方围剿以致地盘被一再压缩,便利用难民危机等加紧向外流窜,并在中东与欧洲多国制造更多恐袭,肆意报复,跨年夜土耳其夜总会遭到血洗,死伤惨重。

四是，美国新政府的中东政策酝酿重大调整。特朗普将与奥巴马"大唱反调"，其执政团队中不乏主张加大对中东投入以优先解决"伊斯兰国"威胁的人，如总统国家安全事务助理、退役中将迈克尔·弗林等。《纽约时报》分析指特朗普打算优先考虑关于中东和"圣战"组织的政策。特朗普还严重质疑伊朗核协议，对奥巴马政府 2016 年年末在联合国安理会反对以色列在巴勒斯坦被占领土上修建犹太人定居点一事，特朗普也表示强烈不满。

（五）中国的中东政策

化解分歧，关键要加强对话；破解难题，关键要加快发展；道路选择，关键要符合国情，一个国家的发展道路，只能由这个国家的人民，依据自己的历史传承、文化传统、经济社会发展水平来决定。

巴勒斯坦问题是中东和平的根源性问题，国际社会定分止争，既要推动复谈、落实和约，也要主持公道、伸张正义，二者缺一不可。

中国将抓住未来 5 年的关键时期共建"一带一路"，中国要做中东和平的建设者、中东发展的推动者、中东工业化的助推者、中东稳定的支持者、中东民心交融的合作伙伴。中国对中东的政策举措坚持从事情本身的是非曲直出发，坚持从中东人民根本利益出发。中国在中东不找代理人，而是劝和促谈；不搞势力范围，而是推动大家一起加入"一带一路"朋友圈；不谋求填补"真空"，而是编织互利共赢的合作伙伴网络。

思考题

1. 朝鲜半岛局势的现状如何？中国将如何维护周边环境及地区局势稳定？
2. 南海问题是如何产生的？中国如何看待和解决南海问题？
3. 中东地区动荡的主要原因是什么？中国对待中东问题的政策和举措有哪些？

参考文献

[1] 网易新闻. 朝鲜宣布成功举行核弹头爆炸试验.
    http://news.163.com/16/0909/12/C0H91JMP00014JB6.html?bdsj.

[2] 南京人防. 解码"萨德"末段高空区域防御系统.
    https://sanwen8.cn/p/1baGtVJ.html.

［3］搜狐新闻. 日本防卫省讨论部署 "萨德" 系统 拟 2017 年敲定.

http://news.sohu.com/20161129/n474399914.shtml.

［4］中国社会科学网. 背景资料：南海问题的由来.

http://www.cssn.cn/zt/zt_xkzt/zt_jsxzt/jsx_jjnh/nh_wxxj/201401/t20140121_949896.shtml.

［5］人民网. 中东当前动荡局势的成因及未来走向.

http://world.people.com.cn/n/2015/0609/c187656-27127047.html.

专题九　世界经济深度调整
经济发展面临挑战

2017 年 12 月 11 日，联合国发布《2018 年世界经济形势与展望》报告，指出 2017 年全球经济增长趋强，增长速度达到 3%，这是自 2011 年以来的最快增长。其中，东亚和南亚仍然是全球最具活力的地区。2017 年，东亚和南亚经济增长占到全球近一半，仅中国对全球经济增长的贡献就约占 1/3。阿根廷、巴西、尼日利亚、俄罗斯经济衰退的结束，也为全球增长率的提高做出贡献。

《世界经济形势与展望》
报告发布

报告还指出，全球 2018 年和 2019 年经济的增长预期也将稳定在 3%左右。同时强调，尽管短期前景有所改善，但是全球经济仍然面临风险，包括贸易政策改变、全球金融环境突然恶化，以及地缘政治局势的日益紧张。

一、2017 年世界经济形势

2008 年全球金融危机以来，世界经济复苏乏力，长期保持低增长态势。2017 年，英国脱欧和美国大选的结果令金融市场陷入动荡，也令外界对全球经济走势的预期发生巨大变化。这些事件的溢出效应将继续施加影响，国际政坛仍有可能再次飞出一只只"黑天鹅"，世界经济仍面临巨大不确定性。

当前，世界经济又走到一个关键当口。一方面，全球经济复苏仍然乏力，增长动力不足，经济全球化遇到波折，保护主义抬头，全球贸易和投资低迷，全球性挑战加剧了世界经济的不确定性。另一方面，新一轮科技和产业革命正孕育兴起，国际分工体系加速演变，全球价值链深度重塑，这些都给经济全球化赋予了新的内涵。2017 年，世界经济发展既面临挑战，又充满机遇，也呈现出新的特点和趋势。

（一）2017 年上半年世界经济继续改善，基础仍欠牢

2017 年上半年全球经济继续稳定增长，呈现七年来首次"同步复苏"局面。但全球复苏并不平衡，结构性强劲增长仍未出现，依然面临不少风险和不确定因素。

1. 发达经济体同步回暖

上半年，在主要发达经济体中，美国、欧元区及日本经济同步回暖。

美国在发达经济体中较早步入复苏轨道，尽管增速仍差强人意。目前，美国劳动力市场接近充分就业状态，占美国经济比重约七成的个人消费开支增长强劲。美国商务部最新数据显示，美国经济今年一季度按年率计算增长 1.4%，高于此前预计的 1.2%。市场预计第二季度美国经济增速将高于首季。

美国总统特朗普曾表示要把美国经济增速提高至 3%，但其主张的减税、基建、放松监管等一系列经济刺激政策至今未能落实。IMF（国际货币基金组织）日前表示，鉴于特朗普政府的财政刺激政策不明朗，决定将今明两年美国经济增长预期都下调至 2.1%，分别低于 4 月份预测的 2.3% 和 2.5%。

欧元区经济增长势头虽弱于美国，但增速已恢复到全球金融危机前水平，为近 10 年来最佳表现。欧盟统计局数据显示，今年一季度欧元区经济环比增长 0.6%，同比增长 1.9%。除希腊外，欧元区成员国均已连续三个季度保持经济正增长。德国仍是欧元区经济增长最主要引擎。

日本经历了 2006 年以来持续时间最长的一次经济扩张。据日本政府统计，今年一季度日本经济按年率计算增长 2.2%，连续 5 个季度保持增长。不过，日本仍未彻底摆脱滞涨阴影，缺乏持续增长基础。政府债务高企、劳动力短缺、消费低迷等因素将给日本经济带来下行压力。

2. 中印继续引领增长

新兴市场和发展中经济体走势继续分化。金砖国家中，中国和印度经济继续领先增长，俄罗斯和巴西走出衰退，南非保持小幅增长。

今年一季度，中国经济增长 6.9%，增速同比加快 0.2 个百分点，主要经济指标好于预期，经济结构持续优化。当季印度经济增速仅为 6.1%，大大低于市场预期。但分析人士指出，印度自本月起实施独立以来最大规模税制改革，预计将使经济提速 1 至 2 个百分点。

过去两年发生衰退的俄罗斯和巴西经济开始企稳。IMF 预计，由于油价反弹和国内需求增长，2017 年俄罗斯经济有望增长 1.4%。巴西国内政治动荡趋缓，今年经济将增长 0.2%。

按地域来看，亚洲仍是世界经济增长重要引擎。IMF 预计，今年亚洲新兴市场和发展中经济体增长率为 6.4%。中东和北非地区增速将放缓至 2.6%。受大宗商品价格反弹推动，撒哈拉以南非洲国家增速升至 2.6%。拉美和加勒比海国家有望改变经济负增长局面，实现 1.1% 的增幅。

3. 全球复苏挑战仍存

尽管全球经济复苏的速度与广度为近年来最佳，但不确定性和风险依然存在。

第一，全球贸易保护主义蔓延，逆全球化思潮继续抬头。根据 2016 年年末 WTO 发布的报告，2008 年国际金融危机以来新实施的贸易限制措施从 2010 年年中的 381 项激增至 1 263 项。尽管 2017 年上半年国际贸易开始恢复增长，但是笼罩在全球上空的贸易保护主义阴影并未随之消散。尤其是美国总统特朗普积极推动"美国优先"战略，其贸易保护政策将对贸易伙伴国以及全球经济产生不利影响。英国"脱欧"、欧洲涌现民粹主义思潮等现象依然是世界经济和自由贸易发展的障碍，"逆全球化"与"全球化"之间的碰撞反映出当前全球经济发展存在诸多问题，不少国家将保护主义作为解决问题的"药方"，效果可能适得其反，还会威胁全球经济的健康发展。

第二，美国加快加息步伐，或将开启"缩表"进程，威胁国际金融市场稳定。随着美国通胀水平接近 2%目标、就业水平保持良好态势，美国开启新一轮"加息周期"并逐步加快加息步伐，从而退出刺激性货币政策。2015 年 12 月，美国自 2008 年金融危机以来首次加息，又在 2016 年加息一次，2017 年上半年加息两次，预计今年还会有一次加息。除此之外，美国开启收缩资产负债表进程。6 月 14 日，美联储会议公布今年开始逐步缩减所持的 4.5 万亿美元债券和其他资产的详细计划。美联储计划逐月减少所持资产，避免突然减持，最终允许债券到期的最高限额将达到每月 300 亿美元国债和每月 200 亿美元抵押债券。美国货币政策正常化进程将对其他经济体以及全球经济产生外溢影响。历史上美国加息周期往往会引起国际金融市场波动，引发局部性或全球性金融危机。尤其对新兴经济体和发展中国家来说，本币贬值导致债务偿付能力降低，存在爆发债务危机的风险。美国加息还可能引发其他国家资本外流，对资产市场价格形成冲击，引发股市、债市和房地产市场价格震荡。

第三，全球债务水平居高不下，是主要经济体经济增长的重要忧虑。根据国际金融协会最新研究报告，过去 10 年来全球包括家庭、政府和公司在内的债务总额增加了 70 多万亿美元，2016 年创下了 215 万亿美元的历史新高，全球债务总规模已经相当于 GDP 的 325%。新兴经济体可能成为债务"重灾区"。一是由于新兴市场债务规模庞大、增速快，截至 2016 年年底，新兴市场的债务总额为 55 万亿美元，相当于新兴市场 GDP 总和的 215%。2006 年至 2016 年期间，新兴市场筹集了近 40 万亿美元新债，与 1996 年至 2006 年期间增加约 9 万亿美元相比，速度明显加快。二是由于新兴市场偿债负担沉重，隐藏债务危机风险。据 IMF 统计，2017 年新兴市场有 1.1 万亿美元的债券和贷款将到期，以美元计价的债务占偿债总额的 20%，而伴随美联储加息，新兴经济体要偿付的债务利息成本随之增加。虽然大宗商品价格有所反弹，新兴经济体有所复苏，但市场普遍对新兴经济体的偿债能力有所担忧，应对债务风险的必要性不可小觑。

此外，近期欧洲接二连三遭遇恐怖袭击，一旦出现严重恐怖主义行为或重大地缘政治风险，世界经济复苏进程将复杂化。

（二）2017 年下半年，多隐忧困扰增长

尽管上半年全球经济增长趋于稳健，可是下半年想要保持这一态势，并没有想象中容易。《世界经济展望》就提出，存在六个因素将让全球经济增长面临下行风险。对于下半年的全球经济增长，"贸易保护主义趋势加剧"与"美联储加息步伐快于预期"这两个因素的影响将会加大。

数据显示，国际金融危机爆发 10 年来，各国出台的贸易保护措施不下 3 000 项。IMF 认为，贸易保护主义趋势加剧，导致全球经济增长因贸易和跨境投资减少而放缓。事实上，自去年英国公投"脱欧"和特朗普当选美国总统以来，全球化进程阻力再次加大，多边贸易体系屡遭挫败。

对此，荷兰皇家帝斯曼管理委员会首席执行官兼主席谢白曼在日前的夏季达沃斯"全球贸易和包容性增长"分论坛上说，支持贸易保护的人很多，往往会影响国家全球化的政策，政治家和领导人必须要通过与他们建立良好的信任来改变他们的看法，否则经济全球化很难推进。

除去贸易保护之外，IMF 还提出，美国加息步伐快于预期，可能导致全球金融政策更快收紧，美元大幅升值，从而对脆弱经济体造成不利影响。

如市场预期，6 月 14 日，美联储实现了年内第二次加息，并维持了在年内第三次加息的预期，且概述了其资产负债表逐步缩减的过程，预计将于今年开始缩表。

而 6 月 29 日，美国劳工部公布的数据支持了第三次加息的可能性。美国 6 月 24 日当周初请失业金人数为 24.4 万，高于预期的 24 万，前值从 24.1 万上修至 24.2 万，这意味着 6 月 24 日当周初请失业金人数较前一周增加 2 000 人，为连续两周录得增加。截至目前，初请失业金数据已经连续 121 周低于 30 万关口，连续时间创 1970 年以来最长。

数据公布后，CME 美联储观察工具显示，7 月美联储加息概率维持不变；9 月加息概率微幅上涨至 18%，此前为 12.8%；11 月加息概率涨至 19.3%，此前为 14.3%；12 月加息概率涨至 47.5%，此前为 43.6%。

此外，上半年有所改善的新兴经济体，下半年能否成为全球经济增长的新引擎？业内人士对此认为，目前来看，世界对新兴经济体不应抱过高期望。"新兴经济体在国际贸易中所占比重较小，发达国家仍在主导国际货币体系，几乎不可替代"。

二、2018 年全球经济形势分析及中国应对措施

（一）2018 年全球经济形势分析

1. 全球经济将稳健增长

美银美林预测，2018 年全球经济将稳健增长，全球经济增速将达到 3.8%，高于 2017 年的 3.7%，大部分经济体都将呈现加速增长态势。其中，美国经济加速增长，2018 年美国经济将增长 2.4%，高于 2017 年的 2.2%，并认为税改方案将令 2018 年、2019 年美国经济增速分别提高 0.3 个百分点。摩根士丹利预计，2017 年全球 GDP 增速将为 3.6%，而在 2018 年，全球 GDP 增速将进一步上升至 3.8%。

对 2018 年全球经济颇为乐观的预测主要是依据全球经济的主要火车头动力不减，发达国家经济向好态势超出市场预期，同时其他经济体经济也将继续得到改善。OECD 监控的 GDP 占到全球 GDP 80% 的 45 个经济体，没有一个国家的经济预计在 2017 年到 2019 年会收缩。今年全球经济复苏的"带头大哥"美国，在 2018 年有望继续保持增长势头。IMF 预计，美国经济今明两年增速分别为 2.2% 和 2.3%，分别上调了 0.1 个和 0.2 个百分点。

令人感到意外的是，欧洲经济复苏相当强劲。2017 年以来，欧元区经济增长延续去年的上升势头，成为国际金融危机以来最好的发展阶段。不仅德国、法国的复苏趋势显著，就连西班牙也保持了强劲的增长步伐。欧洲正处于全面稳固复苏周期中，在家庭消费支出和投资支出的双轮带动下，2018 年欧洲经济复苏有望延续。先前对英国经济的担忧也因为欧盟与英国就"脱欧"第一阶段谈判取得重大进展而有所改变，尽管未来双方的贸易谈判仍然具有很大的挑战，目前看达成协议可能为大概率事件，也为英国经济未来的发展吃了一颗"定心丸"。

2. 亚洲新兴市场经济将继续引领全球经济增长

联合国报告指出，东亚和南亚仍是全球最具经济活力的地区，对今年全球增长的贡献高达近一半。摩根士丹利预计，新兴市场的 GDP 增速预计在 2017 年为 4.7%，2018 年则将达到 5.0%。其中，尤为值得关注的是中国。2017 年以来，中国经济的表现大大超出市场预期，对全球经济增长的贡献率约为三分之一，IMF 等机构数次上调经济增长预测值。当前，中国经济发展的韧性更强、回旋余地更大，质量和效益提高，加速供给侧结构性改革等举措也为未来中国经济的稳健发展奠定了基础。今年中国经济增速将达到 6.8%，2018 年由于中国政府主动调整政策重心，更加注重质量和效益，经济增长率预计在 6.5% 左右。此外，印度逐步摆脱了"废钞令"与商品和服务税改革的冲击，受益于表现强劲的制造业，

经济开始反弹。摩根士丹利预测，印度 2018 年经济增速将达到 7.5%。阿根廷、巴西、尼日利亚和俄罗斯等陆续走出经济衰退，也对全球经济增长率的提高做出了贡献。

3. 不确定、不稳定性犹存

2018 年全球经济存在很多不确定性、不稳定性，经济隐忧主要体现在：逆全球化思潮继续发展并发挥作用；全球主要国家可能开始退出量化宽松货币政策，资本紧缩会导致相当大的金融风险；一些国家的经济可能会出现较大波动，这些波动也会对世界经济带来较大影响。

中国国际经济交流中心总经济师陈文玲认为，"从大的经济体来说，最值得关注的是日本和印度"。日本方面的负面因素包括消费税上调、长期维持负利率以及社会老龄化等，印度方面值得关注的是废钞、黄金充公以及国有银行私有化等。此外，她认为，局部战争与冲突、2018 年又一拨国家大选以及自然灾害和传染病等，也为经济增长添加了不确定性和不稳定性。

国经中心学术委员会副主任李德水则注意到，眼下有一个困扰经济学界的问题，就是当前经济普遍增长时的低通胀率。他分析认为，这一奇怪现象一方面可用"信息技术和电子商务发展降低了生产和销售成本"来解释，更重要的原因是，美日欧企业工人的薪资水平涨幅较少，导致民众整体购买力低迷。

李德水认为，从低通胀可判断，"当前世界经济远没有出现过热局面，只是温和回升，一个新的经济增长周期强劲反弹的时刻没有到来"。而受制于欧美一些国家的失业率问题，他认为，今年世界经济的回升基础"并不是很牢固"。

（二）外部环境变化对中国经济发展的影响及中国的应对措施

1. 外部环境变化对中国经济发展的影响

从目前的情况来看，外部环境变化对中国经济发展的影响主要集中在以下几个方面。

第一，世界经济贸易增长低迷既导致外需拉动作用减弱，也为中国深化结构性改革、加快培育新的增长动力带来新契机。国际金融危机后，中国外贸出口增速持续回落，去年甚至出现负增长，已连续 4 年未完成预期目标。在全球经济贸易增长乏力的情况下，今年外贸出口稳增长仍面临不少困难。随着国际经济环境的变化和中国经济发展进入新常态，我们不可能再像以往那样寄希望于扩大出口和投资来拉动经济增长，而是要在适度扩大总需求的同时，更加注重供给侧结构性改革，特别是要适应国际国内需求结构变化提高供给体系质量和效益，实施创新驱动发展战略培育经济增长新动力，以产业结构调整升级促进外贸优进优出，更好发挥外贸进出口对促进经济增长和产业结构优化升级的作用。

第二，在科技产业大变革背景下，中国既面临迎头赶上的机遇，也不排除中国与发达国家差距拉大、传统产业面临被技术性淘汰的风险。国际金融危机后，发达国家纷纷加大对新技术、新产品、新产业的研发投入力度，抢占未来产业发展和国际竞争的制高点；新兴经济体也在大力推进结构调整，积极承接国际产业转移，更加重视发展制造业。中国在科技创新和新兴产业发展领域与发达国家仍存在较大差距，在制造业领域的传统成本竞争优势逐渐弱化，产业发展进步前有堵截、后有追兵。若不能有效推进科技创新和产业结构调整，就有可能进一步拉大与发达国家的差距，在新一轮国际产业竞争中处于不利地位，在传统制造业领域也会面临来自其他新兴经济体的激烈竞争。

第三，大宗商品供求格局变化和价格回落，既有利于中国降低进口成本和增加能源资源进口，但也会加剧上游行业和企业经营困难。中国正处在全面建成小康社会的决胜阶段，无论是加快推进工业化和城镇化，还是保持经济持续健康发展，都会增加能源资源消耗总量。因此，石油等大宗商品供求关系宽松和价格低位运行，总体上有利于保障能源资源供应安全和降低发展成本。但另一方面，在经济换挡减速、需求扩张放缓、产能普遍过剩的情况下，国际市场供应增多和价格大幅下跌也对中国能源资源开采加工等上游行业带来更大的竞争压力，生产者价格的持续回落也会进一步加剧企业经营困难，去产能、降成本压力增大。

第四，国际经贸规则主导权之争，既为中国参与全球经济治理和规则制定带来难得机遇，也对中国深化经济体制改革、扩大市场开放带来挑战。2015年10月，美国主导的有12个亚太经济体参加的TPP谈判最终达成协议，不仅在市场开放和贸易投资自由化、便利化方面达到前所未有的高水平，而且在环境保护、劳工标准、竞争中立、电子商务、金融等服务业开放等领域设立了新标准，对未来国际经贸规则体系的演进具有引领示范作用。中国已深度融入世界经济，为维护中国和发展中国家的发展权益，就必须主动参与推动多边经贸规则制定和国际经济治理体系改革完善，积极引导全球经济议程，提升制度性话语权，促进国际经济秩序朝着平等公正、合作共赢的方向发展。同时，也要坚定不移地深化改革开放，加快形成对外开放新体制，更好地适应经济全球化和国际经贸体系变革的新形势，以开放促改革、促发展。

第五，地缘政治关系复杂多变和不稳定、不确定因素增多，既对中国经济社会发展构成潜在威胁，也扩大了中国在大国关系动态博弈中的回旋余地。随着国际金融危机的深层次影响不断从经济、金融、科技、产业等领域向社会、政治、军事、安全和国际治理等更广泛领域传导，全球利益格局的战略博弈更加激烈，地缘政治和大国关系深刻调整，全球恐怖主义出现新回潮，热点敏感问题频发。应对外部环境变化，既要坚持原则，妥善处理大国关系，有效应对和管控风险，主动营造有利的外部环境，更要实施新一轮高水平对外开放战略，推进"一带一路"建设，打造对外开放合作新格局，赢得发展主动，切实维护国家安全和经济安全，确保如期全面建成小康社会。

2. 中国的应对措施

针对 2018 年的世界经济的新形势，中国要做好以下三个方面的工作。

第一，中国要把握好世界发展的大势，来化解各种干扰和风险。首先，要在国际大格局变化中间来统筹推进，稳中求进，深化供给侧结构性改革和确定我们下一步发展的新方位。其次，在复杂多变的国际环境下，我们要把 90% 的工作重点放在国内，同时推动"一带一路"双向开放和中国的自由贸易区战略。最后，中国要主动参与国际宏观政策协调，推进世界经济新秩序的形成，量力而行担当全球公共产品供给的责任。

第二，中国要应对 2018 年世界经济复杂多变的形势，更加需要有战略定力，要继续推动全球化，尤其是新兴全球化。面对美国特朗普新政所带来的中美经贸关系的不确定性，我们要加强中美双方的对话、沟通和政策的协调。

第三，通过深化改革，推动稳增长、调结构和促改革，能够使中国经济在 2018 年国际环境复杂多变的形势下立于不败之地。

思考题

1. 2017 年世界经济形势展现出哪些特点？
2. 2018 年世界经济形势如何，中国应如何应对？

参考文献

[1] 姚淑梅，杨长湧. 2016 年世界经济形势及 2017 年展望 [J]. 中国经贸导刊，2017.

[2] 中华网. 2017 年上半年世界经济继续改善，基础仍欠牢.
　　http://news.china.com/finance/11155042/20170706/30928434_1.html#comment.

[3] 至诚财经. 2017 年全球经济形势分析：多隐忧困扰下半年增长.
　　http://www.zhicheng.com/n/20170704/153244_3.html.

[4] 新华网. 专家展望 2018：全球经济形势的欢喜与忧愁.
　　http://news.xinhuanet.com/world/2017-10/25/c_129726073.htm.

专题十 绘就"一带一路"蓝图 共赢发展新机遇

　　建设丝绸之路经济带和21世纪海上丝绸之路（简称"一带一路"），是以习近平同志为总书记的党中央审时度势提出的重大战略构想。随着这一战略构想的实施，丝绸之路必将成为充满活力的发展高速路，使这一古老的经济、技术、文化交流的大通道重新焕发生机活力，在推动泛亚和亚欧区域经济发展中再次起到举足轻重的作用。

习近平：传承丝路精神

一、"一带一路"的内涵与提出的战略背景

　　2013年9月7日，国家主席习近平在哈萨克斯坦纳扎尔巴耶夫大学发表题为《弘扬人民友谊共创美好未来》的重要演讲，首次提出用创新的合作模式，共同建设"丝绸之路经济带"的畅想。同年10月3日，习近平在印度尼西亚国会发表演讲，提出共同建设"21世纪海上丝绸之路"。这二者共同构成了"一带一路"重大倡议。3年多来，"一带一路"建设从无到有、由点及面，进度和成果超出预期，2017年，一带一路高峰论坛于5月14日在北京召开，全球100多个国家和国际组织共同参与，40多个国家和国际组织与中国签署合作协议，形成广泛国际合作共识。自此，"一带一路"的理念和蓝图不断丰富、日益清晰，得到国际社会的高度关注与沿线国家的积极响应。

（一）"一带一路"的内涵

　　"一带一路"是"丝绸之路经济带"和"21世纪海上丝绸之路"的简称。"一带一路"不是一个实体和机制，而是合作发展的理念和倡议，是依靠中国与有关国家既有的双多边机制，借助既有的、行之有效的区域合作平台，旨在借用古代"丝绸之路"的历史符号，高举和平发展的旗帜，主动地发展与沿线国家的经济合作伙伴关系，共同打造政治互信、经济融合、文化包容的利益共同体、命运共同体和责任共同体。"一带一路"战略是目前中国最高的国家级顶层战略。

漫话"一带一路"

1.　"一带一路"战略构想的经济内涵

"一带一路"战略构想将东亚、东南亚、南亚、中亚、欧洲南部、非洲东部的广大地区联系在一起，该区域覆盖 40 多个国家，总人口超过 40 亿，经济总量超过 20 万亿美元，从资源富集情况看，"一带一路"覆盖区域是全球最主要的能源和战略资源供应基地，区域内资源互补性强；从比较优势来看，"一带一路"沿途国家多为处于不同发展阶段、具有不同禀赋优势的发展中国家，这些国家经济发展潜力巨大，在农业、纺织、化工、能源、交通、通信、金融、科技等诸多领域进行经济技术合作的空间广阔。对中国经济和社会发展而言，"一带一路"的经济内涵主要包括以下几个方面。

从对外开放的角度看，"一带一路"进一步巩固、扩大中国与中亚、东南亚以及更广大发展中国家和地区的互利合作，有利于全方位开放新格局的形成。中国的对外开放经历了由经济特区到沿海开放城市、再到沿江沿边开放、最后全面开放几个阶段，受地理区位条件制约，东部沿海地区开放水平明显较高，沿边地区特别是西部沿边地区在全国进出口总贸易额中的比重依然较小，形成全方位开放新格局的重点和难点在中西部，"一带一路"国内段覆盖了中国中西部的大部分地区，使广大中西部地区由原先的"内陆腹地"变成现在的"开放前沿"，为中西部地区进一步提高对外开放水平、促进经济平稳健康发展提供了契机。2008 年世界金融危机给我们的重要教训是，对外贸易主要依靠欧美发达国家、"一条腿走路"的风险很大，而现阶段许多发展中国家经济发展速度加快、市场需求不断扩大，已经成为世界市场中一支不容忽视的力量，而"一带一路"构想将中国巨大的产品制造能力与沿途发展中国家的巨大市场需求联系起来，扩大贸易往来、深化经济合作前景广阔。

从经济转型升级角度看，"一带一路"为中国东部地区产业转移和过剩产能化解提供了广阔的战略迂回空间。东部地区受到污染治理、土地价格、劳动力成本等多重因素的影响，出口导向型经济发展已是强弩之末，低端制造业向中国中西部地区以及东南亚等劳动力成本优势明显的地区逐步转移已是大势所趋。"丝绸之路经济带"要连接中亚等广大亚洲腹地，基本要求就是"道路相通"，这也就意味着中西部地区即将迎来交通基础设施建设的一次高潮，这对减少中西部地区物流成本、提高产品出口竞争力具有重要意义；东南亚地区劳动力丰富、出口导向型经济比较优势明显，是大部分发达国家产业转移的重点区域之一，通过"海上丝绸之路"将部分已不具有比较优势的产业从中国东部地区转移过去，可以为中国的经济转型升级留出必要的发展空间，同时与日、韩等较发达国家同场竞技也有利于增强中国企业的国际竞争力。客观而言，产能"过剩"并不意味着产能"落后"，中国现阶段相对过剩的钢铁、水泥等产业可能正是中亚、东南亚、南亚、非洲等发展中地区进行基础设施建设的短板所在，因此通过"一带一路"战略构想将中国的部分过剩产能转移到这些国家，既可以推动中国经济转型升级，也为"一带一路"沿线国家发展提供了难得机遇。

从区域经济发展角度看，"一带一路"将政策重心放在中西部地区，有利于增强中西部地区发展的动力和对人才的吸引力，促进区域经济协调发展。从改革开放以来，东部地区一直凭借区位优势和经济极化效应在经济发展中独领风骚，国家虽然通过西部大开发、中部崛起战略等政策对中西部地区的经济发展进行扶持，但由于基础设施配套不完备、人才吸引力较差、交通物流成本高等原因，各类人才、资源等要素"一江春水向东流"的局面始终没有得到有效改善。目前"一带一路"规划中所涉及的 14 个省区市中有 9 个位于中西部，国家从基础设施、财政扶持、人才培养就业、对外开放等多方面予以更多扶持，有利于增强这些中西部省区市的发展潜力；同时这些省区市由"内陆"变"前沿"，通过承接东部产业转移、加强交通物流通达能力、设立内陆港和海关特殊监管区等多种措施将经济潜力变为实实在在的经济发展成果，不仅有利于实现东中西部的协调发展，还能够增强中西部地区对人才聚集的吸引力，对新型城镇化三个"一亿人"的奋斗目标的实现大有裨益。

2. "一带一路"战略构想的国家安全内涵

虽然"一带一路"战略构想的主要立足点在于经济合作和人文交流，并不涉及政治、安全等敏感领域，但从客观效果上看，"一带一路"对于保障国家经济安全、打击三股势力、营造和平相处的国际环境方面具有重要意义。

从保障国家经济安全角度看，"一带一路"有利于实现中国资源、能源进口渠道的多元化，同时也为保障海上资源能源运输线的安全奠定了坚实基础。从粮食安全角度看，粮食全部自给既无必要也无可能，中亚地区地广人稀，农业发展条件非常优越，农产品特别是畜牧业产品优势比较明显，而东南亚地区是世界重要的水稻、热带水果出口地，"一带一路"为亚洲周边地区优质农产品进入中国创造了条件，有利于满足中国日益增长的多样化食品需求、丰富普通百姓的餐桌。目前，中国石油对外依存度超过 60%，天然气对外依存度超过 30%，能源安全业已成为国家经济安全的最核心部分，中亚、西亚地区是全球石油、天然气最富集地区，目前中哈石油、天然气管道为中哈两国的共同繁荣奠定了良好基础，也为中国深化与周边其他国家的能源合作提供了可资借鉴的范本；"海上丝绸之路"与中国目前的海上石油运输线在很大程度上重叠在一起，保持与沿途国家良好的经贸合作关系对于保障中国海上能源运输线的安全意义重大。

从维护社会稳定的角度看，"一带一路"建设对三股势力的预防、打击标本兼治，为维护社会安定、民族团结奠定了坚实基础。边疆等少数民族聚集地区经济相对落后、就业岗位较少、生活有待改善，特别是一些青壮年劳动力长期处于贫困失业状态，容易滋生不满情绪，使恐怖主义、分裂主义和极端主义三股势力得以乘虚而入。只有人民安居乐业，社会才能长治久安。"一带一路"带动边疆地区经济发展和产业振兴，从而为当地居民创造更多就业机会、提高居民收入水平，从根本上消除三股势力兴风作浪的社会土壤；"一带一路"建设在加强各国经济联系的同时，也将带动各民族、宗教间的沟通交流，从而增强彼此之间的理解、包容、融合，消除各民族、宗教间的各种隔阂和误解，从而消除三股势力产生的思想根源；三股势力是世界各国的共同敌人，没有哪个国家能够任由三股势力恣意破坏良好的经济社会发展局面，因此"一带一路"建设客观上需要沿途各国对恐怖主义等形成联合打压之势，共同维护地区的安全稳定和经济繁荣，这样就极大地压缩了三股势力的国际生存空间。

从促进世界和平与发展看，中国的"一带一路"倡议在恪守和平共处五项原则基础上注重平等协作、合作发展，这有利于消除国际社会对中国发展壮大的担忧和疑虑，为中国的和平发展营造良好的国际环境。与某些国家提出"新丝绸之路"计划、试图在军事力量退出后继续通过政治、经济、安全手段谋求地区主导权截然不同，中国明确表示，在"一带一路"建设过程中，不干涉他国内政事务、不谋求经济带发展主导权，更不经营自己的势力范围、结盟对抗其他国家或国际组织；在地域和国别方面坚持开放原则，凡属于古代陆上、海上丝绸之路范围的国家均可参与，甚至另外一些不属此列的友好邻国，只要有合作意向亦可参与进来；在合作机制上，中国不搞"拉帮结派"、建立任何新的双多边机制，倡导充分依托上海合作组织、中国—东盟（10＋1）峰会、欧亚经济联盟等既有的行之有效的合作平台推动"一带一路"规划建设。通过"一带一路"的典型示范作用，我们可以向全世界表明，中国从古至今都是世界和平的坚定维护者，发展壮大后的中国更是维持国际和平、推动世界进步的中流砥柱。

3. "一带一路"战略构想的人文内涵

古代陆上、海上丝绸之路传递的不仅有中国的丝绸和瓷器、西域的苜蓿和葡萄、南亚和东南亚的奇珍异宝、欧洲的玻璃和雕塑，还有各地的音乐、绘画、舞蹈、宗教，以及甘英出使大秦、马可波罗访问元朝、郑和下西洋等中外交流创举，为当时不同种族、不同民族、不同国家之间的经济互通、人文沟通交流创造了条件。中国的"一带一路"合作倡议将"丝绸之路"延续千年的经济、文化、商贸友好交流传统继承下来并赋予新的时代含义，为各国间的人文交流提供了一个广阔的舞台。

"一带一路"建设通过扩大各国科技合作、密切人员往来，为中国及沿途国家的经济发展提供了有力的技术和智力支持。中亚地区拥有苏联时期航空航天、精密机械等方面丰富的科技文化遗产，时至今日某些技术装备仍位居世界前列，但中亚地区自身工业结构、市场需求等因素使这些技术装备长期处于尘封状态，而"一带一路"将东亚至欧洲的广大地区联系起来，巨大的市场空间和技术合作潜力必将使这些科技遗产重新焕发活力；欧洲城镇化建设经验、生态技术、精密制造等方面对中国经济建设的推动作用巨大，但目前欧洲先进技术、优秀人才进入中国还存在不少障碍，"一带一路"为中欧技术交流合作提供了广阔的中间过渡地带；中东国家的节水农业、印度的信息产业等技术优势也比较明显，合作交流的潜力巨大。另外，随着"一带一路"经贸往来的频繁，各类高校、研究机构、企业间的学术交往、人才交流、技术合作等也将日益加强，为科技创新和人才培养提供了丰富的土壤。2015年在莫斯科举办的第二届"丝绸之路国际文化论坛"成为"一带一路"主题下中俄民间交流的成功典范。

"一带一路"为加强不同国家、民族、宗教间的人文交流和相互理解、消除彼此的隔阂与误解、增强尊重互信、共创人类文明繁荣局面创造了有利条件。任何民族、宗教要想保持旺盛的生命力，就要在保护、传承好自身独特文化的同时，积极吸取其他民族、宗教文化中的合理部分和优秀成果，"一带一路"沿途是世界上典型的多类型国家、多民族、多宗教聚集区域，古代"四大文明古国"诞生于此，佛教、基督教、伊斯兰教、犹太教等也发源于此并流传至世界各个角落，"一带一路"通过经贸合作带动人文交流，必将在各民族、宗教文化相互碰撞、融合中扮演非常重要的角色。特别值得注意的是，与西方对外交往总是充满征服和奴役、刀剑和鲜血不同，中国的文化传统始终坚持"己所不欲勿施于人""以礼相待"等为人处事的基本道德原则，因而平等友好、互惠互利是古代陆上、海上丝绸之路的对外交往活动的主旋律，"一带一路"的构建必将使以"己所不欲勿施于人"为代表的中国优秀传统文化更大范围地走向世界，使之与"和平共处五项原则"一样，成为增强各国尊重互信、维护世界持久和平的重要原则。

（二）"一带一路"战略提出的背景

1. 古代背景

丝绸之路起始于古代中国，是连接亚洲、非洲和欧洲的古代陆上商业贸易路线，最初的作用是运输中国古代出产的丝绸、瓷器等商品，后来成为东方与西方之间在经济、政治、文化等诸多方面进行交流的主要道路。

1877年，德国地质地理学家李希霍芬在其著作《中国》一书中，把"从公元前114年至公元127年间，中国与中亚、印度间以丝绸贸易为媒介的这条西域交通道路"命名为"丝绸之路"，这一名词很快被学术界和沿线人民所接受，并广泛使用。其后，德国历史学家郝尔曼在20世纪初出版的《中国与叙利亚之间的古代丝绸之路》一书中，根据新发现的文物考古资料，进一步把丝绸之路延伸到地中海西岸和小亚细亚，确定了丝绸之路的基本内涵，即它是中国古代经过中亚通往南亚、西亚以及欧洲、北非的陆上贸易交往的通道。

丝绸之路从运输方式上，主要分为陆上丝绸之路和海上丝绸之路。陆上丝绸之路起自中国古代都城长安（今西安），经河西走廊、中亚国家、阿富汗、伊朗、伊拉克、叙利亚等而到达地中海沿岸，以罗马为终点，全长6 440千米。这条路被认为是连接亚欧大陆的古代东西方文明的交汇之路，而丝绸则是最具代表性的货物。

海上丝绸之路是指古代中国与世界其他地区进行经济文化交流交往的海上通道。2 000多年前,一条以中国广东徐闻港、合浦港等港口为起点的海上丝绸之路成就了世界性的贸易网络。

古代海上丝绸之路从中国东南沿海,经过中南半岛和南海诸国,穿过印度洋,进入红海,抵达东非和欧洲,成为中国与外国贸易往来和文化交流的海上大通道,并推动了沿线各国的共同发展。中国输往世界各地的主要货物,从丝绸到瓷器、茶叶,形成一股持续吹向全球的东方文明之风。尤其是在宋元时期,中国造船技术和航海技术的大幅提升以及指南针的航海运用,全面提升了商船远航能力,私人海上贸易也得到发展。这一时期,中国同世界60多个国家有着直接的"海上丝路"商贸往来,引发了西方世界一窥东方文明的大航海时代的热潮。明代郑和远航的成功,标志着海上丝路发展到了极盛时期。

中国境内海上丝绸之路主要由广州、泉州、宁波三个主港和扬州、福州等其他支线港组成。广州是世界海上交通史上唯一保持2 000多年长盛不衰的大港,从3世纪30年代起,广州已成为海上丝绸之路的主港。唐宋时期,广州成为中国第一大港,明初、清初海禁,广州长时间处于"一口通商"局面;宋末至元代时,泉州成为中国第一大港,并与埃及的亚历山大港并称为"世界第一大港",后因明清海禁而衰落,联合国教科文组织所承认的海上丝绸之路的起点便是泉州;在东汉初年,宁波地区已与日本有交往,到了唐朝,成为中国的大港之一,两宋时,靠北的外贸港先后为辽、金所占,或受战事影响,外贸大量转移到宁波。福州作为唐中期至五代时期"海上丝绸之路"的重要城市之一,成为联通中国与海外文化交流和商贸往来的重要桥梁。

随着时代发展,丝绸之路成为古代中国与西方所有政治经济文化往来通道的统称。除了"陆上丝绸之路"和"海上丝绸之路",还有北向蒙古高原,再西行天山北麓进入中亚的"草原丝绸之路"等。

2. 当代背景

从国际看,世界多极化、经济全球化、社会信息化深入发展,但发展与变革、冲突与危机、竞争与合作交织并存。全球经济仍处于国际金融危机引发的调整变革之中,新一轮技术革命孕育突破,对全球产业分工和经济地理将产生深刻影响。国际格局和力量对比将发生复杂深刻的变化,大国之间围绕地缘政治、经贸秩序、国际规则制定等的角逐日趋激烈,海洋、太空、网络等新兴战略领域日渐成为竞争热点,全球治理格局深度调整,气候变化、生态环境保护、能源资源安全等对经济发展的约束趋于强化。同时当今世界正发生复杂深刻的变化,国际金融危机深层次影响继续显现,世界经济缓慢复苏、发展分化,国际投资贸易格局和多边投资贸易规则酝酿深刻调整,各国面临的发展问题依然严峻。共建"一带一路"顺应世界多极化、经济全球化、文化多样化、社会信息化的潮流,秉持开放的区域合作精神,致力于维护全球自由贸易体系和开放型世界经济。共建"一带一路"旨在促进经济要素有序自由流动、资源高效配置和市场深度融合，推动沿线各国实现经济政策协调，开展更大范围、更高水平、更深层次的区域合作，共同打造开放、包容、均衡、普惠的区域经济合作架构。共建"一带一路"符合国际社会的根本利益，彰显人类社会共同理想和美好追求，是国际合作以及全球治理新模式的积极探索，将为世界和平发展增添新的正能量。

共建"一带一路"致力于亚欧非大陆及附近海洋的互联互通，建立和加强沿线各国互联互通伙伴关系，构建全方位、多层次、复合型的互联互通网络，实现沿线各国多元、自主、平衡、可持续的发展。"一带一路"的互联互通项目将推动沿线各国发展战略的对接与耦合，发掘区域内市场的潜力，促进投资和消费，创造需求和就业，增进沿线各国人民的人文交流与文明互鉴，让各国人民相逢相知、互信互敬，共享和谐、安宁、富裕的生活。

当前，中国经济和世界经济高度关联。中国将一以贯之地坚持对外开放的基本国策，构建全方位开放新格局，深度融入世界经济体系。推进"一带一路"建设既是中国扩大和深化对外开放的需要，也是加强和亚欧非及世界各国互利合作的需要，中国愿意在力所能及的范围内承担更多责任义务，为人类和平发展做出更大的贡献。

从国内看，中国经济已经进入新常态，呈现出新的趋势性变化和阶段性特征。传统需求拉动力减弱，投资、出口增速明显回落，住宅、基础设施、制造业需求增速大幅放缓，新的消费热点仍在培育之中。传统要素供给增速放缓，人口老龄化问题凸显，人口红利效应减弱，投资边际收益下降，技术进步速度减慢。

"一带一路"战略是新时期中国统筹陆海开放、协调东西开放，深化与丝绸之路沿线国家经贸、人文、科技、生态等多领域合作交流的形象概括，是对两千多年来丝绸之路精神的传承与发扬。"一带一路"在促进沿线各国互利共赢、共同发展的同时，也有助于构建经济融合、文化包容、政治互信的紧密合作关系，增强维护和平发展的战略能力；有助于深入推进区域经济合作，增强全球化资源配置和管理开放型经济的能力；有助于从供给和需求两个方面拓展发展空间，增强保持经济平稳健康发展的能力；有助于加强生态环保的国际协调协作，增强可持续发展和共同应对气候变化的能力；有助于参与全球公共产品提供，增强全球治理格局能力。

"一带一路"战略是中国积极参与21世纪全球治理和区域治理顶层设计，致力于维护世界和平、促进共同发展的体现。"一带一路"战略的提出，是中国适应经济全球化新形势、扩大同各国各地区利益汇合点的重大战略，是构建开放型经济新体制的重要举措。它顺应了时代要求和各国加快发展的愿望，提供了一个包容性巨大的发展平台，具有深厚的历史渊源和人文基础，能够把快速发展的中国经济同沿线国家的利益结合起来，有利于中国与相关国家和地区实现共享机遇、共同发展、共同繁荣。

（三）"一带一路"战略的历史使命

"一带一路"是中国与丝路沿途国家分享优质产能之路，它肩负着共商项目投资、共建基础设施、共享合作成果的三大使命。

1. 探寻经济增长之道

"一带一路"是在后金融危机时代，作为世界经济增长火车头的中国，将自身的产能优势、技术与资金优势、经验与模式优势转化为市场与合作优势，实行全方位开放的一大创新。通过"一带一路"建设共同分享中国改革发展红利，以及中国发展的经验和教训。中国将着力推动沿线国家间实现合作与对话，建立更加平等均衡的新型全球发展伙伴关系，夯实世界经济长期稳定发展的基础。

2. 实现全球化再平衡

传统全球化由海而起，由海而生，沿海地区、海洋国家先发展起来，陆上国家、内地则较落后，从而形成巨大的贫富差距。传统全球化由欧洲开辟，由美国发扬光大，形成国际秩序的"西方中心论"，导致东方从属于西方，农村从属于城市，陆地从属于海洋等一系列不平衡、不合理效应。如今，"一带一路"正在推动全球再平衡。"一带一路"鼓励向西开放，带动西部开发以及中亚、蒙古等内陆国家和地区的开发，在国际社会推行全球化的包容性发展理念；同时，"一带一路"是中国主动向西推广中国优质产能和比较优势产业，将使沿途、沿岸国家首先获益，也改变了历史上中亚等丝绸之路沿途地带只是作为东西方贸易、文化交流的过道而成为发展"洼地"的面貌。这就超越了欧洲人所开创的全球化造成的贫富差距、地区发展不平衡，推动建立持久和平、普遍安全、共同繁荣的和谐世界。

3. 开创地区新型合作

中国的改革开放是当今世界最大的创新，"一带一路"作为全方位对外开放战略，正在以经济走廊理论、经济带理论、21 世纪的国际合作理论等创新经济发展理论、区域合作理论和全球化理论。"一带一路"强调共商、共建、共享原则，超越了马歇尔计划、对外援助以及走出去战略，给 21 世纪的国际合作带来新的理念。

比如，"经济带"概念就是对地区经济合作模式的创新，其中经济走廊——中俄蒙经济走廊、新亚欧大陆桥、中国—中亚经济走廊、孟中印缅经济走廊、中国—中南半岛经济走廊等，以经济增长极辐射周边，超越了传统发展经济学理论。

"丝绸之路经济带"概念不同于历史上所出现的各类"经济区"与"经济联盟"，同以上两者相比，经济带具有灵活性高、适用性广以及可操作性强的特点，各国都是平等的参与者，本着自愿参与，协同推进的原则，发扬古丝绸之路兼容并包的精神。

二、"一带一路"的战略核心内容

（一）"一带一路"战略的框架思路

"一带一路"框架思路

"一带一路"是促进共同发展、实现共同繁荣的合作共赢之路，是增进理解信任、加强全方位交流的和平友谊之路。中国政府倡议，秉持和平合作、开放包容、互学互鉴、互利共赢的理念，全方位推进务实合作，打造政治互信、经济融合、文化包容的利益共同体、命运共同体和责任共同体。

"一带一路"贯穿亚欧非大陆，一头是活跃的东亚经济圈，一头是发达的欧洲经济圈，中间广大腹地国家经济发展潜力巨大。丝绸之路经济带重点畅通中国经中亚、俄罗斯至欧洲（波罗的海）；中国经中亚、西亚至波斯湾、地中海；中国至东南亚、南亚、印度洋。21 世纪海上丝绸之路重点方向是从中国沿海港口过南海到印度洋，延伸至欧洲；从中国沿海港口过南海到南太平洋。

根据"一带一路"走向，陆上依托国际大通道，以沿线中心城市为支撑，以重点经贸产业园区为合作平台，共同打造新亚欧大陆桥、中蒙俄、中国—中亚—西亚、中国—中南半岛等国际经济合作走廊；海上以重点港口为节点，共同建设通畅安全高效的运输大通道。中巴、孟中印缅两个经济走廊与推进"一带一路"建设关联紧密，要进一步推动合作，取得更大进展。

"一带一路"建设是沿线各国开放合作的宏大经济愿景，需各国携手努力，朝着互利互惠、共同安全的目标相向而行。努力实现区域基础设施更加完善，安全高效的陆海空通道网络基本形成，互联互通达到新水平；投资贸易便利化水平进一步提升，高标准自由贸易区网络基本形成，经济联系更加紧密，政治互信更加深入；人文交流更加广泛深入，不同文明互鉴共荣，各国人民相知相交、和平友好。

"一带一路"倡议虽然由中国提出，但它实质上是惠及各个参与国经济社会发展的共建项目，既涉及相关国家之间的双边合作，更关乎区域协调与全球治理。因此，要以弘扬开放包容、和平合作、互利共赢的古丝绸之路精神为基础，深刻把握并突出彰显现代"一带一路""开放、包容、互利和共营"的核心内涵。

第一，开放。这是古丝绸之路的基本精神，也是新时期"一带一路"的核心理念。中国提出"一带一路"倡议，是进一步释放内陆开放潜力、构建高水平开放型经济体制以及形成全方位开放新格局的战略需要。"一带一路"建设，应对世界上所有国家或经济体、国际组织、区域合作机制和民间机构开放，不能搞封闭小圈子，更不能有排他性。尤其要求推动各参与方努力提高投资与贸易便利化水平,降低贸易和投资成本,在相互开放中培育可持续增长的市场。

第二,包容。这是区别于其他合作组织或机制的典型特征。一方面,它意味着"一带一路"参与方的多元化,即有别于其他合作机制,不针对第三方,不搞封闭性集团,只要是有意愿参与的国家或地区均没有门槛要求,皆可自愿成为参与者、建设者和受益者;另一方面,合作方式的多样化,"一带一路"没有严格统一的参与规则,各方围绕扩大经贸合作、促进共同发展的需要,可采用双边或多边、本区域或跨区域、金融或贸易等多样化、多领域、多层次的合作方式。在具体项目建设中,"一带一路"可广泛吸纳沿线各国当地企业、西方国家企业以及相关国际机构合作开发,构建多方利益共同体。"一带一路"的包容性决定了其具有兼容并蓄的优势,不仅不会主动挑战现有的区域合作机制,反而能与现有各类机制实现良好对接。

第三,互利。这是推进"一带一路"建设的根本动力。在全球化时代,任何一项区域合作构想,只有真正实现互利共赢才能具有持久活力和广阔前景,互利性是一切合作得以实现和延续的动力。因此,推进"一带一路"建设,要求包括中国在内的各参与方之间,不搞零和博弈,不搞利益攫取、殖民扩张,更不能打着开放、自由贸易的幌子,搞与邻为壑的重商主义、产品倾销。要立足于各参与方优势互补,实现利益共享、共同发展。

2017年4月25日,波兰西南部城市奥波莱举行中波合作大会,会议主题是"一带一路"。波兰政府官员、科研机构、企业负责人以及中国合作伙伴代表参加会议。与会者认为,"一带一路"为波兰发展提供全方位机遇,不仅是经济方面,同时在地方合作、文化、科教、旅游等方面都有合作空间。2013—2016年,中波双边贸易额从148亿美元增加到176亿美元,年均增速6%。波兰的乳制品、酒类、水果等特色优质农副产品已经出现在中国消费者餐桌上。中国对波非金融类投资存量从1.6亿美元增加到3.7亿美元。目前,中国企业在波承接7个工程承包项目,项目总金额3.6亿美元。

第四,共营。这是保障"一带一路"可持续发展的基础。从历史上看,古丝绸之路虽由汉朝政府打通并拓展,却是以民间商旅互通有无为主,并不是由某一国政府主导的,因此,古丝绸之路精神本身蕴含共同营建、共同受益的内涵特征。新时期"一带一路"是对古丝绸之路精神的传承和发扬,其虽然由中国倡议并积极推进,但它实质上是惠及各参与方的共商、共营、共建、共享项目,不是援助计划,更不是所谓的中国版"马歇尔计划"。无论是政策沟通、设施联通、贸易畅通、资金融通与民心相通等互联互通的具体机制化安排,还是实现方式、合作内容、阶段目标等,都需要各方共同商议、共同参与、共同营建、共同受益,使之成为"利益共同体""发展共同体",乃至"命运共同体"。

(二)"一带一路"战略的共建原则

该原则是经中国国务院授权,国家发展改革委、外交部、商务部2015年3月联合发布的《推动共建丝绸之路经济带和 21 世纪海上丝绸之路的愿景与行动》中确定的，用于指导共建"一带一路"。

第一，恪守联合国宪章的宗旨和原则。遵守和平共处五项原则，即尊重各国主权和领土完整、互不侵犯、互不干涉内政、和平共处、平等互利。

第二，坚持开放合作。"一带一路"相关的国家基于但不限于古代丝绸之路的范围，各国和国际、地区组织均可参与，让共建成果惠及更广泛的区域。

第三，坚持和谐包容。倡导文明宽容，尊重各国发展道路和模式的选择，加强不同文明之间的对话，求同存异、兼容并蓄、和平共处、共生共荣。

第四，坚持市场运作。遵循市场规律和国际通行规则，充分发挥市场在资源配置中的决定性作用和各类企业的主体作用，同时发挥好政府的作用。

第五，坚持互利共赢。兼顾各方利益和关切，寻求利益契合点和合作最大公约数，体现各方智慧和创意，各施所长，各尽所能，把各方优势和潜力充分发挥出来。

（三）"一带一路"战略的合作重点

沿线各国资源禀赋各异，经济互补性较强，彼此合作潜力和空间很大。以政策沟通、设施联通、贸易畅通、资金融通、民心相通为重点内容加强合作。

1. 政策沟通

加强政策沟通是"一带一路"建设的重要保障。加强政府间合作，积极构建多层次政府间宏观政策沟通交流机制，深化利益融合，促进政治互信，达成合作新共识。沿线各国可以就经济发展战略和对策进行充分交流对接，共同制定推进区域合作的规划和措施，协商解决合作中的问题，共同为务实合作及大型项目实施提供政策支持。2016 年 4 月 12 日，外交部发言人陆慷在例行记者会上证实，外交部与联合国亚太经社会已于 11 日签署了"一带一路"合作文件。这是中国与国际组织签署的首份"一带一路"合作文件。迄今已有 30 多个国家与中国签署了"一带一路"合作文件。

2017 年 3 月 24 日，中国、蒙古国、俄罗斯联邦三国牵头部门在京召开《建设中蒙俄经济走廊规划纲要》（以下简称《规划纲要》）推进落实工作组司局级会议。中方国家发展改革委西部司肖渭明副司长主持会议，蒙方外交部经济合作司恩赫宝力德司长、俄方经济发展部亚非拉司泽列涅夫副司长率团参会。三方一致认为，去年 6 月，中、蒙、俄三国元首在塔什干上合组织峰会期间见证签署《规划纲要》，成为三方合作发展的重要里程碑。三方就建立推动落实规划纲要的有关机制、筛选优先项目清单等问题深入交换了意见，为深化中、蒙、俄经济走廊建设框架下的务实合作奠定了基础。会后，三方签署了会议纪要。

2. 设施联通

基础设施互联互通是"一带一路"建设的优先领域。在尊重相关国家主权和安全关切的基础上，沿线国家宜加强基础设施建设规划、技术标准体系的对接，共同推进国际骨干通道建设，逐步形成连接亚洲各次区域以及亚欧非之间的基础设施网络。强化基础设施绿色低碳化建设和运营管理，在建设中充分考虑气候变化影响。

2016 年 3 月 1 日，全国人大代表、中国核工业集团董事长孙勤在接受记者专访时表示，践行核电"走出去"战略，中国力争 2030 年前在"一带一路"沿线国家建造约 30 台海外机组。目前，中核集团已与阿根廷、巴西、埃及、沙特、南非、英国、法国、约旦、亚美尼亚等多个国家签署合作协议。孙勤表示，中核集团将立足重点，辐射区域，"立足阿根廷、巴基斯坦、阿尔及利亚和英国，重点开拓拉美、亚洲和非洲市场，积极拓展欧洲市场"。核集团愿意同核电建设所在国一起分享在核电设计、建设、运营等方面所积累的成熟技术以及宝贵经验，"通过全产业链合作，中核集团愿意并有能力帮助所在国搭建完整的核工业体系，积极实现所在国的本地化，使所在国的工业设计、装备制造、劳动力素质等水平得到提升"。

抓住交通基础设施的关键通道、关键节点和重点工程，优先打通缺失路段，畅通瓶颈路段，配套完善道路安全防护设施和交通管理设施设备，提升道路通达水平。推进建立统一的全程运输协调机制，促进国际通关、换装、多式联运有机衔接，逐步形成兼容规范的运输规则，实现国际运输便利化。推动口岸基础设施建设，畅通陆水联运通道，推进港口合作建设，增加海上航线和班次，加强海上物流信息化合作。拓展建立民航全面合作的平台和机制，加快提升航空基础设施水平。

2016 年 1 月 10 日，在距离巴基斯坦首都伊斯兰堡 50 多千米处的吉拉姆河畔，三峡集团承建的卡洛特水电站主体工程开工，这是丝路基金首个对外投资项目。2016 年 1 月 21 日，印尼雅万高铁开工奠基仪式举行，这将是印尼乃至东南亚地区的首条高铁。2016 年 2 月 7 日，伊朗总统鲁哈尼周六出席了德黑兰—马什哈德铁路电气化改造项目的开工仪式。项目预计将在 42 个月后竣工，随后还有 5 年的维护期。该项目将由伊朗基础设施工程集团 MAPNA 和中国中机公司及苏电集团承建。项目全部竣工后，将有 70 辆中国机车以 250 千米的时速在该段铁路上行驶。

2017 年 4 月 4 日，中国与印度尼西亚企业合作建设的雅加达至万隆高速铁路（雅万高铁）项目总承包合同签署仪式在位于雅加达的维贾亚卡亚公司总部大厦隆重举行。该仪式标志着中印尼铁路合作取得重要进展，雅万高铁进入全面实施阶段。

中欧班列自 2011 年 3 月开行以来，目前已累计开行近 3 700 列，成为国际物流陆路运输的骨干通道。截至目前，全国 27 座城市已开通中欧班列线路 51 条，到达欧洲 11 个国家的 28 座城市，为"一带一路"沿线国家贸易畅通提供了有力保障。2017 年 4 月 20 日，中国、白俄罗斯、德国、哈萨克斯坦、蒙古国、波兰、俄罗斯七国铁路部门正式签署《关于深化中欧班列合作协议》。这是中国铁路第一次与"一带一路"沿线主要国家铁路签署有关中欧班列开行方面的合作协议，标志着中国与沿线主要国家铁路的合作关系更加紧密，既为中欧班列的开行提供了更加有力的机制保障，也对进一步密切中国与上述六国的经贸交流合作、助推"一带一路"建设具有重要意义。

"一带一路"上的名片

　　加强能源基础设施互联互通合作，共同维护输油、输气管道等运输通道安全，推进跨境电力与输电通道建设，积极开展区域电网升级改造合作。2015 年 9 月 20 日至 25 日，中石油集团公司副总经理、党组成员，股份公司总裁汪东进与张毅访问伊朗期间，同伊朗第一副总统贾汉吉里举行了会谈。贾汉吉里表示，伊朗和中国应扩大工业和经济合作，终止制裁后，伊朗希望能够和中国的工业和经济部门进行基础广泛的合作，伊朗准备在石油和天然气工业领域同中国签订长期合同。伊朗欢迎中国国家主席习近平提出的建设"一带一路"的战略构想，并认为伊朗的海上和陆上战略通道将发挥重要作用。2016 年 4 月 7 日，广州有史以来最大的"一带一路"项目正式获批。总部位于珠江新城的广东振戎总投资 30 亿美元，在缅甸的 500 万吨炼油厂项目于 3 月 29 日终于获得该国政府批准，前后历时 7 年之久。这个项目的投资额，相当于广州企业去年全年境外协议投资总额的 60%，也是近年来缅甸政府批准的单体投资最大的项目，该国将首次建立起完整的现代石化体系。

　　2017 年 4 月 10 日，在中缅两国元首的共同见证下，《中缅原油管道运输协议》在北京正式签署。当天晚上，运载 14 万吨原油的苏伊士型"联合动力号"油轮成功靠泊中缅原油管道起点——马德岛港，并开始卸油，中缅原油管道工程正式投入运营。中缅原油管道由中国石油和缅甸油气公司合资建设，起点位于缅甸西海岸马德岛，全长 771 公里，设置站场 5 座，设计年输量 2 200 万吨，并建设一座规模为 30 万吨级的原油码头。中缅油气管道项目是中缅两国建交 60 周年的重要成果和结晶，于 2010 年 6 月在两国总理共同见证下开工。项目由天然气管道项目和原油管道项目组成，目的是为了开辟新的能源通道，缓解中国西南地区缺油少气的局面。

　　共同推进跨境光缆等通信干线网络建设，提高国际通信互联互通水平，畅通信息丝绸之路。加快推进双边跨境光缆等建设，规划建设洲际海底光缆项目，完善空中（卫星）信息通道，扩大信息交流与合作。为保障"一带一路"通信卫星信号无障碍，中国国内的相关企业和政府机构已经对"一带一路"的卫星发射进行了规划和研究，未来 3～5 年内，将发射多颗通信卫星，与此同时，"一带一路"途经国家的通信信号也将逐步实现全覆盖。从而在通信领域为"一带一路"铺平道路。

　　2017 年 4 月，中国电信集团对外公布，计划未来 3～5 年投入 10 亿美元自有资金，打造"一带一路"沿线主要区域信息高速公路。按照规划，这一项目将于 2025 年完成，预计为电信产业链创造 100 亿至 200 亿美元的商机。据悉，目前中国电信的信息大通道已经覆盖或者计划覆盖倡议中提出的 11 个战略通道和 3 个区域通道中的 12 条通道。中国电信计划重点推进四大先导性重点项目，包括中老泰陆缆直连通道、中巴信息走廊、丝路光缆和中缅孟印通道。在四大工程中，与老挝、泰国运营商合作建设的从中国香港、内地、老挝和泰国用海缆联结的中老泰通道已经开通；在经过 10 年的建设之后，中巴信息走廊也将在今年取得实质性的进展。丝路光缆是横跨中亚、南亚、西亚区域的多边陆缆合作建设项目；中缅孟印通道则是以缅甸为核心建设联结孟加拉、印度的通道。以上四大通道建成后，可实质解决这些沿线国家跨国通信不畅的问题，为沿线国家参与国际经济合作奠定了信息基础。

中国电信认为，构建信息丝绸之路是落实"一带一路"倡议的重要组成部分，相对公路、铁路等大型基础设施建设，通信基础设施建设具有阻力小、投资少、见效快、影响大且持久的特点，适合作为"一带一路"倡议落实的"开路先锋"；而且通信业已经具备整体走出去的能力，如有成熟技术标准，富余优质的通信光缆、设备和终端制造能力，网络建设及运营能力，具备完善的产业链发展保障。

中国电信编制的"一带一路"发展规划提出了"中非共建非洲信息高速公路"计划，该项目拟投资、建设、运营连通非洲各国的"八纵八横"光缆骨干网，网络覆盖非洲 48 个国家，全长约 15 万公里、途径 82 个大中型城市，得到非洲国家、国内相关部委、产业企业及金融机构的广泛支持，目前已促成工信部与国际电联、东非五国签署《共建东非信息高速公路基础设施的合作谅解备忘录》。

中国电信认为，国家倡导的"一带一路"，对通信运营商走出去创造了非常有利条件。一带一路沿线多为新兴国家，其通信市场本身潜力大，这些地区内生的通信需求巨大，是中国运营商拓展海外的重要机遇。

3. 贸易畅通

投资贸易合作是"一带一路"建设的重点内容。宜着力研究解决投资贸易便利化问题，消除投资和贸易壁垒，构建区域内和各国良好的营商环境，积极同沿线国家和地区共同商建自由贸易区，激发释放合作潜力，做大做好合作"蛋糕"。

沿线国家宜加强信息互换、监管互认、执法互助的海关合作，以及检验检疫、认证认可、标准计量、统计信息等方面的双多边合作，推动世界贸易组织《贸易便利化协定》生效和实施。改善边境口岸通关设施条件，加快边境口岸"单一窗口"建设，降低通关成本，提升通关能力。加强供应链安全与便利化合作，推进跨境监管程序协调，推动检验检疫证书国际互联网核查，开展"经认证的经营者"（AEO）互认。降低非关税壁垒，共同提高技术性贸易措施透明度，提高贸易自由化便利化水平。2014 年 5 月 19 日，作为"丝绸之路经济带"首个实体平台，中国—哈萨克斯坦（连云港）物流合作基地启用。

拓宽贸易领域，优化贸易结构，挖掘贸易新增长点，促进贸易平衡。创新贸易方式，发展跨境电子商务等新的商业业态。建立健全服务贸易促进体系，巩固和扩大传统贸易，大力发展现代服务贸易。把投资和贸易有机结合起来，以投资带动贸易发展。2017年4月26日，潍坊企业从澳大利亚进口的1 000吨籽棉在潍坊综合保税区进口棉花直通场站全部检验检疫完毕。这是国内首单，也是世界第一单籽棉进口；更是对接"一带一路"战略，落实李克强总理访澳成果的重要举措。

加快投资便利化进程，消除投资壁垒。加强双边投资保护协定、避免双重征税协定磋商，保护投资者的合法权益。在东南亚，山东济钢的镀锌板产品被"回头客"们指定使用；在西班牙，阿里巴巴旗下的速卖通，吸引当地华商入驻，已经成为西班牙排名前三的购物网站。2017年3月17日，《"一带一路"贸易合作大数据报告（2017）》在中国大连正式发布，报告显示，2016年中国与沿线国家贸易总额约为9 535.9亿美元，其占中国对外贸易总额的比重达25.7%，较2015年上升了0.4个百分点。

拓展相互投资领域，开展农林牧渔业、农机及农产品生产加工等领域深度合作，积极推进海水养殖、远洋渔业、水产品加工、海水淡化、海洋生物制药、海洋工程技术、环保产业和海上旅游等领域合作。加大煤炭、油气、金属矿产等传统能源资源勘探开发合作，积极推动水电、核电、风电、太阳能等清洁、可再生能源合作，推进能源资源就地就近加工转化合作，形成能源资源合作上下游一体化产业链。加强能源资源深加工技术、装备与工程服务合作。

推动新兴产业合作，按照优势互补、互利共赢的原则，促进沿线国家加强在新一代信息技术、生物、新能源、新材料等新兴产业领域的深入合作，推动建立创业投资合作机制。2015年12月14日丝路基金与哈萨克斯坦出口投资署签署了框架协议，决定由丝路基金出资20亿美元，建立中哈产能合作专项基金，重点支持中哈产能合作及相关领域的项目投资，这是丝路基金成立以来设立的首个专项基金。根据协议，专项基金支持的投资项目由双方共同推荐。哈方负责落实哈国相关优惠政策，并协调各相关方解决合作中出现的问题，确保项目落实。丝路基金将积极与哈方金融机构及企业进行对接，开展合作。同日，丝路基金还与哈萨克斯坦巴伊捷列克国家控股公司签署了《合作备忘录》。双方商定，综合运用金融、信息、法律、组织等资源，以股权、债权等多种方式，在中哈产能合作专项基金框架下开展合作，共同寻求产能、创新、信息技术等优先领域合作机会。

优化产业链分工布局，推动上下游产业链和关联产业协同发展，鼓励建立研发、生产和营销体系，提升区域产业配套能力和综合竞争力。扩大服务业相互开放，推动区域服务业加快发展。探索投资合作新模式，鼓励合作建设境外经贸合作区、跨境经济合作区等各类产业园区，促进产业集群发展。在投资贸易中突出生态文明理念，加强生态环境、生物多样性和应对气候变化合作，共建绿色丝绸之路。

中国欢迎各国企业来华投资。鼓励本国企业参与沿线国家基础设施建设和产业投资。促进企业按属地化原则经营管理，积极帮助当地发展经济、增加就业、改善民生，主动承担社会责任，严格保护生物多样性和生态环境。2015 年 5 月 12 日，在中国与白俄罗斯两国元首的见证下，6 家中资企业接过中白工业园证书，成为首批入园企业。这座规划面积 91.5 平方千米的工业园，被习近平称为"构建丝绸之路经济带的标志性工程"。而中资企业入驻中白工业园，无疑是"一带一路"产业合作的标志性事件。目前，中国在"一带一路"沿线国家共有 70 多个在建的经济产业合作区项目，年产值超过 200 亿美元，为当地创造了 20 万个就业机会。

4. 资金融通

资金融通是"一带一路"建设的重要支撑。深化金融合作，推进亚洲货币稳定体系、投融资体系和信用体系建设。扩大沿线国家双边本币互换、结算的范围和规模。推动亚洲债券市场的开放和发展。共同推进亚洲基础设施投资银行、金砖国家开发银行筹建，有关各方就建立上海合作组织融资机构开展磋商。加快丝路基金组建运营。深化中国—东盟银行联合体、上合组织银行联合体务实合作，以银团贷款、银行授信等方式开展多边金融合作。支持沿线国家政府和信用等级较高的企业以及金融机构在中国境内发行人民币债券。符合条件的中国境内金融机构和企业可以在境外发行人民币债券和外币债券，鼓励在沿线国家使用所筹资金。

2015 年 12 月 14 日，欧洲复兴开发银行理事会通过接受中国加入该行的决议。在履行国内相关法律程序后，中国将正式成为该行成员。此举将有力推动中国"一带一路"倡议与欧洲投资计划对接，为中方与该行在中东欧、地中海东部和南部及中亚等地区进行多种形式的项目投资与合作提供广阔空间。中国加入符合各方利益，是互利共赢的选择。中国成为该行成员后，将履行成员义务，积极参与该行事务，并加强与该行及其他成员在经验分享、联合融资和发展援助等领域的合作。

2017 年 4 月 23 日，亚洲基础设施投资银行（下称"亚投行"）行长金立群与世界银行集团行长金墉签署谅解备忘录，加强两个机构之间的合作与知识共享。该谅解备忘录为世界银行集团与亚投行在共同感兴趣的领域加强合作提供了一个整体框架，同时也为二者所在地区和国家层面进一步加强合作搭建了桥梁。

当前，支持"一带一路"建设的金融合作网络正在形成。截至 2016 年年底，国开行在"一带一路"沿线国家累计支持项目超过 600 个，贷款余额超过 1 100 亿美元，项目涵盖基础设施、产能合作、金融合作等领域。2016 年全年，进出口银行支持"一带一路"、国际产能和装备制造合作项目 603 个，贷款余额同比增长 13%，"走出去"贷款项目 208 个，贷款余额同比增长 17%。

加强金融监管合作，推动签署双边监管合作谅解备忘录，逐步在区域内建立高效监管协调机制。完善风险应对和危机处置制度安排，构建区域性金融风险预警系统，形成应对跨境风险和危机处置的交流合作机制。加强征信管理部门、征信机构和评级机构之间的跨境交流与合作。充分发挥丝路基金以及各国主权基金作用，引导商业性股权投资基金和社会资金共同参与"一带一路"重点项目建设。

5. 民心相通

民心相通是"一带一路"建设的社会根基。传承和弘扬丝绸之路友好合作精神，广泛开展文化交流、学术往来、人才交流合作、媒体合作、青年和妇女交往、志愿者服务等，为深化双多边合作奠定坚实的民意基础。不言而喻，跨越各国的"世纪工程"若能获得沿线国家民众的广泛支持，将会顺利得多；反之，则寸步难行。所以，必须通过传承和弘扬古"丝绸之路"友好合作精神，开展广泛的人文交流，加强媒体合作、旅游合作等多种方式，来增进彼此合作和理解，以共同推进"一带一路"建设。

2004 年 7 月，"海航光明行"在青海省班玛县正式启动。此后，"光明行"足迹遍及青海班玛、囊谦，四川理塘，内蒙古兴安盟，新疆库尔勒市，湖北宜昌等地。2010 年，随着海航海外事业的开展，"光明行"也走进了非洲津巴布韦、马拉维、莫桑比克等地，前后为 1 800 多名患者提供了免费手术。2016 年以来，海航积极配合海南省人民政府执行"海南柬埔寨光明行"任务，先后开展 3 次光明行活动，为柬埔寨 371 名患有白内障的贫困民众带去光明。10 多年"光明行"，共出动 80 多批医疗队，500 多名医疗人员，义诊和筛查 10 余万人，援建了 10 所眼科医院。"光明行"作为一个规范化的、综合的、低本高效的、可持续发展的防盲模式的探索，极大地推动了中国防盲工作，为"2020 年消灭可避免盲"事业积累了丰富经验。"光明行"从减少失明人口的单一目标，逐渐发展为一个立体的医疗援助模式，在白内障治疗的过程中，形成了义诊、手术、培训、技术支援的一体化光明行动。

"光明行"公益活动动员社会各界人士，协调政府、医疗卫生、企业各种力量支持防盲工作。在"光明行"带动下，中国启动了"百万白内障复明手术"计划，该计划共投入 10 亿元到 15 亿元资金，分布到所有的高发地区。十多年的坚持，不但铸就了"光明行"的荣誉，同时在世界范围塑造了一个富于责任感的大国形象。

扩大相互间留学生规模，开展合作办学，中国每年向沿线国家提供 1 万个政府奖学金名额。沿线国家间互办文化年、艺术节、电影节、电视周和图书展等活动，合作开展广播影视剧精品创作及翻译，联合申请世界文化遗产，共同开展世界遗产的联合保护工作。深化沿线国家间人才交流合作。

2017 年 4 月 25 日，亚欧高等教育资历互认协作工作组全体成员就建立亚欧高等教育资历互认联盟达成共识，联盟的建立必将为促进亚欧在高等教育合作交流，尤其是资历互认和质量保障领域的互联互通搭建绿色通道和立交桥。截至目前，教育部已与 46 个国家和地区签订了学历学位互认协议，其中包括 24 个"一带一路"国家，此举进一步强化了中国与其他国家教育的互联互通与合作。

加强旅游合作，扩大旅游规模，互办旅游推广周、宣传月等活动，联合打造具有丝绸之路特色的国际精品旅游线路和旅游产品，提高沿线各国游客签证便利化水平。推动 21 世纪海上丝绸之路邮轮旅游合作。积极开展体育交流活动，支持沿线国家申办重大国际体育赛事。

强化与周边国家在传染病疫情信息沟通、防治技术交流、专业人才培养等方面的合作，提高合作处理突发公共卫生事件的能力。为有关国家提供医疗援助和应急医疗救助，在妇幼健康、残疾人康复以及艾滋病、结核、疟疾等主要传染病领域开展务实合作，扩大在传统医药领域的合作。

加强科技合作，共建联合实验室（研究中心）、国际技术转移中心、海上合作中心，促进科技人员交流，合作开展重大科技攻关，共同提升科技创新能力。

整合现有资源，积极开拓和推进与沿线国家在青年就业、创业培训、职业技能开发、社会保障管理服务、公共行政管理等共同关心领域的务实合作。

充分发挥政党、议会交往的桥梁作用，加强沿线国家之间立法机构、主要党派和政治组织的友好往来。开展城市交流合作，欢迎沿线国家重要城市之间互结友好城市，以人文交流为重点，突出务实合作，形成更多鲜活的合作范例。欢迎沿线国家智库之间开展联合研究、合作举办论坛等。

加强沿线国家民间组织的交流合作，重点面向基层民众，广泛开展教育医疗、减贫开发、生物多样性和生态环保等各类公益慈善活动，促进沿线贫困地区生产生活条件改善。加强文化传媒的国际交流合作，积极利用网络平台，运用新媒体工具，塑造和谐友好的文化生态和舆论环境。

（四）"一带一路"战略的合作机制

当前，世界经济融合加速发展，区域合作方兴未艾。积极利用现有双多边合作机制，推动"一带一路"建设，促进区域合作蓬勃发展。

加强双边合作，开展多层次、多渠道沟通磋商，推动双边关系全面发展。推动签署合作备忘录或合作规划，建设一批双边合作示范。建立完善双边联合工作机制，研究推进"一带一路"建设的实施方案、行动路线图。充分发挥现有联委会、混委会、协委会、指导委员会、管理委员会等双边机制作用，协调推动合作项目实施。

强化多边合作机制作用，发挥上海合作组织（SCO）、中国—东盟"10＋1"、亚太经合组织（APEC）、亚欧会议（ASEM）、亚洲合作对话（ACD）、亚信会议（CICA）、中阿合作论坛、中国—海合会战略对话、大湄公河次区域经济合作（GMS）、中亚区域经济合作（CAREC）等现有多边合作机制作用，相关国家加强沟通，让更多国家和地区参与"一带一路"建设。

继续发挥沿线各国区域、次区域相关国际论坛、展会以及博鳌亚洲论坛、中国—东盟博览会、中国—亚欧博览会、欧亚经济论坛、中国国际投资贸易洽谈会，以及中国—南亚博览会、中国—阿拉伯博览会、中国西部国际博览会、中国—俄罗斯博览会、前海合作论坛等平台的建设性作用。支持沿线国家地方、民间挖掘"一带一路"历史文化遗产，联合举办专项投资、贸易、文化交流活动，办好丝绸之路（敦煌）国际文化博览会、丝绸之路国际电影节和图书展。倡议建立"一带一路"国际高峰论坛。

（五）中国积极推动"一带一路"的建设

一年多来，中国政府积极推动"一带一路"建设，加强与沿线国家的沟通磋商，推动与沿线国家的务实合作，实施了一系列政策措施，努力收获早期成果。

1. 高层引领推动

习近平主席、李克强总理等国家领导人先后出访 20 多个国家，出席加强互联互通伙伴关系对话会、中阿合作论坛第六届部长级会议，就双边关系和地区发展问题，多次与有关国家元首和政府首脑进行会晤，深入阐释"一带一路"的深刻内涵和积极意义，就共建"一带一路"达成广泛共识。东盟对"一带一路"倡议积极支持；南亚中亚多国对"一带一路"愿充分参与；纳扎尔巴耶夫总统表示，支持"一带一路"建设；哈萨克斯坦希望能发挥自身地理优势，力争成为"丝绸之路经济带"重要过境中心，促进哈萨克斯坦对外贸易、现代运输与物流业的发展；欧洲多国提出积极参与"一带一路"合作。

2. 签署合作框架

中国与部分国家签署了共建"一带一路"合作备忘录，与一些毗邻国家签署了地区合作和边境合作的备忘录以及经贸合作中长期发展规划。研究编制与一些毗邻国家的地区合作规划纲要。

一年多来，中国与哈萨克斯坦、塔吉克斯坦、卡塔尔、俄罗斯、科威特等国签署了相关合作备忘录。"一带一路"倡议涉及了中东欧国家 16 个，匈牙利成了第一个确认加入中国倡导的"一带一路"的欧洲国家。波兰正在和中方磋商签署有关"一带一路"的备忘录，波兰已向中方提供了拟定版本，等待中方答复。

3. 推动项目建设

加强与沿线有关国家的沟通磋商，在基础设施互联互通、产业投资、资源开发、经贸合作、金融合作、人文交流、生态保护、海上合作等领域，推进了一批条件成熟的重点合作项目。

2014 年，陕西与中亚国家在基础设施、地勘、能源、农业等领域的合作项目超过百个，新开通了 4 条国际航线，咸阳机场口岸实行"72 小时过境免签"，西安成为国家跨境贸易电子商务试点城市。甘肃开通了 3 条国际航班和中欧货运班列"天马号"，与丝绸之路沿线国家达成经贸合作项目合同及协议 83 个。宁夏完善银川综合保税区功能，清真食品认证机构获国家批准，与 12 个国家和地区签署清真食品标准互认合作协议。广东与欧洲、北美、东盟、非洲等加强经贸、科技、旅游等交流合作，新设立了 6 个驻境外经贸代表处和 17 个驻海外旅游合作推广中心，新增国际友好城市 17 对。黑龙江则以加快建设"中蒙俄经济走廊"为契机，加强对俄全方位交流合作。

2015 至 2016 年年初，中国与俄罗斯签署了丝绸之路经济带与欧亚经济联盟对接的联合声明，与欧盟就"一带一路"与欧洲投资计划对接达成重要共识，与哈萨克斯坦、蒙古国、印尼等国也都进行了发展战略和规划对接等等。印尼雅万高铁、匈塞铁路、中俄东线天然气管道、巴基斯坦瓜达尔港、中哈连云港物流合作基地等一批示范项目已经建成或者积极推进。中白工业园、中马钦州产业园和马中关丹产业园、中印尼综合产业园、中埃苏伊士经贸合作区等建设已经成为全球瞩目的合作典范。

4. 完善政策措施

中国政府统筹国内各种资源，强化对"一带一路"的政策支持。成立亚洲基础设施投资银行，发起设立丝路基金，强化中国—欧亚经济合作基金投资功能。推动银行卡清算机构开展跨境清算业务和支付机构开展跨境支付业务。积极推进投资贸易便利化，推进区域通关一体化改革。

建设"一带一路"，法治是重要保障，司法作用不可或缺。2015 年 7 月 7 日上午，《最高人民法院关于人民法院为"一带一路"建设提供司法服务和保障的若干意见》（以下简称《意见》）正式公布，《意见》就全国法院如何运用审判权服务好、保障好"一带一路"建设提出明确的见解、措施、指导，以统领全国法院服务和保障"一带一路"建设，可以说抓住了发挥司法作用的实践要求，正逢其时且很有必要。

5. 地方积极响应

自"一带一路"建设构想提出以来，中国各地积极行动，根据自身情况，在组织专门力量、广泛开展研究的基础上，提出参与"一带一路"建设的总体思路。各地成功举办了一系列以"一带一路"为主题的论坛、研讨会、博览会等，对增进理解、凝聚共识、深化合作发挥了重要作用。

2016 年 5 月 13 日下午，2016 年丝绸之路博览会暨第 20 届中国东西部合作与投资贸易洽谈会在西安开幕，来自全球 37 个国家和地区的政要和客商同国内 27 个省区市代表团及香港经贸团以及陕西省内的 13 个分团代表同聚西安，共促发展。连续举办了 19 届的西洽会从本届开始正式更名为"丝绸之路国际博览会暨中西部投资贸易与合作洽谈会（简称丝博会）"，已从一个国内展会上升为具有国际影响力的综合性展会。本届大会的主题是"共建新平台 共促新发展"，展会的主宾国为韩国和哈萨克斯坦，主宾省（区）为西藏自治区人民政府和福建省人民政府，共设置 1 个主会场和 3 个分会场，总展示面积 30 万平方米，将举办 30 多项主要活动。与之前相比，此届展会更加突出"一带一路"主题，组展更加突出专业化、市场化、国际化，更加突出投资洽谈特色。

（六）"一带一路"建设面临的风险挑战和应对策略

1. "一带一路"建设面临的风险挑战

"一带一路"战略是在新的历史条件下中国践行区域合作共赢与全球协商共治的宏伟战略，其愿景蓝图非常美好，已经赢得了沿线 60 多个国家和国际组织的积极响应，也必将助力中华民族的伟大复兴，增进沿线国家人民的福祉，促进世界和平发展与合作共赢。但是，"一带一路"战略也是一项长期、复杂而艰巨的系统工程，前无古人，其推进实施必然面临诸多不容忽视的风险和挑战，应该引起高度重视。

一是沿线国家的制度体制差异大，政局动荡不稳。"一带一路"所涉国家大多是处于政治转型中的发展中国家，在制度体制上存在巨大差异，既有共产党领导的社会主义国家，也有实行西方式政党制度的资本主义国家，还有实行君主政体的阿拉伯国家等，特别是在东南亚、南亚、中亚和中东地区，许多国家国内政治形势复杂，政局变化频繁，政策变动性大，甚至内战冲突不断。而"一带一路"实施中的基础设施建设投资大、周期长、收益慢，在很大程度上有赖于有关合作国家的政策政治稳定和对华关系状况。两者的矛盾增加了"一带一路"建设中的政治风险。一些国家的政治势力还可能出于自身政治目的误解或歪曲"一带一路"战略，借机煽动新的"中国威胁论""中国扩张论"，蓄意阻挠"一带一路"建设。近年来，中国在利比亚、伊拉克、乌克兰、叙利亚等国家遭遇的投资困境和风险损失值得高度重视。

二是经济发展水平不平衡，市场开放难度大。"一带一路"联通亚欧非三大陆，连接太平洋和印度洋，包含了老牌欧洲发达国家和新兴发展中经济体，不同国家的经济发展水平和市场发育程度极为不同。有些国家法律法规比较健全，市场发育程度较高，经济环境相对稳定，为企业投资创造了便利条件；也有一些国家市场封闭，进入难度大，增加了企业投资评估的复杂性，制约了建设成果的合作共享。"一带一路"从满足沿线国家的发展需求出发，降低了经济合作的门槛，一方面有利于沿线国家和企业的广泛参与，另一方面也可能造成参与国和企业主体在合作规则认知与收益分配方面的矛盾。此外，尽管中国在"一带一路"战略实施中扮演着主要角色，并利用自身在资金、技术、人员等方面的优势，以优惠政策大力支持沿线有关项目建设，但中国单方面毕竟实力资源有限，也面临着摊子大、后劲不足等风险。

三是民族宗教矛盾复杂，非传统不安全因素突出。"一带一路"涵盖 60 多个国家，44 亿人口，大多数国家民族众多，基督教、佛教、伊斯兰教、印度教等多元宗教信仰并存，一些宗教内部还存在不同教派，各民族宗教之间的历史纷争复杂，增加了沿线各国合作的难度。中东、中亚、东南亚等地区的国际恐怖主义、宗教极端主义、民族分裂主义势力和跨国有组织犯罪活动猖獗，地区局势长期动荡不安。这些非传统不安全因素的凸显，既恶化了当地投资环境，威胁企业人员和设备安全，也可能借"一带一路"建设开放之机扩散和渗透到中国国内，甚至与国内不法分子内外勾连、相互借重，破坏中国安定的国内社会环境，对"一带一路"战略及沿线工程建设构成严峻挑战。

四是文化繁杂多样，存在因认知偏差误判中国战略意图的可能。由于地理、历史、宗教、民族的差异，"一带一路"沿线国家的文化文明丰富多元，既有中国、印度等东方传统国家，也有西方传统国家，既有俄罗斯、土耳其等"欧亚国家"，还有新加坡等东西文化交融的国家。国家不同的身份定位在某种程度上塑造国家对利益的认知，从而影响着国家行为和内外政策选择。"一带一路"战略涉及的领域广，沿线国家在参与的广度和深度上因自身对利益的不同判定而呈现出差异性。沿线国家特别是大国从精英到民众对"一带一路"战略的认知、理解不尽相同，对中国战略意图的不信任与猜忌将成为"一带一路"战略长期推进面临的重要风险。目前，中国与东南亚、南亚等沿线地区部分国家围绕有关领土、领海主权争端的不稳定因素短期内无法消除，倘若再遭遇美、日等战略实施区域外因素的干扰，不仅可能激化既有矛盾，引发沿线国家更多的安全疑虑，甚至还会引爆局部的地缘冲突。

五是金融风险。首先，金融风险往往来自国际金融形势的动荡与变化，比如美联储对量化宽松的退出和欧洲、日本央行对量化宽松的扩大就使得国际货币市场动荡不定、难以预测；许多国家的债务膨胀又高于 GDP 增长，债务危机随时都有可能爆发，国际性的汇率波动及部分国家的债务增长都会给中国的对外投资与合作带来金融风险。其次，是地缘政治风险。由于"一带一路"战略的沿线国家和中国存在着特殊的地缘关系，地缘政治的稳定与变迁都会影响到贸易畅通及其他合作，并对贸易活动造成风险。在沿线合作国家中，大都处于社会体制和经济结构的转型变化期，在政治、经济、社会发展等方面都存在许多不确定因素，法律和贸易保护制度不够完善，由此带来政治风险和经济风险的可能性是客观存在的。再次，是其他非经济因素所带来的风险。在欧美等国家看来，"一带一路"战略所带来的也许不是互利共赢，而是新的竞争与威胁，并因社会意识形态的不同而导致针对中亚市场的争夺与对抗；尤其是美国出于霸权心态的驱动，还会通过各种手段对中国的这一战略实施进行遏制，也会为"一带一路"的贸易畅通带来风险，从而对"一带一路"战略新格局的形成造成阻滞。可见，金融风险有时只是一种表象，它往往掩盖了更为可怕的地缘政治与区域安全风险，这才是"一带一路"战略布局中的真正风险所在。

六是战略规划设计有待完善和细化，中国主导实施国际宏大战略还需要更多的经验积累。虽然中国政府颁布了《推动共建丝绸之路经济带和21世纪海上丝绸之路的愿景与行动》文件，但"一带一路"战略的长远规划还有待完善和细化，特别是有关制度设计和政策安排的谈判协商还面临诸多不确定性，与相关国家的实质性对接与具体合作还没有全面展开。由于历史和现实的局限，中国政府在有效供给与推行国际公共产品的能力上和经验上还需要更多实践；中国企业大规模走出去和跨国经营管理、大范围国际拓展的经验也不足，在配合战略实施的国际化专业人才的培养和相关核心技术的输出上还存在较大缺口，适应"一带一路"战略长期推进和对外大开放所需要的国民的文明法制素养、市场诚信意识等均有待提升。

2. "一带一路"未来发展的应对策略

"一带一路"虽然面临巨大挑战，但是也存在着良好机遇，中国要敢于迎难而上，脚踏实地下好"一带一路"大棋局。中国应对风险和挑战的主要策略有以下几个方面。

第一，践行"一带一路"战略首先需要明确实践主体。政府是"一带一路"战略的倡导者，政府主要扮演着开疆拓土、牵线搭桥的角色。政府首先需要实现沿线国家之间的链接，打开沿线国家的国内市场，实现"一带一路"沿线国家在一些方面的"必要统一"，在政策层面为"一带一路"保驾护航。其次，企业应该成为"一带一路"战略中最活跃的部分。商人以追求利益为目标，企业是"一带一路"项目建设的直接承担者，应该成为"一带一路"项目中经济利益的捍卫者。在全球化的今天，跨国公司成了"海外投资"的主要承担者，中国实施"一带一路"项目也需要有一批实力强大的跨国公司。目前，中国的国有企业成了中国进行海外投资的主体，如中石油等。然而，一些国家对国有企业的国家背景存有偏见，认为国有企业的存在会导致不公平竞争行为，甚至有不可告人的目的。针对这种情况，中国应该加快国有企业改革，增加国有企业的透明度，做好释疑、解疑工作。当然，不是所有的国有企业都可以参与到"一带一路"项目中去。"一带一路"不仅仅是经济战略，也是中国走向世界的一张"名片"，对于参与"一带一路"项目的企业，需要进行甄别，宁缺毋滥，这就需要参与"一带一路"项目的企业不仅具有强大的经济能力，还要具有过硬的国际公关能力。

第二，要采取多种手段有效应对"一带一路"项目中存在的安全问题。首先，从国家角度来讲，国家应该倡导沿线国家共同建立"一带一路"联合反恐中心，实现反恐情报共享，反恐行为相互配合的目标，共同应对恐怖势力威胁。其次，中国应该与沿线国家在安全方面加强合作，以当地政府为主，同时依托于"联合国维和部队"，在动乱地区设立一道对"一带一路"资产以及海外劳工进行保护的安全屏障，必要时也可以与当地政府协商后派出维护海外资产项目的安全人员，确保"一带一路"项目的安全。最后，投资本身就意味着风险，为了规避风险，中国企业也可以与其他国家的企业共同组成跨国公司，风险共担，利益共享，充分发挥各自的优势将"一带一路"蛋糕共同做大做好。

第三，积极推动投资建设项目在"一带一路"沿线国家的"本土化"。在"一带一路"项目落户沿线国家之前，中国需要建立"一带一路"专门研究机构，做足前期准备工作，并且实现与企业的合作，组织有能力的专门研究人员赴沿线国家进行长期、实地考察，分析当地的实际情况，针对当地发展的具体情况以及"一带一路"企业的具体特点采取不同的"投资战略"，促使"一带一路"项目"扎根本土"。此外，智库除了担任研究、考察工作外，还应该发挥桥梁的作用，开启不同国家之间智库的沟通与交流，增强智库层的互信，构建沿线国家决策层对"一带一路"的科学认知。

　　第四，要加强"一带一路"的对外宣传力度并扩大宣传范围。"一带一路"不仅仅是中国走出去的"经济工程"，还是一项巨大的"形象工程"。因此，对"一带一路"的宣传工作需要采取"入乡随俗"的策略，讲求"互利共赢"的原则，使当地人能够真正感受到"一带一路"给他们带去的福利，以及给他们的生活带去的积极改变。中国政府以及企业在开展"一带一路"战略的同时，还应该热心关注对当地的公益事业的投入，使"一带一路"走过的地方能够留下友好的脚印。

　　第五，设立专门机构对"一带一路"进行科学管理。对于"一带一路"的实施，不能只算经济账，还要算国际政治、国家与国民安全账、大国责任账、全球与地区发展账、民族信心账等等，如果没有一套完善的专门机构对"一带一路"进行科学管理，难免会使"一带一路"项目顾此失彼，达不到预期的目的。"一带一路"是一项巨大工程，不仅涉及工程项目建设，还需要与沿线国家进行沟通、协调。"一带一路"管理机构在设立时应该以项目需要为出发点，根据实际需要设立相关机构。其次，"一带一路"管理机构在设立的过程中可以采取"多边机制"，实现与当地政府以及其他国家共同管理，一方面可以实现风险共担，另一方面也可以方便不同参与者之间的沟通、协调工作。

　　第六，通过制度化机制将"一带一路"项目在当地固定下来。当前中国"一带一路"与沿线国家发展战略对接时主要采取的是政府间合作，"一带一路"沿线一些国家政局不稳，再加上选举政治的影响，"一带一路"存在着被中止的风险。任何政府间的合作都存在着风险，唯有通过规则与制度将合作机制化，才能够确保项目的可持续发展。如果能够通过制度化机制将"一带一路"项目在当地固定下来，那么就会确保"一带一路"的连贯性与稳定性，促进"一带一路"可持续发展。当前中国虽然是世界上第二大经济体，但是中国依旧处于对规则的适应阶段，并没有主导制定新国际规则的实力。当前世界不同地区发展水平差距比较大，世界上大多数国家还处于对现有国际规则的适应阶段，大部分国家的经济发展水平还无法适应 TPP 的高度自由化要求，中国应该抓住这一点，将"一带一路"总体保持在现有国际规则的框架内，在力所能及的基础上，去主导制定符合中国利益的新规则，并对一些不合理的规则进行修订，使之能更加符合世界大多数国家的现实发展需要。

　　第七，尽早做好"一带一路"战略新格局形成中的风险防范。"一带一路"战略下的贸易活动及格局设计范围广、跨度大，从沿线 64 个国家的庞大规模上可以预见其高风险值的存在。这就要求国内企业在走出去时应重视风险防范，以提高在国际上保障自身权益的能力。首先，要提高风险防范意识。凡事预则立、不预则废，提高风险风范意识不仅要做足心理准备，还应做好技术准备，要对沿线国家的政治、经济、文化、法律、贸易政策等有所研究与认知，避免出现问题时措手不及。其次，应充分发挥出口信用保险的保障作用。政府要与企业合作，引导参与"一带一路"建设的企业加强与银行、保险等金融机构的沟通与协调，将项目内容与融资保险连接起来，形成金融支持与保险保障的合力，以此加强"一带一路"融资平台的建设。再次，在推进"一带一路"战略的过程中，外出企业应针对合作对象进行具体、细致的分析、研究，预先做出各种判断并制订各种预案，同时防范汇率波动、债务风险等潜在因素可能造成的损失。最后，应化被动应对为主动出击，应在"一带一路"合作平台的基础上，提出和确立有利于这一战略实施的新规则、新模式和新秩序，以影响并改革相关国家及世界的贸易规则和金融体系，以对规则体系的最大化把握来降低风险、规避风险直至排除风险，真正实现"一带一路"战略的顺利实施与畅通无阻。

当今世界是合作的世界，更是竞争的世界，竞争需要合作，而合作是为了更有利的竞争。在和平与发展的主题之下，政治、经济、军事等力量的强弱依然主导着一个国家和地区的话语权，区域性的合作与一体化发展将有利于增强话语权的诉求与分量，而大国的力量与智慧将在这一合作中起到主导与关键性的作用。中国作为地区与世界公认的崛起中的大国，在区域战略格局的布局与形成中必须抓住机遇并迎接各种挑战，才能在新的世界秩序建立中找到属于自己的方位，并为世界新秩序的构建发挥出大国应有的作用。

三、聚焦 2017 年 "一带一路" 国际合作高峰论坛

"一带一路"国际合作高峰论坛是"一带一路"提出 3 年多来最高规格的论坛活动。第一届"一带一路"国际合作高峰论坛于 2017 年 5 月 14 日至 15 日在北京举行，是 2017 年中国重要的主场外交活动，对推动国际和地区合作具有重要意义。29 位外国元首、政府首脑及联合国秘书长、红十字国际委员会主席等 3 位重要国际组织负责人出席高峰论坛，来自 130 多个国家的约 1 500 名各界贵宾作为正式代表出席论坛。

习近平的"一带一路"国际合作高峰论坛时间

（一）论坛背景

习近平主席在 2013 年秋天提出共建"一带一路"的合作倡议，旨在通过加强国际合

作，对接彼此发展战略，实现优势互补，促进共同发展。3 年多来，"一带一路"相关合作稳步推进，受到各方普遍欢迎和积极参与。现在，"一带一路"建设处在全面推进的关键节点，我们主办高峰论坛就是要总结过去、规划未来。

"一带一路"是中国首倡，但不是中国一家的"独奏曲"，而是各国共同参与的"交响乐"，是各国共同受益的重要国际公共产品。"一带一路"不是一个空洞的口号，而是看得见、摸得着的具体举措。它抓住互联互通这个关键环节，聚焦经济合作特别是基础设施建设，契合沿线国家和本地区发展的需要。我们坚持共商、共建、共享的原则，突出务实合作、互利共赢，一步一个脚印，把中国发展同相关国家发展紧密结合，把各自发展战略和合作规划有机对接，扩大地区投资和内需，增加就业，减少贫困，从而带动提升地区整体发展水平。

3 年多来，"一带一路"建设从无到有、由点及面，进度和成果超出预期。全球 100 多个国家和国际组织共同参与，40 多个国家和国际组织与中国签署合作协议，形成广泛国际合作共识。联合国大会、安理会、联合国亚太经社会、亚太经合组织、亚欧会议、大湄公河次区域合作等有关决议或文件都纳入或体现了"一带一路"建设内容。经济走廊建设稳步推进，互联互通网络逐步成型，贸易投资大幅增长，重要项目合作稳步实施，取得一批重要早期收获。亚投行、丝路基金的成立为金融合作提供了坚实支撑。中欧班列驰骋在广袤的亚欧大陆，运载的是琳琅满目的货物，联通的是亚欧国家的市场需求，架起的是沿线国家人民的友谊桥梁，成为"一带一路"上一道亮丽的风景线。共建"一带一路"是加强国际合作的重要途径，已经成为各方积极参与推进的重要事业，为增进各国民众福祉提供了新的发展机遇。可以说，"一带一路"倡议来自中国，成果正在惠及世界。

（二）论坛目标

高峰论坛是"一带一路"提出 3 年多来最高规格的论坛活动，是 2017 年中国重要的主场外交活动，对推动国际和地区合作具有重要意义。在以习近平同志为核心的党中央领导下，我们希望通过主办高峰论坛，主要实现以下目标。

（1）全面总结"一带一路"建设的积极进展，展现重要早期收获成果，进一步凝聚合作共识，巩固良好的合作态势。

（2）共商下一阶段重要合作举措，进一步推动各方加强发展战略对接，深化伙伴关系，实现联动发展。

（3）在推进中国经济社会发展和结构调整的同时，推动国际合作，实现合作共赢。我们期待同各方一道，通过主办高峰论坛，推进"一带一路"建设，为促进世界经济增长、深化地区合作打造更坚实的发展基础，创造更便利的联通条件，更好造福各国和各国人民。

（三）论坛意义

"一带一路"的理念是共同发展，目标是合作共赢。它不是中国一家分蛋糕或拿蛋糕的大头，而是沿线各国共同把蛋糕做大，一起分蛋糕。在这一过程中，既要通过加强各方合作为国际社会做贡献，也要通过扩大对外合作，促进国内改革，服务国内发展。我们要把中国自身发展需要同国际合作需要相结合，尤其是要充分反映国际社会的合作共识。

中国经济发展进入新常态，机遇和挑战并存，挑战之一就是地区发展不平衡。"一带一路"建设通过扩大向西开放，以开放促发展，有助于加快西部发展步伐，助推东中西部梯次联动并进。同时，"一带一路"涵盖了中国中西部和沿海省区市，紧扣中国区域发展战略、新型城镇化战略、对外开放战略，将助推中国形成全方位开放新格局。

"一带一路"建设有利于我们把对外经济合作和深化国内改革、扩大开放紧密融合，同各国一起勾画创新发展、协调发展、绿色发展、开放发展、共享发展的新愿景，也将有助于中国落实"十三五"规划、全面深化改革及扩大对外开放、实现"两个一百年"奋斗目标的伟大历史进程。

（四）论坛成果

"一带一路"高峰论坛成果主要涵盖政策沟通、设施联通、贸易畅通、资金融通、民心相通 5 大类，共 76 大项、270 多项具体成果。

1. 推进战略对接，密切政策沟通

（1）中国政府与有关国家政府签署政府间"一带一路"合作谅解备忘录，包括蒙古国、巴基斯坦、尼泊尔、克罗地亚、黑山、波黑、阿尔巴尼亚、东帝汶、新加坡、缅甸、马来西亚。

（2）中国政府与有关国际组织签署"一带一路"合作文件，包括联合国开发计划署、联合国工业发展组织、联合国人类住区规划署、联合国儿童基金会、联合国人口基金、联合国贸易与发展会议、世界卫生组织、世界知识产权组织、国际刑警组织。

（3）中国政府与匈牙利政府签署关于共同编制中匈合作规划纲要的谅解备忘录，与老挝、柬埔寨政府签署共建"一带一路"政府间双边合作规划。

（4）中国政府部门与有关国际组织签署"一带一路"合作文件，包括联合国欧洲经济委员会、世界经济论坛、国际道路运输联盟、国际贸易中心、国际电信联盟、国际民航组织、联合国文明联盟、国际发展法律组织、世界气象组织、国际海事组织。

（5）中国国家发展和改革委员会与希腊经济发展部签署《中希重点领域 2017—2019 年合作计划》。

（6）中国国家发展和改革委员会与捷克工业和贸易部签署关于共同协调推进"一带一路"倡议框架下合作规划及项目实施的谅解备忘录。

（7）中国财政部与相关国家财政部共同核准《"一带一路"融资指导原则》。

（8）中国政府有关部门发布《共建"一带一路"：理念、实践与中国的贡献》《推动"一带一路"能源合作的愿景与行动》《共同推进"一带一路"建设农业合作的愿景与行动》《关于推进绿色"一带一路"建设的指导意见》《"一带一路"建设海上合作设想》等文件。

（9）"一带一路"国际合作高峰论坛将定期举办，并成立论坛咨询委员会、论坛联络办公室等。

（10）中国国家发展和改革委员会成立"一带一路"建设促进中心，正式开通"一带一路"官方网站，发布海上丝路贸易指数。

2. 深化项目合作，促进设施联通

（1）中国政府与乌兹别克斯坦、土耳其、白俄罗斯政府签署国际运输及战略对接协定。

（2）中国政府与泰国政府签署政府间和平利用核能协定。

（3）中国政府与马来西亚政府签署水资源领域谅解备忘录。

（4）中国国家发展和改革委员会与巴基斯坦规划发展和改革部签署关于中巴经济走廊项下开展巴基斯坦1号铁路干线升级改造和新建哈维连陆港项目合作的谅解备忘录。中国国家铁路局与巴基斯坦伊斯兰共和国铁道部签署关于实施巴基斯坦1号铁路干线升级改造和哈维连陆港项目建设的框架协议。

（5）中国商务部与柬埔寨公共工程与运输部签署关于加强基础设施领域合作的谅解备忘录。

（6）中国工业和信息化部与阿富汗通信和信息技术部签署《信息技术合作谅解备忘录》。

（7）中国交通运输部与柬埔寨、巴基斯坦、缅甸等国有关部门签署"一带一路"交通运输领域合作文件。

（8）中国水利部与波兰环境部签署水资源领域合作谅解备忘录。

（9）中国国家能源局与瑞士环境、交通、能源和电信部瑞士联邦能源办公室签署能源合作路线图，与巴基斯坦水电部签署关于巴沙项目及巴基斯坦北部水电规划研究路线图的谅解备忘录和关于中巴经济走廊能源项目清单调整的协议。

（10）中国国家海洋局与柬埔寨环境部签署关于建立中柬联合海洋观测站的议定书。

（11）中国铁路总公司与有关国家铁路公司签署《中国、白俄罗斯、德国、哈萨克斯坦、蒙古国、波兰、俄罗斯铁路关于深化中欧班列合作协议》。

（12）中国国家开发银行与印度尼西亚—中国高铁有限公司签署雅万高铁项目融资

协议，与斯里兰卡、巴基斯坦、老挝、埃及等国有关机构签署港口、电力、工业园区等领域基础设施融资合作协议。

（13）中国进出口银行与塞尔维亚财政部签署匈塞铁路贝尔格莱德至旧帕佐瓦段贷款协议，与柬埔寨经济财政部、埃塞俄比亚财政部、哈萨克斯坦国家公路公司签署公路项目贷款协议，与越南财政部签署轻轨项目贷款协议，与塞尔维亚电信公司签署电信项目贷款协议，与蒙古国财政部签署桥梁项目贷款协议，与缅甸仰光机场公司签署机场扩改建项目贷款协议，与肯尼亚财政部签署内陆集装箱港堆场项目贷款协议。

（14）全球能源互联网发展合作组织与联合国经济和社会事务部、联合国亚洲及太平洋经济社会委员会、阿拉伯国家联盟、非洲联盟、海湾合作委员会互联电网管理局签署能源领域合作备忘录。

3. 扩大产业投资，实现贸易畅通

（1）中国政府与巴基斯坦、越南、柬埔寨、老挝、菲律宾、印度尼西亚、乌兹别克斯坦、白俄罗斯、蒙古国、肯尼亚、埃塞俄比亚、斐济、孟加拉国、斯里兰卡、缅甸、马尔代夫、阿塞拜疆、格鲁吉亚、亚美尼亚、阿富汗、阿尔巴尼亚、伊拉克、巴勒斯坦、黎巴嫩、波黑、黑山、叙利亚、塔吉克斯坦、尼泊尔、塞尔维亚 30 个国家政府签署经贸合作协议。

（2）中国政府与格鲁吉亚政府签署中国—格鲁吉亚自贸协定文件。

（3）中国政府与斯里兰卡政府签署关于促进投资与经济合作框架协议。

（4）中国政府与阿富汗政府签署关于海关事务的合作与互助协定。

（5）中国商务部与 60 多个国家相关部门及国际组织共同发布推进"一带一路"贸易畅通合作倡议。

（6）中国商务部与摩尔多瓦经济部签署关于结束中国—摩尔多瓦自贸协定联合可研的谅解备忘录，与蒙古国对外关系部签署关于启动中国—蒙古国自由贸易协定联合可行性研究谅解备忘录。

（7）中国商务部与尼泊尔工业部签署关于建设中尼跨境经济合作区的谅解备忘录，与缅甸商务部签署关于建设中缅边境经济合作区的谅解备忘录。

（8）中国商务部与斯里兰卡发展战略与国际贸易部签署投资与经济技术合作发展中长期规划纲要，与蒙古国对外关系部签署关于加强贸易投资和经济合作谅解备忘录，与吉尔吉斯斯坦经济部签署关于促进中小企业发展的合作规划，与捷克工贸部、匈牙利外交与对外经济部签署关于中小企业合作的谅解备忘录，与越南工业贸易部签署关于电子商务合作的谅解备忘录。

（9）中国国家发展和改革委员会与吉尔吉斯斯坦经济部签署关于共同推动产能与投资合作重点项目的谅解备忘录，与阿联酋经济部签署关于加强产能与投资合作的框架协议。

（10）中国农业部与塞尔维亚农业与环境保护部签署关于制订农业经贸投资行动计划的备忘录，与阿根廷农业产业部签署农业合作战略行动计划，与智利农业部签署关于提升农业合作水平的 5 年规划（2017—2021 年），与埃及农业和土地改良部签署农业合作 3 年行动计划（2018—2020 年）。

（11）中国海关总署与哈萨克斯坦、荷兰、波兰等国海关部门签署海关合作文件，深化沿线海关"信息互换、监管互认、执法互助"合作。

（12）中国海关总署与国际道路运输联盟签署促进国际物流大通道建设及实施《国际公路运输公约》的合作文件。

（13）中国国家质量监督检验检疫总局与蒙古国、哈萨克斯坦、吉尔吉斯斯坦、乌兹别克斯坦、挪威、爱尔兰、塞尔维亚、荷兰、阿根廷、智利、坦桑尼亚等国相关部门签署检验检疫合作协议，与联合国工业发展组织、乌克兰和阿塞拜疆相关部门签署标准、计量、认证认可等国家质量技术基础领域合作协议，与俄罗斯、白俄罗斯、塞尔维亚、蒙古国、柬埔寨、马来西亚、哈萨克斯坦、埃塞俄比亚、希腊、瑞士、土耳其等国有关部门签署《关于加强标准合作，助推"一带一路"建设联合倡议》。

（14）中国进出口银行与白俄罗斯、柬埔寨、埃塞俄比亚、老挝、肯尼亚、蒙古国、巴基斯坦财政部门签署工业园、输变电、风电、水坝、卫星、液压器厂等项目贷款协议，与埃及、孟加拉国、乌兹别克斯坦、沙特有关企业签署电网升级改造、燃煤电站、煤矿改造、轮胎厂等项目贷款协议，与菲律宾首都银行及信托公司签署融资授信额度战略合作框架协议。

（15）中国国家开发银行与哈萨克斯坦、阿塞拜疆、印尼、马来西亚等国有关机构签署化工、冶金、石化等领域产能合作融资合作协议。

（16）中国将从 2018 年起举办中国国际进口博览会。

4. 加强金融合作，促进资金融通

（1）丝路基金新增资金 1 000 亿元人民币。

（2）中国鼓励金融机构开展人民币海外基金业务，规模初步预计约 3 000 亿元人民币，为"一带一路"提供资金支持。

（3）中国国家发展和改革委员会将设立中俄地区合作发展投资基金，总规模 1 000 亿元人民币，首期 100 亿元人民币，推动中国东北地区与俄罗斯远东开发合作。

（4）中国财政部与亚洲开发银行、亚洲基础设施投资银行、欧洲复兴开发银行、欧洲投资银行、新开发银行、世界银行集团 6 家多边开发机构签署关于加强在"一带一路"倡议下相关领域合作的谅解备忘录。

（5）中国财政部联合多边开发银行将设立多边开发融资合作中心。

（6）中哈产能合作基金投入实际运作，签署支持中国电信企业参与"数字哈萨克斯坦 2020"规划合作框架协议。

（7）丝路基金与上海合作组织银联体同意签署关于伙伴关系基础的备忘录。丝路基金与乌兹别克斯坦国家对外经济银行签署合作协议。

（8）中国国家开发银行设立"一带一路"基础设施专项贷款（1 000 亿元等值人民币）、"一带一路"产能合作专项贷款（1 000 亿元等值人民币）、"一带一路"金融合作专项贷款（500 亿元等值人民币）。

（9）中国进出口银行设立"一带一路"专项贷款额度（1 000 亿元等值人民币）、"一带一路"基础设施专项贷款额度（300 亿元等值人民币）。

（10）中国国家开发银行与法国国家投资银行共同投资中国—法国中小企业基金（二期），并签署《股权认购协议》；与意大利存贷款公司签署《设立中意联合投资基金谅解备忘录》；与伊朗商业银行、埃及银行、匈牙利开发银行、菲律宾首都银行、土耳其农业银行、奥地利奥合国际银行、柬埔寨加华银行、马来西亚马来亚银行开展融资、债券承销等领域务实合作。

（11）中国进出口银行与马来西亚进出口银行、泰国进出口银行等"亚洲进出口银行论坛"成员机构签署授信额度框架协议，开展转贷款、贸易融资等领域务实合作。

（12）中国出口信用保险公司同白俄罗斯、塞尔维亚、波兰、斯里兰卡、埃及等国同业机构签署合作协议，与埃及投资和国际合作部、老挝财政部、柬埔寨财政部、印尼投资协调委员会、波兰投资贸易局、肯尼亚财政部、伊朗中央银行、伊朗财政与经济事务部等有关国家政府部门及沙特阿拉伯发展基金、土耳其实业银行、土耳其担保银行、巴基斯坦联合银行等有关国家金融机构签署框架合作协议。

（13）中国人民银行与国际货币基金组织合作建立基金组织—中国能力建设中心，为"一带一路"沿线国家提供培训。

（14）中国进出口银行与联合国工业发展组织签署关于促进"一带一路"沿线国家可持续工业发展有关合作的联合声明。

（15）亚洲金融合作协会正式成立。

（16）中国工商银行与巴基斯坦、乌兹别克斯坦、奥地利等国家主要银行共同发起"一带一路"银行合作行动计划，建立"一带一路"银行常态化合作交流机制。

5. 增强民生投入，深化民心相通

（1）中国政府将加大对沿线发展中国家的援助力度，未来 3 年总体援助规模不少于 600 亿元人民币。

（2）中国政府将向沿线发展中国家提供 20 亿元人民币紧急粮食援助。向南南合作援助基金增资 10 亿美元，用于发起中国—联合国 2030 年可持续发展议程合作倡议，支持在沿线国家实施 100 个"幸福家园"、100 个"爱心助困"、100 个"康复助医"等项目。向有关国际组织提供 10 亿美元，共同推动落实一批惠及沿线国家的国际合作项目，包括向沿线国家提供 100 个食品、帐篷、活动板房等难民援助项目，设立难民奖学金，为 500 名青少年难民提供受教育机会，资助 100 名难民运动员参加国际和区域赛事活动。

（3）中国政府与黎巴嫩政府签署《中华人民共和国政府和黎巴嫩共和国政府文化协定 2017—2020 年执行计划》，与突尼斯政府签署《中华人民共和国政府和突尼斯共和国政府关于互设文化中心的协定》，与土耳其政府签署《中华人民共和国政府和土耳其共和国政府关于互设文化中心的协定》。

（4）中国政府与联合国教科文组织签署《中国—联合国教科文组织合作谅解备忘录（2017—2020 年）》。

（5）中国政府与波兰政府签署政府间旅游合作协议。

（6）中国政府倡议启动《"一带一路"科技创新合作行动计划》，实施科技人文交流、共建联合实验室、科技园区合作、技术转移等四项行动。

（7）中国政府与世界粮食计划署、联合国国际移民组织、联合国儿童基金会、联合国难民署、世界卫生组织、红十字国际委员会、联合国开发计划署、联合国工业发展组织、世界贸易组织、国际民航组织、联合国人口基金会、联合国贸易和发展会议、国际贸易中心、联合国教科文组织等国际组织签署援助协议。

（8）中国教育部与俄罗斯、哈萨克斯坦、波黑、爱沙尼亚、老挝等国教育部门签署教育领域合作文件，与塞浦路斯签署相互承认高等教育学历和学位协议，与沿线国家建立音乐教育联盟。

（9）中国科技部与蒙古国教育文化科学体育部签署关于共同实施中蒙青年科学家交流计划的谅解备忘录，与蒙古国教育文化科学体育部签署关于在蒙古国建立科技园区和创新基础设施发展合作的谅解备忘录，与匈牙利国家研发与创新署签署关于联合资助中匈科研合作项目的谅解备忘录。

（10）中国环境保护部发布《"一带一路"生态环境保护合作规划》，建设"一带一路"生态环保大数据服务平台，与联合国环境规划署共同发布建立"一带一路"绿色发展国际联盟的倡议。

（11）中国财政部将设立"一带一路"财经发展研究中心。

（12）中国国家卫生和计划生育委员会与捷克、挪威等国卫生部签署卫生领域合作文件。

（13）中国国家旅游局与乌兹别克斯坦国家旅游发展委员会签署旅游合作协议，与智利经济、发展与旅游部签署旅游合作备忘录，与柬埔寨旅游部签署旅游合作备忘录实施方案。

（14）中国国家新闻出版广电总局与土耳其广播电视最高委员会、沙特阿拉伯视听管理总局签署合作文件。中国中央电视台与有关国家主流媒体成立"一带一路"新闻合作联盟。

（15）中国国务院新闻办公室与柬埔寨新闻部、文莱首相府新闻局、阿联酋国家媒体委员会、巴勒斯坦新闻部、阿尔巴尼亚部长会议传媒和公民关系局签署媒体交流合作谅解备忘录。

（16）中国国务院新闻办公室与柬埔寨外交与国际合作部、文莱外交与贸易部政策与战略研究所、以色列外交部、巴勒斯坦外交部、阿尔巴尼亚外交部签署智库合作促进计划谅解备忘录。

（17）中国国家开发银行将举办"一带一路"专项双多边交流培训，设立"一带一路"专项奖学金。

（18）中国民间组织国际交流促进会联合 80 多家中国民间组织启动《中国社会组织推动"一带一路"民心相通行动计划（2017—2020）》，中国民间组织国际交流促进会和 150 多家中外民间组织共同成立"丝路沿线民间组织合作网络"。"一带一路"智库合作联盟启动"增进'一带一路'民心相通国际智库合作项目"。

（19）中国国务院发展研究中心与联合国工业发展组织签署关于共建"一带一路"等合作的谅解备忘录。丝路国际智库网络 50 多家国际成员和伙伴与中方共同发布《丝路国际智库网络北京共同行动宣言》。

（20）中国国际城市发展联盟与联合国人类住区规划署、世界卫生组织、世界城市和地方政府组织亚太区签署合作意向书。

思考题

1．"一带一路"战略提出的当代背景是什么？
2．"一带一路"战略的核心内容有哪些？
3．为推动"一带一路"的建设，中国实施了哪些政策和措施？

参考文献

［1］王海运．"丝绸之路经济带"建设与中国能源外交运筹［J］．国际石油经济．2013（12）：18-20.

［2］许志瑜．丝绸之路经济带建设与中国中东地区经济合作［J］．国际经济合作．2014（04）：59-61.

［3］孙志远．"一带一路"战略构想的三重内涵［J］．世界经济与政治．2015（01）．

［4］赵明龙．人文交流：海上丝绸之路建设不可或缺的内容［J］．东南亚纵横．2014（11）：18-21.

［5］中国一带一路网．"一带一路"国际合作高峰论坛倒计时 20 多位外国领导人已确认与会．
https://www.yidaiyilu.gov.cn/xwzx/gnxw/9621.htm.

［6］凤凰网．"一带一路"高峰论坛达成 270 多项成果．
http://news.ifeng.com/a/20170516/51098325_0.shtml.